図 2.1 残像の色
左図の中心を数十秒間注視した後，右の空白部に視線を移すと，元の色の補色が見える。

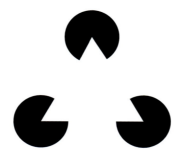

図 2.8（a） カニッツァ（Kanizsa, G.）の三角形

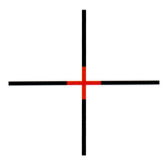

図 2.8 (b)　ネオン色拡散効果

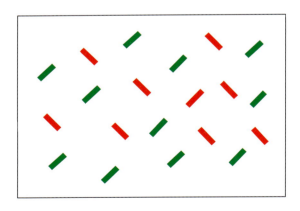

図 2.19　結合探索課題

新心理学ライブラリ=7　梅本堯夫・大山　正監修

最新
認知心理学への招待
［改訂版］

心の働きとしくみを探る

御領　謙・菊地　正・江草浩幸
伊集院睦雄・服部雅史・井関龍太　共著

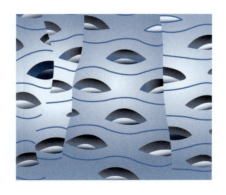

サイエンス社

監修のことば

　「心」の科学である心理学は近年目覚ましい発展を遂げて，その研究領域も大きく広がってきている。そしてまた一方で，今日の社会においては，「心」にかかわる数々の問題がクローズアップされてきており，心理学は人間理解の学問としてかつてない重要性を高めているのではないだろうか。
　これからの心理学の解説書は，このような状況に鑑み，新しい時代にふさわしい清新な書として刊行されるべきであろう。本「新心理学ライブラリ」は，そのような要請を満たし，内容，体裁について出来るだけ配慮をこらして，心理学の精髄を，親しみやすく，多くの人々に伝えてゆこうとするものである。

　内容としては，まず最近の心理学の進展——特に現在発展中の認知心理学の成果など——を，積極的に採り入れることを考慮した。さらに各研究分野それぞれについて，網羅的に記述するというよりも，項目を厳選し，何が重要であるかという立場で，より本質的な理解が得られるように解説されている。そして各巻は一貫した視点による解説ということを重視し，完結した一冊の書として統一性を保つようにしている。
　一方，体裁面については，視覚的な理解にも訴えるという意味から，できるだけ図版を多用して，またレイアウト等についても工夫をして，わかりやすく，親しみやすい書となるように構成した。

　以上のようなことに意を尽くし，従来にない，新鮮にして使いやすい教科書，参考書として，各分野にわたって，順次刊行してゆく予定である。
　学際的研究が行われつつある今，本ライブラリは，心理学のみならず，隣接する他の領域の読者にも有益な知見を与えるものと信じている。

監修者　**梅本　堯夫**
　　　　大山　　正

改訂版へのまえがき

　本書の初版は幸いにも好評を得て18刷まで増刷を重ねることができた。しかし、初版刊行以来23年が過ぎ、その間の認知心理学の発展には、内容の深化、領域の広がり、他分野との関連の強まりのいずれにおいてもめざましいものがある。そこで、改訂版を刊行することとし、初版で取り上げたもののうち現在も価値のある古典的な研究は残しつつ、できるだけ新しい知見を取り入れるという方針を立てた。しかし、初版の著者である御領、菊地、江草の3名だけでは拡大した認知心理学的研究をカバーすることが難しくなったため、新たに伊集院、服部、井関の3名の著者に参加いただくこととなった。

　本書は、初版でも入門書とよぶにはやや程度が高い内容を多く含んでいた。実際に教科書として使用した経験からも、心理学を学びはじめたばかりの1, 2年生にはやや難しく、専門的な勉強をはじめた3, 4年生が読むのに適していると思われた。この改訂版においても、その特徴は変わっていない。すなわち、認知心理学の研究テーマをまんべんなく取り上げて簡単に述べるのではなく、重要なテーマに関して詳しく解説するものになっている。認知心理学の導入から、卒業研究などの出発点として役立てば幸いである。ただ、当初の方針では感情に関連する研究も紹介するつもりであったが、ほとんど盛り込むことができなかった。その点が少し心残りである。

　本書の改訂を企画してからかなりの年月が流れた。改訂作業が遅れに遅れ、サイエンス社編集部の清水匡太氏にはたいへんご迷惑をおかけした。この改訂版が無事刊行できたのも、清水氏が辛抱強く付き合ってくださったおかげであり、深く感謝するしだいである。

　改訂作業を中心となって進め、本書の3つの章を執筆された菊地氏が昨年秋に急逝された。いずれの章も草稿はすでに出来上がっていたが、推敲して原稿を完成させる前に亡くなられたため、井関氏に補訂いただいた。菊地氏はこの

改訂版のことをずいぶん気に掛けておられたので，生前に完成できなかったことは痛恨の極みである。せめて本書を氏の霊前に捧げたい。

2016 年 4 月

著者を代表して　江草浩幸

旧版へのまえがき

　本書は学部の2，3年生を対象に書かれた認知心理学の入門書である。しかし，必ずしも浅く，広く，やさしくをモットーに書かれたものではない。言語や運動機能の問題など，あるべき話題がない反面，各所でかなり深く掘り下げた論議がなされている。大学院生の諸君や他領域の研究者仲間にも目を通していただきたい内容が含まれている。

　本書を執筆した菊地，江草，御領の3名は，日頃実験心理学者として，主に知覚や記憶の領域の研究と教育に携わっている。人間の心についての理論的考察の深化を意図しない心理学的研究など無意味であろう。本書においても種々の実験事実がモデルや理論と関係づけて紹介されている。しかし，筆者らは実験的研究そのものの魅力もできる限り伝えたいと考えており，もしその意図がある程度実現されていれば，本書には実験心理学者の書いた認知心理学という特色が出ているといえるだろう。

　本書の執筆をお引き受けしてから長い年月が経ってしまった。しかし，数年前にはほとんどの原稿ができていて，岩手大学の教育学部の集中講義ではその草稿を使用させていただいた。その際，諸冨　隆教授（現在　北海道大学）からは暖かい励ましと，貴重な御示唆をいただきありがたかった。その後もいくつかの大学で本書の内容を話す機会が与えられ，多くの示唆が得られたことを感謝している。それらの経験からいって，本書は心理学概論を聞き終えた学部の2，3年生にとっては，歯ごたえはあるが十分に理解可能な内容であると思われる。

　菊地氏と江草氏には早くから原稿をいただきながら完成の遅れた責任は，すべて仕事の遅い御領にある。菊地氏は最初の草稿を完成されたあと，ハーバード大学などへ長期出張され，帰国後最近になって稿を改められた。江草氏は独自の知覚論を下敷きに書かれた最初のユニークな稿を，他の章に合わせて大幅

に書き換えてくださった．御領はその間，知識や思考など，入り口や出口から遠く離れた心の問題の取扱いと，認知心理学の意味を考えることに苦労していた．本書の執筆はわれわれにとってもよい勉強の機会であった．

　最後に，本書執筆の機会を与えてくださった本シリーズの監修者，梅本堯夫先生と，大山　正先生に感謝を捧げる．また，本書の校正刷りを熟読して完成に協力してくれた千葉大学大学院の入道隆行君に感謝する．編集を担当されたサイエンス社の御園生晴彦氏と清水匡太氏，とくに御園生氏のご努力とその適切なお仕事ぶりに敬意を表するとともに，深い感謝の意を表したい．

1993年5月25日

　　　　　　　　　　　　　　　　　　執筆者を代表して　御 領　　謙

目　　次

改訂版へのまえがき………………………………………………………………ⅰ
旧版へのまえがき…………………………………………………………………ⅲ
本書の構成と特徴…………………………………………………………………ⅷ

序　章　認知心理学について──その特徴と小史　　1
　0.1　認知心理学と心 …………………………………………………………2
　0.2　現代の認知心理学の発展 ………………………………………………8

第1章　認知心理学の方法論　　19
　1.1　情報処理システムとしての心 …………………………………………19
　1.2　認知心理学における実証的研究と理論 ………………………………28
　1.3　情報処理論的アプローチの問題点とその対応 ………………………30

第2章　情報の受容と分析　　33
　2.1　刺激の受容 ………………………………………………………………33
　2.2　感 覚 記 憶 ………………………………………………………………44
　2.3　刺激属性の抽出 …………………………………………………………48
　2.4　刺激情報の統合 …………………………………………………………54

第3章　注意とパターン認識　　65
　3.1　パターン認識 ……………………………………………………………65
　3.2　文 脈 効 果 ………………………………………………………………72
　3.3　注　　意 …………………………………………………………………77

第4章 長期記憶——コード化から検索まで　99

- 4.1 コード化，貯蔵，検索 …………………………………99
- 4.2 コード ………………………………………………100
- 4.3 処理水準 ……………………………………………100
- 4.4 転移適切性処理とコード化特定性原理 ………………103
- 4.5 文脈と記憶 …………………………………………106
- 4.6 記憶システム ………………………………………109
- 4.7 顕在記憶と潜在記憶 …………………………………114
- 4.8 過程分離手続き ……………………………………117
- 4.9 Remember/Know 手続き ……………………………119

第5章 短期記憶と作業記憶　121

- 5.1 はじめに ……………………………………………121
- 5.2 アトキンソンとシフリンの二重貯蔵モデル ……………123
- 5.3 系列位置曲線と二重貯蔵モデル ………………………128
- 5.4 長期新近性効果 ……………………………………130
- 5.5 短期記憶の忘却と二重貯蔵モデル ……………………132
- 5.6 バドリーの作業記憶モデル …………………………137
- 5.7 長期記憶の活性化としての作業記憶 …………………154
- 5.8 容量としての作業記憶 ………………………………156

第6章 日常記憶　161

- 6.1 日常的なものの記憶 …………………………………161
- 6.2 自伝的記憶 …………………………………………165
- 6.3 フラッシュバルブ記憶 ………………………………171
- 6.4 目撃証言 ……………………………………………174

第7章 知識表象と言語理解　181

- 7.1 意味記憶の構造 ……………………………………181

7.2　知識表象の運用 ………………………………………191
　　7.3　言語の理解 ……………………………………………200
　　7.4　言語的知識と非言語的知識 …………………………210

第8章　思　　考　217
　　8.1　問 題 解 決 ……………………………………………217
　　8.2　推　　論 ………………………………………………228
　　8.3　判断と意思決定 ………………………………………239

第9章　コネクショニスト・モデルと認知心理学　253
　　9.1　コネクショニスト・アプローチとは？ ……………253
　　9.2　基 本 概 念 ……………………………………………255
　　9.3　認知的課題への適用 …………………………………260
　　9.4　なぜコネクショニスト・アプローチなのか？ ……284

終　章　認知心理学の特徴と今後の展望　287
　　10.1　認知心理学的理論の特徴とその動向 ………………287
　　10.2　これからの認知心理学 ………………………………292
　　10.3　結　　語 ………………………………………………296

引 用 文 献 …………………………………………………………299
人 名 索 引 …………………………………………………………326
事 項 索 引 …………………………………………………………330
著 者 略 歴 …………………………………………………………336

本書の構成と特徴

　本書は『最新 認知心理学への招待——心の働きとしくみを探る——』の全面的な改訂版であり，本書の目的と全体の構成は旧版から基本的に変わっていないが，各章の内容は一新された。

　認知心理学は，認知（cognition），つまり外界からの情報を獲得し，保存し，利用し，新しい知識を創造する働きを，日常生活や実験室の中における人間の行動の組織的な観察にもとづいて，科学的に明らかにしつつある。本書では，その現状が以下のような構成で紹介される。

1. 認知心理学の目的・方法論・展望

　序章においては認知心理学をとくに人間の認知機能に関する心の科学であると位置づけ，その目的と方法，および簡単な歴史について述べられている。認知心理学は主として心を働きの面からとらえ，認知という働きが，どのような分業で，どのように実施されているのかを明らかにすることを目的としている。このような方法論は情報処理アプローチといわれることがある。その特徴をまず第1章で述べた後さらに終章において再考し，認知心理学の立場についての理解を深める。終章では認知心理学のこれからについても簡単に展望される。

2. 情報の受容と分析過程およびパターン認識

　第2章には外界の認知成立の初期過程である情報の受容と分析の過程が，さまざまな知覚現象や感覚記憶，視覚マスキング，視覚探索などの研究成果をもとに描かれている。私たちの認識している世界はさまざまなパターンから成り立っている。第3章の前半では，それらのパターンが抽出された特徴の統合によって認識される過程と，その過程に影響する時間的，空間的な文脈効果について解説されている。

3. 注　　意

情報の受容過程は膨大な情報の渦の中から限られた情報を選択する過程でもある。注意の重要な機能の一つがこの情報の選択機能である。第3章の後半ではこの情報選択機能に加えて，さらに広範な注意に関係する諸現象と理論が紹介されている。

4. 長期記憶における情報のコード化，記銘，検索の過程および長期記憶の区分

私たちは外界の情報を視覚的，音韻的，意味的性質をもつ情報にコード化して利用し，保存している。第4章においてはまず情報のコード化と長期記憶への情報の貯蔵，長期記憶からの情報の検索について詳しく検討されている。また長期記憶が一つのまとまりではなく，エピソード記憶と意味記憶からなる宣言的記憶（declarative memory）と，手続き的記憶などからなる非宣言的記憶（non-declarative memory）の領域に分かれていることが紹介される。そして最後に顕在的記憶と潜在的記憶の区分について，その根拠となる実験的事実と理論が示されている。また，記憶という内的過程を下位過程に分割するための「過程分離手続き」などの節が設けられている。

5. 作業記憶（ワーキングメモリ）

第5章では短期記憶の研究からはじまり，いまや心的作業の場として心理学にとどまらず各方面の関心を集めている作業記憶（ワーキングメモリ；working memory）が取り上げられる。この機能についての認知心理学的研究がはじまった経緯も含め，諸事実と代表的理論が詳しく解説されている。この章からはさまざまな応用的アイデアが生まれてくるであろう。

6. 日常場面における記憶

第6章においては実験室的研究を中心とした記憶研究の枠を越えて，より身近な日常生活におけるさまざまな記憶現象，すなわち日常的な事物の記憶，個人史的な出来事から構成されている自伝的記憶やフラッシュバルブ記憶，および社会的にも関心の高い目撃証言の問題が論じられている。

7. 知識の表象と言語理解

第4章で長期記憶のシステムについて述べられているが，それぞれの種類の記憶内に保持されている記憶，すなわち知識は無秩序に保持されているわけではなく，有効に利用しうる構造をもって保持されているに違いない。第7章で

は，第 4 章で述べた意味記憶のモデルである意味ネットワークモデルや，構造化された知識の集成体ともいうべきスクリプトについて解説されている。さらに知識構造と照らし合わせながら，物語などの言語で表現された文章の理解の過程についても解説されている。

8. 思　　考

思考は人間の知的活動の代表ともいうべき情報処理過程であるが，情報処理という観点からみれば，思考の問題も知覚や記憶の問題と共通する点の多いことがわかる。問題解決の情報処理論的研究は，認知心理学に情報処理アプローチを定着させることに貢献し，また今日の認知心理学の隆盛にも大きく貢献してきた。第 8 章では問題解決，推論，確率判断と意思決定における人間の特性について紹介される。とくに確率判断と意思決定については，今日，社会的あるいは経済的活動の場面でも話題になることが多い。

9. 人工的神経回路網モデルと認知心理学

第 9 章では認知的活動をシミュレートするコネクショニスト・モデルとよばれる神経回路網モデルが紹介される。この種のモデルの原理が示されるとともに，認知心理学的課題として言語の問題が取り上げられている。意味理解の問題も含めて，提示された英語や日本語の単語が音読されるまでの過程をモデル化し，さらにそのモデルに人工的な損傷を与えることによって，各種の失読症を再現する可能性についても示されている。そこでは認知機能のモデル化の新しい方法論，ないしは心をとらえる新しい技法としての意義が強調されている。

旧版が刊行された 1993 年と比較すると，この二十数年の歳月のうちに認知心理学の周辺ではかなり大きな変化がみられた。とくに脳研究の進歩と人工知能研究の再びの活性化が注目される。しかし本書ではこれらの内容や動向について詳しく触れることはしていない。本書では，認知心理学が，陰に陽にそれらと関係を築きながらも，固有に発展させてきたパラダイムによって固有の領域を確立してきたという事実を鮮明にしたい。関連領域の発展と互いの連携が重要であることは言うまでもないが，心理学的方法にもとづいてそのことに貢献することが，いつの時代にも認知心理学の主要な役割であると考えるからである。

序章　認知心理学について
その特徴と小史

　認知心理学（cognitive psychology）は，私たち人間が，自分をとりまく自然的環境や人間社会をどのように認識し，そこからどのような知識を，どのようにして獲得しているのか，さらに獲得した知識をどのように蓄積し，利用しているのか，また，どのようにして新しい知識を作り出しているのかという問題，すなわち認知（cognition）の問題を，日常生活や実験室の中における人間の行動の組織的な観察にもとづいて，科学的に明らかにしようとする心理学である。これらの問題はすべて，心（mind）の働きに直接関係する問題であり，認知心理学は心の働きを明らかにしようとする科学であるといえる。なお，近年，認知心理学と関係が深いがその境界がわかりにくい領域がいろいろある。とくに本書と関係が深い領域に認知科学（cognitive science）や認知神経科学（cognitive neuroscience）とよばれる領域がある。また人工知能（Artificial Intelligence；AI）や認知症との関係も近年注目されている。以下に認知心理学とこれらとの関係について簡単に触れておこう。

　認知科学とは上述の認知の問題に関係するあらゆる学問領域の総称と考えるとわかりやすい。内外に認知科学会という呼称の学会がある。その理念は認知に関わるあらゆる問題を学際的に解明しようとすることにあるが，そのための1つの学問的枠組みが存在するというよりは，関係する学問領域の研究者の集合体という色彩が強い。関係する学問領域としては哲学，心理学，言語学，文化人類学，コンピュータ科学を中心とする工学，神経科学，生物学等々を含む。認知科学の立場に立てば認知心理学ももちろんその一領域といえる（Bermúdez, 2014；安西ら（編），1992）。

　認知神経科学は認知という働きを，脳を中心とする神経系の構造と機能にもとづいて解明しようとする研究領域のまとまりである。その幅は広く，認知科学の中でとくに認知の働きの生物学的，ないしは神経学的基盤の解明とその応用に力点を置く研究者たちの旗印といえよう。認知心理学もその重要な構成要素である（村上（編），2010）。

これに加え，近年人工知能（AI）の研究と開発の進歩が著しく，社会的にも話題になることが多い。AI研究とは一言でいえば，人間を中心とする生物の知的機能をロボットなどの機械（machine）に植えつける試みである。ここでいう知的機能はまさに認知心理学が対象とする認知機能に他ならない。たとえば，開発途上にある有名なAIのプログラムにOpenCog（Goertzel & Duong, 2008）があるが，このCogはcognitionの略である。

あるいはまた英語でdementiaとよばれる症状ないしは障害を，わが国では従来痴呆とよんでいたが，最近では認知症とよぶようになった。認知症の症状は認知機能の病的な低下が中心である。その他にも今日，認知機能の障害にまつわる話題には事欠かない。

以上にみてきたように人間の認知機能に関する関心は学問領域の境界を超え，広大な広がりをもち，その解明の必要性が広く社会に浸透している。そして認知心理学は，この認知機能の本質や特性を，私たち人間が己自身を知ることを目指す心理学の立場から明らかにしようとしている。

0.1 認知心理学と心

0.1.1 心についての考え方

心は目には見えないが，人間であれば誰もが心について考え，話すことができる。民族や言葉の違いを越えて，自分には心があり，他の人々にも心があると確信している。しかし心についての考え方は人さまざまである。

心は目で見ることこそできないが，磁気が鉄を引き寄せるように，他の物質に物理的な力を及ぼしうる存在として実在するものだ，つまり心には質量があると考える人々がいる。彼らは，念力などの超能力を信じたり，宗教上の奇跡をそのまま素朴に信じたりする。そして，いずれ科学が進歩すれば，心もそしておそらく神も物質過程と同列に科学的にとらえることができるだろうと信じている人たちもいる。現代の自然科学者の中にすら，時々このような考えの持ち主がいて驚かされることがあるが，本書ではこのような考え方はとらない。

一方，目にも見えず，どのような機器を使用しても直接観察しえないような心は自然科学的な研究の対象になりえない，と主張する人々もいる。心理学と

いう言葉は「心の科学」という意味の語源をもっているが，この心理学においてもこのような考えに立つ研究が中心的な役割を果たしていた時代があった。いわゆる行動主義の時代である。この立場の研究では，目に見えない心の研究は放棄して，物質過程である環境内の出来事と，動物や人間の目に見える行動との関係を調べることだけに，自らの研究領域を限定していた。本書ではこのような限定もしない。

以上の2種類の考え方は両極端のようにみえるが，実は根本的なところで共通点がある。一方は心は物質過程と同列にとらえることができるという立場であり，もう一方は逆に心を物質過程としてとらえることが難しいとし，物質過程としてとらえがたいものは科学の対象にはなりえないと考えるのである。しかしいずれも，物質過程にしか重きを置かないという点で，共通しているといえるであろう。

第3の立場では，心を物質的存在としてとらえることはしない。また，それを非物質的存在であると主張することもしない。そのような議論に結論を下すことなく，私たちが一般に心とよんでいる「概念」について，科学的に論じたり，研究したりすることが可能であると考える。ライル（Ryle, G.）という哲学者がおもしろい例を挙げている。オックスフォード大学を見学に来た外国人が，オックスフォードの街中に点在するいくつものカレッジや図書館，その他の施設を案内され，研究室や図書館で働く研究者や，学生を見た後で次のように尋ねるかもしれない，というのだ。「ところで，オックスフォード大学はどこにあるのですか……？」たしかに，オックスフォード大学という名の建物はない。見学者が見た，いろいろなカレッジやその他を全体として組織したものが大学なのだと説明しなければならない。ライルは心とはこの大学（university）という概念にあたるようなものだといっている。

ところで，脳の働きのないところに心の働きもない，すなわち脳がなければ心もないと考えるのが，現代の健全な常識的見解というものであろうし，本書の著者もそう考える。しかし，オックスフォードの街をいくら探しても「大学」が見つからないのと同様，脳の中にいくら心を探してみても，心を見つけることはできない。ではどうすればよいのであろうか。

1. 心についての認知心理学の立場

認知心理学の立場は上に述べた第3の立場に近い。物質過程としてとらえられないとしても私たち人間は誰でも心が働いていると感じている。この働きについては科学的に研究することができるのではないかと認知心理学では考える。働きとは固くいえば**機能**（function）である。その中でもとくに本章の冒頭で述べたように，人間や動物が自らを取り囲む環境を認識し，そこから情報を獲得し，それを利用し，保存し，また新しい情報を創出するという機能は，全体として認知機能とよぶことができる。繰り返していえば認知心理学とはこの認知機能を心理学の立場から研究するものである。

2. 心と心，heart と mind

ここで少し道筋をそれるが，認知心理学の教授が新学期の講義で学生から怪訝そうに質問されているのを想像してみてほしい。「先生，どうしてこれが心理学なのですか。私は心について学ぶのだと思っていました。」

「心」という日本語の日常的な使われ方と心理学における使われ方のズレについて触れておきたい。心理学とは心についての科学，学問であるということは今日すでに，多くの人々に知られている。しかしそのときにいう心とは，私たちが日常的にいう「心」ととらえてしまうと大きな間違いを犯すことになる。なぜなら日常にいう「心」とは，多くの場合，いま自分は，あるいは人は何を感じ，どんな気持ちでいるのだろうか？ あの人はどんな心持ちの人であろうか？ 等々，心情や感情という言葉が当てはまりやすい側面を指していることが多い。そして「あの人はハートがある」という表現にみられるように，英語でいえば heart という言葉が当てはまりやすい人間の内面を，「心」ととらえていることが多いのではないだろうか。「心」という言葉のそのような使い方には認知心理学でいう認知機能は含まれていないようにみえる。心理学のテキストには心理学は心の科学であると宣言されていることが多いが，この表現は英語では "the science of the mind" であって，けっして "the science of the heart" とはいわない。辞書にはいろいろあるので，言葉の辞書的意味を細かく詮索することには注意が必要であり深入りはしないが，少なくとも mind という概念は heart よりも広く，一般に知能とか，知性とか，あるいは

理性といった概念を含んでおり，認知機能は mind の主要な機能なのである。では mind には心情や気持ち，感情，気分といった側面は含まれていないと考えるべきかというと，けっしてそのようなことはない。心理学が対象とする mind にはそれらすべてが含まれている。そして認知心理学の対象である認知の働きにも当然 heart 的側面が強い影響を与えている。ただし，研究の歴史からみると，認知心理学研究の初期の頃には感情や気分といった心情的側面を考慮することが少なかったとはいえるかもしれない。本書でもまだ十分に詳しく言及することはできていない。

0.1.2 認知機能とは何か

ではそもそも認知機能とは何かをもう少し具体的にみておこう。心はつねに1つの全体として働いているのであって，心を分割して考えることなど無理な話だ，という人もいるかもしれないが，けっしてそんなことはない。本書の全体を通じてそのことがわかるはずであり，ここで議論の先取りはしないが，心をその働きの側面からとらえると，心の働きにはいくつもの下位機能が階層的に存在し，それらがお互いに関係をもちながら統合されて，全体としての心の働きがあるとみるほうが自然である。

1. 認知機能の分類

認知機能は大きくは以下のように分けることができる。

(1) 感覚・知覚

環境からの情報を受け入れる働き。外部の世界を知る働き。

(2) 記　　憶

知覚した情報や自らが考え出した情報を保持し，必要なときにそれらを思い出す働き。

(3) 思　　考

記憶情報と外部からの情報を駆使して推論し，判断し，決定を下す働き。

(4) 言 語 使 用

話し言葉と書き言葉を理解し使用する働き。

(5) 注　　意

心の覚醒水準をコントロールし，内外の必要な情報を探索し，選択する働き。また環境の変化に対応した行動のコントロールや選択をする働き等々。

認知心理学ではこれらのすべての機能についてこれまでに膨大な科学的データが蓄積され，精緻な理論的考察が行われてきた。

2. 意識的過程と非意識的過程

認知機能について考えるとき，以上の他にもう一つ忘れてはならない問題がある。それは**意識**（consciousness）の問題である。認知機能が実行される過程を**認知過程**（cognitive processes）というがこの過程は一瞬にして成立することはない。たとえば，知覚について考えてみよう。テレビの画面が一瞬真っ暗になり，次にあるものが突然映し出されたとしよう。それがたとえばモナリザの絵だとして，私たちは誰でも一瞬にしてそれが見えたと感じるであろう。そのように感じている状態を意識的知覚が成立している状態というが，その意識的知覚が成立するまでには約3分の1秒ほどの時間がかかっているのである（Dehaene, 2014）。

私たちがいま現在，ある事象（物や出来事）を見たり，聞いたり，思い出したり，それらについて考えたりしている状態は意識的経験をしている状態とよぶことができる。私たちの心は，目が覚めている状態では普通このような意識的経験で満たされている。そのような状態にある心的世界を意識的世界とよんでおこう。ここで強調したいことはその意識的世界は外界の出来事からおよそ3分の1秒ほど遅れて成立している世界だということである。

知覚過程を例にして考えると，情報が感覚器官に到達してからその情報が意識的世界で利用されるまでの過程と，意識的世界で知覚されている過程に二分することができるのである。つまり認知過程は**意識的過程**（conscious processes）と**非意識的過程**（non-conscious processes）に分かれている。この非意識的過程においては何事も起こらずただ時間が経過しているわけではけっしてない。複雑きわまりない働き，情報処理過程が実行されているのである。心の科学というと，つい意識的世界の出来事の研究に思えるが，認知機能の研究ではこの非意識的過程と意識的過程の両方を継ぎ目なく明らかにしていかなければならないのである。

以上の話でフロイトの意識と無意識の理論を想起する人も多いことであろうが，認知心理学における意識的過程と非意識的過程の区別は，実験心理学的方法にもとづく客観的事実から，精神分析理論とは独立に明らかにされてきた。このような意識研究も認知心理学の主要な課題の一つである。本書では第2章の視覚マスキングや第3章の非注意による見落とし，あるいは第5章の顕在記憶と潜在記憶の区分などをみてほしい。

　さらにいえば，先に挙げた認知機能の分類には情動の働きが入っていない。しかし認知機能がこれらの心的活動と無関係ではありえない。0.1.1の2でも述べたように，初期の認知心理学的研究においてはそれらの要因について考慮されることが少なかったきらいがあるが，今日においては無視できない重要な要因とされている。

0.1.3　ソフトウェアとしての心──情報処理論的アプローチ

　認知心理学は以上に述べたような心の働き，機能を研究対象としている。そしてその機能がいかなる過程によって成り立っているかを解明しつつある。つまり心の認知的働きのどこでどのようなことが起こっているのかを調べているのである。このことは例え話，すなわちアナロジーを使えば理解しやすい。

　まず心は脳の働きであるというところから出発する。そして，人間の脳を限りなく複雑な情報処理システムにたとえ，心をそのソフトウェアつまりプログラムのようなものであると考えるのである。そのように考えると認知心理学の主要な役割は人間の脳内で機能しているソフトウェアを明らかにすることになる。

　事実，本書で紹介する多くの研究は陰に陽にこのような発想に立って研究されている。このような立場は**情報処理論的アプローチ**とよばれており，現代の認知心理学の主要な研究パラダイムとなっている。心の研究法としてのこのパラダイムのもつ特徴，意味や限界については第1章において論じるが，その前にこのような立場がどのようにして生まれてきたかを簡単にみておきたい。

0.2 現代の認知心理学の発展

　現代の心理学のはじまりは1879年にドイツのライプツィヒ大学にヴント（Wundt, W.）が心理学実験室を創設したことにはじまるが，実験心理学一般と同様，認知心理学もその系譜の上にある。しかし，認知心理学という名の明白な流れが生まれたのはずっと後になる。それは研究史上の一連の明白な出来事に依存しており，現代の認知心理学の出発点は，1950年代の最後の5年の間にある。

　1945年に第2次世界大戦が終わる。戦争は良くも悪くも多くの技術的革新をもたらす。その中でとくに私たちの問題と関係が深いのは通信技術の進歩と，さまざまな自動制御装置の理論的，技術的進歩であろう。通信技術をとってみれば，それは人と人との間をつなぐコミュニケーション装置に関する技術である。この技術を人間にとってより効率的なものとするためには，装置の入口と出口にいる人間そのものの情報処理能力に関する知識を活かすことが有益である。つまり認知機能についての知識の必要性が認識されはじめたのである。その必要性に応えるためには人間の心の内部をのぞき込まなければならない。（通信技術に関してのこのような事情はたとえば，チェリーやブロードベント（Cherry, E. C., 1953, 1957；Broadbent, D. E., 1958）などに詳しい。）このような必要性が戦争の被害（たとえば戦争はさまざまな認知機能障害を生み出す）や機械的な技術革新の進む社会のさまざまなところで生じていたことには疑う余地がない。ヴントにはじまる実験心理学は当然この時代の要請に応える責務があったはずである。しかし，当時の実験心理学の本流は行動主義全盛の時代にあり，この要請に十分に応える状態にはなかったのである。

　とはいえいま述べた行動主義が心理学史上の悪役であったわけではけっしてない。とくに人間や動物の学習に関する知識は行動主義的研究にその多くを負っており，貢献するところは大であった。また，認知心理学の特徴を理解するためにも行動主義について触れておく必要がある。

0.2.1 行動主義について

　行動主義はワトソン（Watson, J. B.）の主張にはじまり，新行動主義とよばれるものに変化していく．その変化の中で徹底的行動主義，あるいは行動分析とよばれるものがある．ここでの議論は単に行動主義という用語を用いて行うが，その際主として念頭においているのは徹底的行動主義である．その他の新行動主義的研究の多くは，刺激と反応を媒介する内的過程の分析を容認しているという点で，認知心理学と対立するものではない．とくにトールマンは動物の学習に関する実験的研究において，動物であっても頭の中で行動の目的とプランを習得する必要があることを指摘している（Tolman, E. C., 1951）．

　行動主義のもっとも極端な考え方は，簡単には以下のようにいえる．科学的な研究の対象となりうるものは研究者が客観的に観察しうるものだけである．心と関係のある事柄で，直接観察の可能な事柄といえば，環境内での物理的出来事と人間や動物の行動である．環境と行動との因果関係を知ることができれば，人や動物の行動を理解すること，つまりそれを制御したり，予測したり，説明したりすることができるはずである．そして，言葉を話したり，書いたりすることも行動に含めれば，十分広範に人間の行動を解明できる．

　しかし，環境も人間や動物の行動も非常に複雑であり，両者の因果関係を明らかにすることはなかなか困難なことである．そこで行動主義者たちが主として行ったことは，実験室において環境に十分な実験的統制を加え，動物の比較的単純な行動を観察することであった．そして，サル，イヌ，ネズミ，ハトなどを被験体とする研究が心理学の研究の中心的位置を占めることにさえなった．

1. 行動主義的研究の前提

　行動主義的研究には次のようないくつかの前提があると考えられる．

(1) 行動の多くは学習による．つまり，人間や動物の行動には遺伝や成熟によるものや種に固有の行動もあるが，大部分は経験を通して後天的に獲得される．したがって学習現象の解明が行動の研究の中心的課題である．

(2) どんなに複雑な行動も単純な要素的行動に分解できる．したがって要素的行動の原理が解明できれば，複雑な行動もその組合せとして理解できる．

(3) 要素的行動を引き起こす原因は環境の中にある．したがって行動を能力や

意図などの心的概念を用いて説明するのではなく，環境内にその原因を見出すことで説明できる。さらに，環境の制御により行動の予測と制御が可能である。
(4) 人間と他の動物との間には生物学的にみて連続性がある。したがって，動物において明らかにされた行動の原理は人間にも当てはまる。

　このような行動主義的観点を強力に支持する学習現象が，よく知られた条件づけの事実である。ここでの議論に必要な条件づけについては BOX 0.1 を参照してほしい。オペラント条件づけの具体的研究は，何よりもまず動物を用いた実験室的研究にはじまり，1930年代から今日までの間に，膨大な量の実験的事実が蓄積されてきている。その過程で工夫され，編み出されてきたさまざまな実験的手法は科学の名に値する客観性を備えた精緻なものといえよう。そしてハトやネズミの行動を強化随伴性の原理によって制御し，予測し，説明することに成功しており，とくにアメリカにおいて，一時期行動主義が実験心理学の主流を占めていた。上に述べた基本的前提がその時期の研究活動を支えていたことはいうまでもない。

　オペラント条件づけの手続きによって訓練されると，多くの動物たちが実に複雑な行動をやってのけるようになる。その成果から考えるならば，サーカスやさまざまな見せ物小屋で，動物にしては複雑きわまりない曲芸をやってのける動物たちの行動も，すべて種々の強化随伴性を積み重ねた結果であると解釈できそうである。いや，それだけでなく自然界に存在するすべての動物の行動も，生得的な行動以外はすべてこの強化随伴性に支配されており，人間の行動も例外ではない。人間の言語行動すら，強化随伴性により説明される。子供が言葉を覚えていく過程も，たとえば，「マンマ」という声を出すと，お乳が与えられて強化されるので，食べ物と関係のある語としてマンマが覚えられ，他にも，「パパ」と言うとある人が笑顔で抱きあげてくれるという経験を通してパパという言葉を発声するようになる。このようにして，環境に支配されながら爆発的に多くの語を適切な状況で発声するようになり，ついには簡単な文にはじまり複雑な文までをも使用するようになるというのである。

2. 行動主義の限界と効用

　徹底的行動主義では，心とそれに関係のあるすべての心的概念が放棄され，

BOX 0.1　条件づけと強化随伴性

　条件づけには，**古典的条件づけ**とオペラント条件づけが知られている。前者はいわゆる条件反射であり，パヴロフ（Pavlov, I. P.）により組織的に研究された。イヌに餌（無条件刺激）を与えるときに音（条件刺激）を一緒に与えるということを繰り返す（強化するという）と，イヌは音を聞いただけで，唾液を出すようになる。強化する以前に餌が与えられたときに出る唾液反射は無条件反射といわれ，強化後の音に対する唾液反射は条件反射といわれる。このように音に餌が随伴している状態を**刺激強化随伴性**といい，これが条件反射の成立条件といえる。

　オペラント条件づけは，スキナー（Skinner, B. F., 1953, 1974）により組織的に研究されたもので，主としてスキナー箱とよばれる実験装置を用いて動物を対象に研究が行われてきた。これは唾液反射のように刺激によって非随意的に引き起こされる反応ではなく，動物がある環境で自発的にする反応（オペラント）を対象とする。たとえば，ハト用のスキナー箱を用いて行われる単純な実験では，ハトの面前に丸い不透明な窓が置かれており，光を点灯させることができる。この窓はキー（スイッチ）になっており，ハトがくちばしでつつくと別の装置が作動し，条件によっては給餌口から餌が与えられる。キーをつつけばいつでも餌が出るようにして，最初ハトを適切に誘導してやると，ハトはやがてキーをつつくようになる。次に光の点灯時にのみ餌が出るようにすると点灯時にのみつつくようになる。また赤か緑の光を用い，赤のときだけ餌を出すようにすると，緑のときにはつつかず，赤のときだけつつくようになる。ここではつつき反応がオペラントである。

　一般的にいえば，ある刺激（弁別刺激という）が存在するときにあるオペラントをすると，ある結果（強化刺激）が生じ，その結果が動物にとって報酬となるものであれば，そのオペラントの頻度が高まるといえる。弁別刺激−オペラント−強化刺激という3要素の随伴性がオペラント条件づけによる行動変容の基礎となっている。これを**3項強化随伴性**（three-term contingencies of reinforcement）という（岩本と高橋，1988）。

　強化刺激には報酬と，罰（嫌悪刺激など）が区別でき，強化刺激が与えられる場合を正，除去される場合を負の強化という。報酬が随伴するとその反応の頻度は高まり（正の強化），罰が随伴するとその反応の頻度は低下する（正の罰）。また罰の強化刺激の除去ないし回避につながる反応も頻度が高まる（負の強化）。対象とするオペラントの生起のたびに強化する方法を完全強化スケジュール，一定の回数ごとに，あるいは一定時間を経過した後のオペラントだけを強化する場合を部分強化スケジュールという。部分強化にはさまざまな変形が考案され，実験的検討が加えられており，強化スケジュールの違いにより，動物の反応様式が大きく変化することが知られている。強化随伴性は条件づけの主要原理であるといえる。

客観的観察の可能な物理的世界の中だけで，人間の行動を説明し，予測し，制御することが企図されてきた。その立場は，科学というものは物質の変化や物質と物質との関係という形で，つまり物理的世界の出来事として実証しうる事実にのみ立脚すべきであると信ずる人々によって強く支持されてきた。そして動物の研究においてその成果はとくに顕著であった。

しかし，行動主義的主張には以下のような問題点が指摘できる（Lachman et al., 1979；Leahey, 1980；Mackintosh, 1987；Terrace, 1987 参照）。
(1) 動物を使った条件づけの実験結果の中にも，心的過程の介在を仮定せざるをえない場合がある。
(2) 動物の種にはそれぞれ種固有の行動様式があるという点が重要であり，動物において明らかにされた行動の原理を人間に外挿することには慎重でなければならない。
(3) 行動主義の主張に反して意識的過程の介在しないところで，成人にオペラント条件づけを行うことは困難だという証拠がある。成人の行動変容には，意識的過程の役割を無視することができない。
(4) 現在の行動の原因を過去の強化随伴性の履歴の中に探し求めることは実験室以外では事実上不可能に近いことが多い。

さて，人間や動物の行動や心の理解において行動主義的アプローチには限界があるとはいえ，行動主義的研究において開発された研究方法や学習（learning）現象に関わる事実は，非常に優れた科学的成果として心理学が誇るべきものであることは忘れてはならない。また現在では，動物の行動といえども直接目で確かめることのできる環境条件だけでは説明しきれないということが認識されはじめ，動物の心の研究がはじまっているといってよいであろう。そして動物認知（animal cognition）や比較認知科学（comparative cognitive science）という重要な研究領域も確立されており，人間の認知機能の研究にとっても貴重な情報源となっている。そのことにとどまらず，行動主義的研究が明らかにしてきた学習の原理は，人間をはじめとする動物や可塑性を備えた機械システムと環境との交互作用を支配する原理として参照されることが多い（第9章参照）。

0.2.2 認知革命

 以上のような特徴をもつ行動主義的研究が,大きな柱として20世紀前半の心理学界を風靡していた。そのようななか,以下に示すような研究論文や著書などが1950年代の後半に相次いで公表され大きな注目を浴びることになる。

1. 1956年……ミラー(Miller, G. A.;1920–2012)による"*The magical number seven, plus or minus two*(不思議な数 7±2)"論文。
2. 1956年……ニューウェル(Newell, A.;1927–92)とサイモン(Simon, H. A.;1916–2001)による問題解決をするコンピュータプログラムの発表(Newell & Simon, 1972 など参照)。
3. 1956年……ブルーナー(Bruner, J. S.;1915–2016)と共同研究者による"*A study of thinking*(思考の研究)"の刊行。
4. 1957年……チョムスキー(Chomsky, N.;1928–)による"*Syntactic structures*(訳書:『文法の構造』(1963))"の刊行。
5. 1958年……ブロードベント(Broadbent, D. E.;1926–93)による"*Perception and communication*(知覚とコミュニケーション)"の刊行。

 1のミラーの論文は,BINACなどの真空管式電子計算機が開発され,シャノンの情報理論をはじめとして,情報科学の諸理論が次々と発表されるという時代背景の中で発表された。人間の認知の働きを情報処理システムであるととらえた,心理学におけるもっとも初期の論文の一つであった。この中で,人間の情報処理容量が問われる。そして従来からの心理学的実験事実を総合して,人間が一度に処理しうる容量は,情報をまとめ上げる最小単位を**チャンク**(chunk;ミラーによる造語;5.2参照)とよぶとすると,7±2チャンク程度であると推定した。そして,注目すべきことに,この1チャンクには機械的な記憶装置のように固定した情報量(たとえば8ビット)しか保存できないというわけではなく,その量は経験によって変化しうるということを示した。また,いまでいうこの情報処理論的アプローチの目的は,人間や動物をコンピュータとみなすのではなく,人間や動物と機械的情報処理装置に共通する情報処理の原理を明らかにすることである,と主張している点を忘れてはならない。現在の認知心理学や認知科学はこの考え方の延長上にあるといってよいであろう。

2のニューウェルとサイモンの研究はこの時期の一連の研究において（たとえば Newell et al., 1958），人間が問題を与えられてからその解を得るまでを1つの情報処理の過程を経るものととらえ，その各段階で踏まれる情報処理の手順（アルゴリズム）を推定し，その手順をコンピュータのプログラム言語で表現し，それを実際にコンピュータで実行するという画期的な研究を行った。これは心理学にも決定的な影響をもたらしたが，人工知能研究をはじめ，認知科学全体にとって計り知れない影響を及ぼした。

3のブルーナーたちによる著書は，概念形成をはじめとする思考の内的過程を，心理学的実験から得られた事実をもとに，理論的に説明しようとしたものである。問題解決や概念形成の過程でどのような戦略がありうるのか，それらを幼児や成人がどのように開発し利用しているのかが独創的な実験によって検討された。同書の序において，「認知過程（cognitive processes）に関する研究が最近になって復活してきたが，これは第1次大戦以前に高次精神過程（higher mental processes）の研究が主要な研究テーマであったことのリバイバルである」と述べられていることが注目される。彼らの研究がまさにそれであり，それが現代の認知心理学に大きな影響を与える成果を上げているのである。

4のチョムスキーは変形生成文法という革命的ともよばれた文法理論を提唱したが，これは言語学界のみならず，心理学やその他の諸関連科学に大きな影響を与えた。それはある文が生成されるに至る枠組みに関する形式理論であり，けっして認知心理学的モデルの性質を有するものではないとされるが，当時の行動主義的言語理論とはまったく性質を異にするものであり，人間の生得的な内的構造が言語使用機能の基礎を支えているという視点は画期的なものであった。そしてそのチョムスキーによる徹底した行動主義批判は認知心理学の発展を後押ししたと評価できる。

5のブロードベントによる著書の内容は，いまでいえばまさに認知心理学的研究とよびうるような実験的研究を，幅広く網羅した体系的，理論的な論考である。この中では人間の情報処理過程が「有機体の情報の流れ図」，いわゆるフローチャートとして描かれている（5.2.1参照）。その図には選択的注意や短

0.2 現代の認知心理学の発展

期記憶，長期記憶，そして後に発見されることになるアイコニックメモリ（2.2.1 参照）と推定される機構までが描かれている．今日ますます重要視されている注意の問題が，現代の認知心理学のそもそものはじまりの時期に，選択的注意の問題として，すでに主要な研究テーマであったことは，認知心理学を考えるうえで象徴的な事実といえよう．ちなみに同書にも含まれているブロードベント自身の選択的注意に関する歴史的論文は 1954 年に発表されている（Broadbent, 1954）．

以上の他にもこの当時に前後して現れた諸研究には，現代の認知心理学の源流と考えられるものが少なくない．0.2.1 で触れたトールマンの研究も詳しく論じる価値があるし，認知神経科学や，人工知能研究に直結する研究も挙げるべきかもしれないが，ここでは以上にとどめておく．

さてこの 1950 年代後半から認知心理学的研究は急増していく．そして 1967 年にナイサー（Neisser, U.；1928–2012）による "*Cognitive psychology*"（訳書：『認知心理学』(1981)）が出版される頃には，それまで全盛を極めていた行動主義的研究の勢いをしのぐほどにまで拡大していた．このような研究の流れの急変を**認知革命**（cognitive revolution）とまでよんだ著名な学者もいるほどである（Gardner, 1985）．この言葉は一見過激に聞こえるが，同書には科学哲学的視点からの詳細な分析もあり，認知心理学の性格を考えるうえで貴重な業績といえる．

0.2.3 その後の展開

認知革命が起こったといわれる 1950 年代の後半以降，認知心理学の領域ではそれまで行動主義的アプローチの強い影響のもと徹底的に避けられてきた人間の内的過程を探る研究が，新しい創意に富んだ研究手法を生み出しながら次々に現れる．その様子は本書の各所に紹介されている．本書の守備範囲からみて重要な出来事としては，記憶研究の枠組みを大きく変えたタルヴィング（Tulving, E., 1972）や，**作業記憶**（**ワーキングメモリ**；working memory；第 5 章参照）の概念を打ち出し，その実験的研究の成果を問うたバドリー（Baddeley, A. D., 1986），ノーベル経済学賞につながった思考，とくに意思決定に

関する**プロスペクト理論**を提唱したトヴァスキーとカーネマン（Tversky, A., & Kahneman, D., 1992），**誤差逆伝搬法**を考案して柔軟に学習する神経回路網モデルを構築し，それを用いてさまざまな認知過程のシミュレーションを行ったラメルハートとマクレランドらの研究（Rumelhart, D. E., & McClelland, J. L. et al., 1986；McClelland, & Rumelhart, et al., 1986）などが，認知心理学の領域において達成され，今日心理学の枠組みを越えて，広い意味での認知科学全般に大きな影響を与えている。

他にも，スパーリング（Sperling, G., 1960）によるアイコニックメモリ，イメージ研究の先駆けとなったシェパード（Shepard, R. N.）とメッツラー（Metzler, J.）の心的回転（**BOX 5.3** 参照）の研究，ナイサー（Neisser, U.）やトリーズマン（Treisman, A.）による視覚的探索の研究，あるいはプライミング効果（**BOX 3.5** 参照）の研究などが，認知過程という心の内部を探求する実験心理学的手段をもたらした（とくに第2～5章参照）。そして1970年代には人間の情報処理（human information processing）という用語がごく自然に使用されるようにもなる（たとえばRumelhart, 1977）。

またこの間の大きな変化として，行動主義的観点からは注意の問題以上にタブー視されていた意識の問題が，1980年代頃から盛んに取り上げられるようになった。いまでは認知心理学の領域でも主要なテーマの一つになっているが，認知神経科学の分野でも研究が盛んである。非侵襲的に脳内の活動をモニターする技術，代表的には**fMRI**などが開発され，医療や神経科学のみならず認知心理学的研究にも利用されることが多くなってきたためである。このことに関しては比較的最近のドゥアンヌによる意識に関する野心的な認知神経心理学的研究（Dehaene, S., 2014）などが注目される。

認知心理学の歴史と現状を概観すると，その初期段階にあっては行動主義との対立軸を強調しつつ，学問的世界にその存在意義を認めさせる努力が必要であったが，現在では心理学のどの教科書をみても認知心理学的研究の成果が非常に多くの部分を占めるまでになっており，認知心理学と他の領域との境界はわかりづらくなっている。心理学の中でもそうであるが，他の領域をみても，認知機能研究の広がりが医療，工学，人文諸科学にまで広がりをみせており，

どこまでが認知心理学の役割なのかわかりづらくなっているのが現状である．そのようななかで本書は，上に述べたような心理学の歴史と心理学的方法論にもとづく認知機能研究に重点を置き，現代の認知心理学をあくまでも心理学の立場から紹介するものである．

　以上，本章では認知心理学とは，人間の心の中の働き，とくに知識の獲得から保存，利用，創生までの過程を心理学的に解明しようとするものであると理解し，このような研究分野がどのようにして発展してきたかを簡単に振り返った．

認知心理学の方法論

　序章において認知心理学は認知という心の働きすなわち機能を，心理学的手法を用いて研究するものであるとした。そしてその際，心を一種の情報処理システムであると考えて，そのシステムの解明を試みるという情報処理論的アプローチをとることが多いと述べた。本章では情報処理論的アプローチを中心に認知心理学における方法について検討し，その特徴を明らかにする。認知心理学の特徴は実験を中心とする客観的事実をもとに，人間の認知過程という情報処理過程のモデルないしは理論を構築するところにあり，認知心理学者の多くは理論と無縁の単なる事実の集積には意味がないと考えている。（なお，本章は具体的な実験法や測定法を解説する章ではない。それらに関しては巻末の参考図書を参考にされたい。）

1.1　情報処理システムとしての心

　序章で述べたような，人間の認知機能を研究する認知心理学においては，認知心理学のそもそもの出発点におけるミラー（序章参照）の主張のように，人間の認知過程も一種の情報処理システムであると考えることが一般的である。このような人間観は認知心理学に限ったものではなく，人間や動物に関わる多くの科学にみられるであろう。では情報処理システムを研究し，理解するとはどういうことであろうか。視覚の計算論的，神経科学的研究で知られるマー（Marr, D.：1945-80）のシステム理解の3水準に照らして考えるとわかりやすい（Marr, 1982）。

1.1.1　マーによるシステム理解の３水準からみた心

マー（Marr, 1982）はおよそ何らかのシステムというものは次の３つの水準において理解されなければならないと指摘している（p.25）。

1. 計算論（computational theory）の水準
2. 情報表現とアルゴリズム（representation and algorithm）の水準
3. ハードウェアによる具現化（hardware implementation）の水準

マーはこのような枠組みに沿って，初期視覚系というある意味で限られた範囲の認知システムを神経系のレベルまで，つまり上の３水準すべてにわたって理解しようとした。そのために，マーの用語が意味する厳密な意味で，上の用語を使用するには多少の無理がある。ここでは以下に示すように，少し緩やかに認知心理学が心を説明する３つの説明の水準ととらえておくとよい。

話をわかりやすくするために，一台の電卓を例に考えよう。これは立派な情報処理システムである。このシステムを理解するためにまず大事なことは，これが「何」をするための装置であるかを知ることが重要である。私たちは，電卓とは種々の計算をする器械であって，代数学の抽象的な論理に従って，入力された数字を別の数字に変換するものであることを知っている。マーはこのような知り方を計算論の水準における理解とよぶ。つまり情報処理の目的と原理を抽象的な水準で知ることといえよう。

次に理解すべきことは，入力された数が計算機の中では「どのように」表現されているのか，また，ある計算（たとえばルートをとる）を電卓は「どのようにして」行っているのかを知ることである。つまり数字がどのようにコード化され，「どのような」アルゴリズム（処理手続き，計算方法などのこと，詳しくは 1.1.3 参照）で処理されるのかを知る知り方である。いいかえればソフトウェア（アルゴリズムやそれをコンピュータ言語で書いたプログラムなどの総称）を知ることが第２の水準である。

第３の理解の水準はハードウェアによる具現化の水準であり，プログラムの実行がどのように物理的に実現されているかを知る，つまり電卓のキーや液晶画面と内部の電子回路そのものについて知ることである。

序章でも触れたように，心と脳の関係はコンピュータにおけるソフトウェ

とコンピュータ自体（ハードウェア）との関係に似ており，心とは脳のソフトウェアとみなすことができる。そうであるならば認知心理学は人間という情報処理システムをマーのいうどの水準で理解しようとしているのだろうか。

1.1.2　心の現象的側面の研究——計算論の水準

　まずマーのいう第1の水準から考えてみよう。計算論の水準とは少々わかりづらいところがあるが，端的にいえばあるシステムの目的を理解する水準である。人間は何を目的としている存在なのであろうか。これは真面目に考えれば永遠に解けない問題をはらんでいるが，ここでは認知という問題に限定して，私たち人間とは外界を認識し，現象的世界を作り上げるシステムだと考えてみよう。人間は外的世界からの情報と自らの内部で発生する情報から，時々刻々と色や形，匂いや音などに満ち満ちた現象的世界を作り上げている。人間の作り上げている現象的世界とはどのようなものかを知ることが，人間理解の計算論的水準であると考えられよう。人間の現象的世界について知ることは多くの人文科学の目的でもあるが，認知心理学でも大事にしなければならない。このように考えた場合に，計算論の水準での認知心理学的研究とはどのようなものか具体的にみてみよう。

　いま現在私たちが意識的に経験しつつある事柄はすべて心の現象的側面である。たとえば，赤いリンゴを手に取り，その香りを楽しみながら果物ナイフでその皮をむいているとき，目に見えているリンゴ，その香り，ナイフでむく感触，味に対する予想，リンゴにまつわる昔の思い出など，実にリアルな心理的体験がある。私たちの日常はこのようなリアルな心の現象によって構成されている。さらに私たちは，いま経験している自分の心の現象を，言葉で人に伝達できる。そして同じような状況では他人の心にも同じような現象が起こっていることを確信し，お互いが多くの心理的経験を共有しているという信念のもとに社会生活を送っている。つまり，現象の報告にもとづいて，自分だけでなく人間一般にとって，世界はどのように認識されているかを理解することが，人間というシステムの計算論的水準理解の一つの重要な側面である。

　ここで私たちの視覚的世界，すなわち見えの世界について考えてみよう。第

2章で詳しく述べられるが，視覚的世界は種々の色や線分がランダムに散らばった，万華鏡のような世界ではない。ゲシュタルト心理学が発見した原理などに従って，種々の線分や面や色がさまざまに組み合わされて，一つひとつのまとまり，パターンが構成されており，まさに「もの」や「こと」に満ち溢れた

BOX 1.1　心理現象の記述方法

　心の現象についてのもっとも直接的な研究方法は，経験しつつある心の状態を本人ができる限り忠実に報告したデータを得て，それを分析することである。報告の方法はいろいろに工夫できる。この方法は内観法とよばれ，心理学の歴史の中でさまざまな議論をよび，行動主義的観点からは客観的な科学の方法ではありえないとの批判もあった。しかし，内観法で得られる声は心的現象に関するいわば生のデータであり，そこから得られる情報はきわめて貴重である。たとえば思考の領域でエリクソンとサイモン（Ericsson, K. A., & Simon, H. A., 1984）などにより確立された方法に**プロトコル分析**があるが，いまや認知心理学における重要な方法の一つとしてとらえてよいであろう。最近でいえば，この方法は，fMRIその他によって認知的課題を実行中の脳内の活動パターンと心の現象との関連を探る研究などで，必要不可欠な方法となっている。

　また第2章以降で述べられる種々の知覚心理学の実験で，実験者の準備した質問に定められた方法で答えることもやはり自分の経験しつつある現象の報告ということができる。いわゆる心理物理学的方法といわれる心理学的測定の基本をなす方法も，結局は自らの感覚・知覚的経験を，指定された方法で観察し，指定された方法で報告するものであるといえる。たとえば，ミュラー―リヤー錯視によって過大視されている線分の過大視量を測定するために，錯視の影響を受けていない線分の長さを自由に調整できるようにしておき，それを錯視図形の中の線分と同じ長さに調整させる。錯視図形中の線分が10 cmのところ，それと同じ長さに見えるように調整された線分の長さが12 cmだとすると，20％の過大視が生じていることになる。このような測定に際して実験参加者が行っていることも，やはり自分の心の中で起こっていることの観察とその報告に他ならない。このような知覚の研究も，私たちの経験している現象的世界の構造を明らかにする研究といえるのである。

世界である。そしてそれらの事物は美醜や好悪などの感情でも色づけられている。このような知覚的世界こそが私たちの住む心理的「環境」に他ならない。その環境の中で、私たちをとりまく事物が私たちには山や川、鳥や魚というようにいくつものカテゴリに分かれて見えている。つまり、環境は構造化されているといえる。環境は私たち人間に固有の認知機能にもとづいて、ごく自然に分節されている。人間とは異なる認知機能をもつエイリアンがいたとしたら、その現象的世界は私たちのそれとは異なっているに違いない。

　心の現象的側面の研究とは、私たちに現れている環境の構造を、現象の報告やさまざまな行動的特徴をもとに忠実に描き出すことである（**BOX 1.1**）。このように現象を直視して人間にとっての環境とはどのようなものかを知ることも認知心理学の大きな役割である。

　しかし、そのような環境は「いかにして」そのように私たちに現れているのであろうか。現象的側面の研究だけでは、それを知ることはできない。現象が生み出される過程が明らかにされてはじめて、心の科学的解明を進めることができるのである。

1.1.3　認知機能とその構造を探る——アルゴリズムの水準

1. アルゴリズムによる機能の表現

　心は1つであり、バラバラに分割することができるようなものではないかもしれない。しかし序章でも述べたが、その働きという面からみれば、心は実にさまざまな異なった働きをしている。心理学の教科書の目次を見ると、ほとんどの教科書に、感覚・知覚、学習、記憶、思考、言語、動機づけ、感情などの章が設けられているが、これらはそれぞれ、心の働きをある程度大きな単位にまとめた分類であるといえる。私たちがあるものを見て「これはおいしそうなリンゴだなあ」と口で言った場合の心の働きを考えてみると、そこには、あるものをリンゴであると認識する感覚・知覚の働き、リンゴについての一般的な記憶、以前に食べておいしかったリンゴの形態的特徴と目の前にあるリンゴとの比較、その結果を言葉にするという言語化の働きなどがあると考えることは不自然なことではない。ある1つの行為がいろいろな心の働きの相互作用から

成り立っていると考え，個々の心の働きを分割し，それらの相互作用のあり方を探っていくことが心の機能と構造の研究といえる。その心の機能の研究における理論的基礎と研究手段とは何か。これは重要な問題であるので，以下に詳しく論じることにする。

(1) コンピュータのアルゴリズム

　人間をある種の情報処理システムであるとみなすということは，手短にいえば，私たちの心の働きとは，身体内部や，外界からの情報を処理する働きであるということである。もっとも進化した人工的な情報処理システムであるコンピュータと対応させながら，人間が情報処理システムであるということの意味を明らかにしよう。コンピュータを用いて情報処理作業を行うためにはコンピュータとそれを働かせるためのソフトウェア，すなわちプログラムが必要である。プログラムを書くということは，与えられた情報処理課題をコンピュータが受けつけることのできる形式で記号化することである。

　ある情報処理課題のプログラムを書くに際しては，その課題を解くための手順がわかっていなければならない。この情報処理の手順のことを**アルゴリズム**という。複雑な情報処理の仕事の場合には，そのアルゴリズムの作成がもっとも重要で，創造的な部分を占める。そのアルゴリズムはしばしばフローチャート（流れ図）によって表示される。原理的にはアルゴリズムのフローチャートが完成すれば，後はほとんど機械的にそれを適切なコンピュータ言語で記述していけばよい。

　たとえばもっと単純な例として，100人の受験生の最高点を見つけ出すコンピュータのアルゴリズムは普通次のようなものである。まず最初の数値を仮の最高点とみなし，次々に読み込んでいく数値をこれと比較する。そして，より大きい数値がくれば，今度はそれを仮の最高点に替えるという方法でデータの終わりまで進む。最後に残った仮の最高点が全体の最高点であり，それを結果として出力する。このアルゴリズムはコンピュータのプログラムをはじめて学習しはじめた頃によく出会うものであるが，多くの初心者がなるほどと感心させられる。アルゴリズムができれば，それはさまざまなコンピュータ言語でプログラム化することができ，またそのプログラムは種々のコンピュータで実行

可能である。このようにアルゴリズムには一般性があり，個々の言語や個々のコンピュータとは独立に考えることができる。

(2) 心の機能のアルゴリズム

人間について考えてみよう。先ほどの最高点を求める仕事は，コンピュータにも人間にもいたって簡単な問題である。外見も中身もまったく異なる2つのシステムが同一の機能を果たしうる。そのとき，コンピュータが一定のアルゴリズムに従って情報処理をしているのと同様に，人間もある一定のアルゴリズムに従って情報処理をしていると考えるのが**情報処理論的アプローチ**に他ならない。コンピュータの場合には，課題に応じて適切なアルゴリズムが考案され，それがプログラム言語化される。人間の場合には，課題を行っている人間の行動の観察から，そのときに働いているアルゴリズムを推定できる。

人間の認知機能についての自然な観察や実験によって得られた事実から，その機能がどのような過程で実現されているかを推論し，それをアルゴリズムの形式で記述しようという試みの嚆矢が，序章で述べたニューウェルとサイモンによる GPS（General Problem Solver）とよばれる問題解決過程のコンピュータプログラムであった。以降，コンピュータ上で実行可能な認知心理学的モデルが数多く提案されてきた。

アルゴリズムという語は，コンピュータ言語で具体的に記述できる場合に限って使用すべきかもしれない。しかし現実には，すべての認知機能の研究がコンピュータで実行可能なほど詳細に記述できる程度にまで解明されているわけではない。しかしそのような場合においても，認知の各段階における外界からの情報の処理過程を心理学的な用語を用いて記述することによって理論化されており，このような場合にもやはりアルゴリズム的説明がなされていると考えてよいであろう。現実にはこのような段階の研究のほうが多いといえる。

(3) 心の構造について

さて認知過程のアルゴリズムを解明すること，ないしはそのアルゴリズム的説明をすることが認知心理学の目的であるとしても，人間の認知機能にはさまざまな種類があることを序章でもみた。心全体のアルゴリズムを知るためにはそれらすべてを知らなければならない。また，ある機能を果たすためにはさら

にその前にいろいろな機能が先行している。そして最後にそれらが全体としてどのように結びついて心全体を構成しているのかを知らなければならない。このことを考えるにあたって、心の機能は数多くの下位の機能単位から成り立っていると仮定しよう。機能単位というとフォーダー（Fodor, J. A., 1983）によるモジュールという用語を用いた有名な議論があるが、ここではその議論にはこだわらず、一般的な意味でこの用語を用いる。

図 1.1 を借りて考えてみよう。この図は、心（mind）のモデルとまではいわないが、心が機能ごとの単位から構成されているという見方を理解するのに便利である。同図の一番上の A に示すように、入力と出力をもつシステムである心全体がある。そしてその心の機能を心理学的事実や理論に照らして大きく分類すると次の B のように描ける。B の中身は各種の下位の機能単位から成り立っている。そして視覚という機能単位の中身を現状の視覚研究から得られる知識に照らしてさらに詳しくみてみると、C のように 4 種の機能単位に分

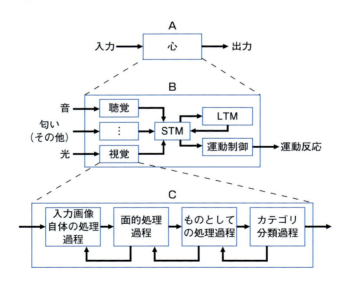

図 1.1　**認知機能の分割図**（Palmer, 1999 より作成）
STM は短期記憶、LTM は長期記憶を意味する。

けることができる．各機能単位の中でどのような処理が行われているか，つまりそのアルゴリズムを知ること，および機能単位間の情報統合のためのアルゴリズムを知ることが認知心理学の役割である．そのアルゴリズムは数式で表現したりコンピュータのプログラム言語で書いたりできる場合もあれば，日常言語で記述する場合もあることは上でも述べた．

　さてそこで私たちがいう**心の構造**（structure ないしは architecture）とは，たとえばいまの図 1.1 のような形式で示しうるような，各種機能単位が組み合わされている全体的な構造のことを意味している．つまり認知心理学は図 1.1 のような構造を，より詳細に描けるように各種認知機能について解明しようとしているのである．そのためにはいろいろな認知機能についてどのような機能単位があり，それがどのようなアルゴリズムで情報処理をしており，それらがどのようなアルゴリズムで統合されているかを明らかにしなければならない．（なお，ここではアルゴリズムという語を，本来のコンピュータに関連した厳密な意味を超えて，情報処理の手順，手続きであるとして緩やかにとらえている．それでもやはりアルゴリズムを記述する際には具体的な事物や概念を日常言語も含めた記号で表現するものと考えてきた．つまりここまでに述べてきた情報処理とは記号処理のことを意味している．心の働きを記号の処理過程として説明しようとしているのである．このように考えて提案される認知機能のモデルは記号処理モデルというにふさわしい．ところが本書の第 9 章で紹介されるコネクショニスト・モデルは記号処理モデルとはいえない性質のモデルである．しかしそれでもコネクショニスト・モデルも基本的にはこの第 2 水準における心の理解と解釈されている．このことについては終章で検討することとする．）

1.1.4　脳と心の関係――具現化の水準

　いうまでもなく，機能（function）の背後にはその機能を実現する実体がある．コンピュータの機能はコンピュータという機械（machine）によって，心の機能としての認知機能は脳という生物学的器官（organ）によって，実現されている．マーのシステム理解の 3 水準でいえば，あるコンピュータシステム

を理解するにはそのシステムの目的とアルゴリズムとそれを構成する機器類，とりわけ本体の電子回路を理解しなければならない。脳については脳神経システムを構成している脳細胞や神経線維，その他の生物学的物質についての理解が必要となる。システム全体の理解をするためには当然のことながら不可欠な水準である。

　では，認知心理学において認知機能について研究するためには，脳自体の研究をすることは不可欠なことなのであろうか。このことについて考えておきたい。

　まず，コンピュータについて考えてみる。コンピュータの機械そのものつまりハードウェアの構造や，その機械的な機能や機構についての研究と開発の大半は，コンピュータの設計，製作者の仕事であって，コンピュータの一般ユーザの仕事ではない。コンピュータのハードウェアとは独立に，情報処理課題ごとにそのソフトウェアを作成することができるし，すでに存在するソフトウェアの目的，機能，構造を知ることができる。コンピュータの中身を知らなくても，プログラムを書き，コンピュータを利用できる。

　心理学者もこれと同様，脳自体の研究とは独立に，心のアルゴリズムやプログラムを追究することによって，機能単位の集合体としての心の機能や構造を知ることができる。認知心理学は脳自体の研究とは独立に成り立ちうる科学なのである。事実，本書の各章にみられる研究のほとんどが直接脳と関係づけられた研究ではない。だからといって認知心理学が脳研究やその他の領域と無関係ではありえない。この点については終章で触れることとする（10.2.1 参照）。

1.2　認知心理学における実証的研究と理論

　認知心理学はこれまでに述べてきたように，認知に関わる機能単位を同定し，そのアルゴリズムを明らかにし，機能単位の組合せからなる全体構造の理解を目指している。そして現に本書の各所でみられるようにさまざまな成果が得られている。しかしどんなに精緻なものであっても，それらはすべて，仮説，ないしはモデルや理論と称すべきものなのである。認知心理学はあくまでも，実

証的事実にもとづいた，論理的に整合性のある仮説やモデル，理論を構築することを目的としているといえる。

　心理学一般の基本的方法は，自然的観察や実験的観察を通して環境と行動との関係を詳細に調べ，客観性のある事実（evidence）を集積していくことにある。ただし観察といえども，むやみやたらな観察ではなく，それまでの知識をより所とした予想や仮説，理論にもとづいて緻密な観察が行われる。そこで得られた事実をもとに仮説やモデルの修正，あるいは新たな理論の構築が行われる。認知心理学においても他の科学と同様，単なる事実の集積ではなく，事実をもとに理論を構築し，それに沿ってまた新たな理論を構築していくというサイクルをとることが一般的である。

　上に述べた環境と行動との関係という言葉は，具体的研究，ことに実験的研究に際しては，心理学では**刺激**と**反応**という言葉に置き換えられる。そして研究対象となる個人を**実験参加者**とよび，研究者を**実験者**とよぶ。刺激と反応は実験者が客観的に観察できる。この関係から客観的には観察不可能な実験参加者の内部を推論するというのが心理学一般の研究手段である。では，このような方法でいかにして心の機能単位を見つけ出し，さまざまな心的アルゴリズムを知ることができるのであろうか。その問には本書全体をもって答えていくが，一，二の例をみておこう。

　たとえば第2章で紹介されるアイコニックメモリは，認知過程の初段階にある一時的な情報保存のための機能単位であるが，これはスパーリングの独創的な実験によっていわば発見されたものである。認知心理学の草創期になされたこの研究は，目に見えない心的過程を刺激反応関係から解明できるのだということを実証したものとして，その後の認知心理学的研究に大きな影響を与えた。また，バドリーなどの提唱した**作業記憶**（**ワーキングメモリ**；working memory；第5章参照）の理論は，当初はどちらかというと実証的事実が必ずしも多くはない状態で提案された。しかしその理論が数十年の間に世界中で多角的な実証的研究の対象とされ（わが国にも日本ワーキングメモリ学会という熱心な研究グループもある），いまや認知心理学領域のみならず，認知機能を考えるうえでは欠かすことのできない要素となっている。その生理学的基盤を明ら

かにする神経科学的研究はこの理論が提案された後からはじまったのである。

　上記の研究をはじめ，認知心理学的手法にはユニークで，創意に満ちたものが多い。本書ではそれらの具体的な研究法や実験法をまとめて解説することはしないが，各章に紹介される諸事実や理論を，方法論にも着目しながら理解することが，認知心理学とはどのような学問であるかを理解するうえで有効であろう。

1.3 情報処理論的アプローチの問題点とその対応

　認知心理学が情報処理論的アプローチをとり，人間の認知機能の機能単位とその集合体の構造を明らかにしようとする試みの問題点について考えてみよう。このような試みをするのはよいとして，問題は同一の情報処理課題に対して，多くの場合一通りでなく幾通りものアルゴリズムを考えることが可能であるという点である。地図上である目的地に行く経路が幾通りもありうるように，同一課題の処理方法は複数ありうる。コンピュータの場合はその中でもっとも能率のよいアルゴリズムを選んでプログラム化すればよい。しかし，心的アルゴリズムの場合には，人間のアルゴリズムとして妥当なものを選択しなければならないのである。これは認知心理学者がつねに直面している難問である。心的過程という直接観測しえない対象だけに，1つにしぼり込むことはたいへんに難しい。

　このような困難に対して認知心理学はどのように対応してきたであろうか。認知心理学における息の長い理論やモデルは，ある観測事象について，ただ1つの実験方法を用いて得られた事実から支持されるだけではなく，同じ事象がさまざまな実験方法を用いて検討された結果によっても支持されているものである場合が多い。ここで働いている原理を意図的に実施する方法として**収束操作法**（converging operation）がある。これは，ある実験方法で得られた事実からある機能単位が推定された場合に，さらに別の実験方法を用いて検討した結果からも同じ機能単位が推定できるかどうかを確かめる方法である。意図的にこのような操作が行われることもあり，それは非常に望ましいことである。

たとえば第2章に紹介されている**視覚探索**の実験結果から，トリーズマンは視覚系の初期段階に並列処理を行う特徴抽出器という機能単位を推定した。トリーズマンは別の実験パラダイムによる結合錯誤という現象からも同じ仮説が成立することを示し，特徴抽出器仮説をより説得力のあるものとしている (Treisman, A., 1986)。第4章では**過程分離手続き**や **Remember/Know 手続き**が潜在的記憶と顕在的記憶の区分の妥当性を検討する手段として紹介されている。また，近年の脳画像研究が大きな助けになっている場合も多い。視覚探索において色の探索を行っているときと，線分や，動きを探索しているときとでは脳の活動部位が異なるという事実は，先のトリーズマンのモデルの妥当性を支持している (Robertson & Schendel, 2000)。

　しかし，このような意図的な操作はある一人の研究者が必ず行う必要があるというものでもない。現実には似たテーマに関する研究の数が増大していくことによって，自然と収束操作という試練にさらされていくとみることができる。先に述べた作業記憶のモデルなどはこのような試練をくぐり抜けたモデルといえよう。

　情報処理論的アプローチに関してはこんな風に考える人もいる。「これは人間をコンピュータにたとえる見方であり，最新の機械に人間をたとえて理解しようとする，いつの時代にもある試みの陳腐な新種にすぎない」という批判である。あるいは人間を機械と同列に考える非人間的な考えであるという印象をもつ人々もいるかもしれない。皮相な見方として一蹴することもできようが，このような疑問に，認知機能も含めて人間の心で起こっていることをすべてアルゴリズムの形で記述することなど不可能ではないか，という想いが含まれている場合には真剣に答える必要があろう。果たして不可能であろうか。心理学一般と同様，認知心理学もまだまだ発展途上にあり，現状ではそうではないと言い切ることはできない。

　しかし，今日においては，入力や出力に近いところの認知機能の研究にとどまらず，注意をはじめ，私たちの意識状態や感情，私たちの意思や動機といった心の働きも，認知心理学の対象とされ，多いに研究されている (Dehaene, 2014)。情報処理論的アプローチが意識という人間性の根源に迫りうるものか，

本書でその疑問に十分に答えることはできないが，本書を通読するに際してこの疑問をつねにもち続けることも大事なことと思われる。

情報の受容と分析

　外界の認知が成立する過程には初期と後期の２つの段階がある。後期段階については次章で述べ，本章では，その初期段階である刺激情報の受容と分析について述べる。外界についての情報は物理的エネルギーのパターン（刺激）という形で感覚器官に到達する。感覚器官において受容された刺激情報は，心的な表現形式に変換された後，短期間ほぼそのままの形で保存される。それらの情報がさらに何段階もの処理を経ることによって，最終的な認知内容に対応する形に変換されるが，その間に刺激のもつ諸々の属性が抽出される。そのような刺激情報の処理は感覚様相ごとに独立してなされるとは限らず，処理過程が様相間で影響し合ったり，処理結果が統合されたりする。

2.1　刺激の受容

　私たちが外界を認知するためには，まず外界についての情報が与えられなければならない。その情報は，外界対象から発せられた物理的エネルギーのパターン（**刺激**，stimulus）という形で感覚器官に伝達され，そこで心的な表現形式に変換される。しかし，感覚器官に到達した刺激がすべて受容されるわけではなく，種々の制約がある。

2.1.1　刺激の種類に関する制約

　物理的エネルギーにはさまざまな種類があるが，通常，特定の感覚器官は特定の物理的エネルギーのみを受容する。これをその感覚器官の**適刺激**（adequate stimulus）といい，他を**不適刺激**（inadequate stimulus）という。たとえば，視覚系の適刺激は光（電磁波）であり，聴覚系では音波である。

BOX 2.1　色　覚

　色を知覚するしくみ（色覚）については，2つの有力な説，**3色説**（trichromatic theory）と**反対色説**（opponent-color theory）が対立してきた．3色説は，この理論の確立者にちなんで，ヤング-ヘルムホルツ（Young-Helmholtz）説ともよばれる．この理論では，視覚系には網膜の地点ごとに3種の機構が存在し，それらが活動すると各々赤，緑，青の知覚が生じると仮定されている．複数の機構が同時に活動すると，その組合せや活動の強さの比に応じてさまざまな色が知覚される．たとえば，赤機構と緑機構とが同等に活動し青機構が活動しなければ黄が知覚され，3つの機構の活動が均衡する場合は白の知覚が生じる．これらの機構の活動レベルは，受容される刺激が強いほど高く，かつ刺激の波長によって異なる．また，もっとも強く応答する波長は機構によって異なり，赤機構は長波長の光に，青機構は短波長の光に，緑機構はそれらの中間の波長の光に対して感度が高い．この理論は，**等色**（color matching；ある波長構成の光と同じ色に見える別の波長構成の光を求めること）実験の結果をうまく説明する．しかし，赤と緑の混ざったものであるはずの黄が混じりけのない純粋な色という印象を与えること，**2色型色覚者**（dichromat）が白や黄を見ること，あるいは**残像**（afterimage；口絵の**図2.1参照**）や**色の対比**（color contrast）において赤と緑，黄と青が対になって現れることなどの現象的経験の説明に難点がある．

　反対色説もまた，最初の提唱者にちなんで，ヘリング（Hering, E.）説とよばれることがある．この説では，刺激の波長に応じて，正，負，ゼロのいずれかの活動状態をとる，2種の機構を仮定する（実際は3種であるが，1つは白黒の知覚に関するものなので省略する）．一方は，正の活動が赤の知覚に対応し，負だと緑の知覚が生じるものであり（赤-緑機構），もう一方は，正の活動が黄の知覚を，負の活動が青の知覚を生じさせるものである（黄-青機構）．ただし，活動の符号と知覚される色との対応は任意である．また，活動の強さは刺激の強さに依存する．両方の機構が同時に活動する場合は，活動の強さの比に応じてさまざまな色が知覚される．ただし，赤と緑，あるいは黄と青の知覚が同時に生じることはないから，それらの混合色は知覚世界には存在しない．どちらか一方がゼロの状態の場合は，他方の活動のみで知覚される色が決まる．したがって，このとき知覚される色は混じりけのない純粋な色であり，そのような色は黄を含めて4色あることになる．両方の機構ともゼロの状態だと，第3の機構の活動だけが残り，無彩色が知覚される．反対色説は，3色説では説明しにくい，色の見え方に関するさまざまな事実をうまく説明することができる．

　どちらの色覚理論も各々適合する現象をもっている．しかも，神経生理学的研究によって，視覚系の中に3色説的な活動を示す部分と反対色的な活動を示す部分の両方が存在することが明らかにされている．したがって，現在では，両者を組み合わせた**段階説**（stage theory）が主流になっている．この理論では，視覚系の低次のレベル（たとえば網膜の視細胞）に3色説的な機構があり，より高次のレベル（外側膝状体（lateral geniculate body）など）に3色機構からの入力を受ける反対色機構があると考える．

しかし，たとえ適刺激であっても，感覚器官がそのすべてを受容しうるわけではない。視覚系が受容しうるのは，波長が約 400〜700 nm（ナノメートル；1 m の 10 億分の 1）の電磁波だけである。そして，刺激の波長の違いは，知覚上では色相の違いとなって現れる。虹の 7 色として知られているように，波長が長くなるにつれて，知覚される色は紫から青，緑，黄，赤と連続的に変化する（**BOX 2.1**）。また，聴覚系が受容できるのも周波数が約 20〜20,000 Hz（ヘルツ：1 秒間あたりの振動回数）の範囲の音波に限られる。そして，刺激の周波数が高いほど音は高く聞こえる。

2.1.2 刺激の強さに関する制約

刺激の強度に関しても感受可能な範囲がある。刺激のエネルギーが弱すぎれば何も知覚されないし，強すぎても適切な知覚内容は生じない。知覚可能な最低の強度の刺激を**刺激閾**（stimulus threshold）または**絶対閾**（absolute threshold）とよぶ。刺激が閾を超えると，その強度の増大に伴って知覚される強さ（光の明るさ，音の大きさなど）も増大する。しかし，刺激強度があるレベルに達すると，それ以上強度が増しても知覚される強さは変化しなくなる。そのような上限の強度の刺激を**刺激頂**（terminal threshold）とよぶ。また，私たちの感覚機構は，刺激の絶対的な性質よりもむしろ刺激の変化あるいは刺激間の相対的な関係に対して敏感である。そして，知覚しうる最小の刺激間強度差あるいは強度の変化を**弁別閾**（difference threshold）という（**BOX 2.2**）。

> **BOX 2.2　ウェーバーの法則**
>
> 弁別閾の値は刺激の強度水準に伴って増加することが知られている。たとえば，50 g のものに対して 51 g 以上のものなら重さの違いがわかる（すなわち弁別閾値が 1 g）としても，100 g に対しては相手が 101 g では重さを弁別することができず，102 g 以上なければならない。すなわち，基準となる刺激強度を S とし，弁別閾を ΔS とすると，$\Delta S/S$ が一定になるのである。この関係を**ウェーバーの法則**（Weber's law）とよび，$\Delta S/S$ の値を**ウェーバー比**（Weber's ratio）とよぶ。ただし，この規則性は，中程度の強度範囲でのみ近似的に成り立つものである。また，ウェーバー比は感覚様相によって異なる。

閾の定義は上述のようなものであるが，実際には，そのような明確な刺激強度の境目は存在しない。たとえば，それ以上では必ず知覚され，それ以下ではけっして知覚されないという意味での絶対閾に相当する刺激を見出すことはできない。一定の強度の刺激を反復提示した場合，その知覚が報告される頻度は，0％からいきなり100％に増えるのではなく，強度の増大につれて徐々に増加する。そこで，実際の測定においては，反復提示した際に知覚される回数が全提示回数の一定の割合（たとえば50％）を占めるような刺激を刺激閾と定める。

BOX 2.3　信号検出理論にもとづく感覚の測定（1）

　信号検出理論にもとづく心理学的測定は次のようにしてなされる。一定の強さの刺激（信号）が提示される条件と提示されない条件とが，ランダムな順序で，多数回反復され，実験参加者はそのたびに刺激があったかなかったかを報告する。したがって，刺激条件と反応との組合せによる4つの事態が起こる（図2.2 (a)）。普通は，そのうちの，刺激が提示される条件でそれが正しく検出された（これを**ヒット**（hit）とよぶ）割合と提示されない条件で誤って刺激ありと報告した（これを**フォールス・アラーム**（false alarm）とよぶ）割合のみが利用される。

　信号検出理論では，信号の有無に関わりなくつねに何らかのランダムに変動する背景刺激（ノイズとよぶ）が存在すると考える。したがって，上記の条件は信号＋ノイズ条件とノイズのみ条件とよぶべきである。ノイズは，外界刺激とは限らず，神経系の自発性活動なども含み，信号によるものと同じ性質の知覚過程を生じる。また，実験参加者は，信号の有無を決定するための知覚過程に関する基準をもっており，生じた知覚過程がその基準を超えていれば信号ありと判断し，そうでなければなしと判断すると仮定する。ただし，この基準は固定したものではなく，実験参加者の動機づけや期待などによって変動する。たとえば，見落としが許されないような（レーダーで敵を探すなど）事態では，基準が下がり（大胆になり），ヒット率は増すが，同時にフォールス・アラーム率も増す。一方，お手つきが罰せられるようなゲームでは，基準が上がり（慎重になり），ヒット率，フォールス・アラーム率ともに減少するであろう。

	反　応	
	"有"	"無"
刺激（信号）有	ヒット	ミス
刺激（信号）無	フォールス・アラーム	コレクト・リジェクト

図 2.2 (a)　信号検出実験の4つの事態

BOX 2.3　信号検出理論にもとづく感覚の測定 (2)

　適当な手続き（判断の正誤に対する賞と罰の程度を変化させるなど）で基準を変化させてやれば，一定の信号の強さに対して，ヒット率とフォールス・アラーム率の組を何通りも得ることができる．その値を，横軸にフォールス・アラーム率，縦軸にヒット率をとって，プロットしたものを **ROC 曲線** (receiver operating characteristic curve) とよぶ（図 2.2 (b)）．ROC 曲線は，右上がりの弓型であるが，信号の強度が増し，その検出（すなわち，ノイズとの弁別）が容易になるほどたわみ方が大きくなる．したがって，同じ強さの信号に対してより大きく曲がった ROC 曲線が得られるならば，より強い信号が与えられたのと同じ知覚的効果が生じるということであり，感覚機構の感度がより高いことになる．このように，ROC 曲線の曲がり具合（これの指標は d'（ディー・プライム）とよばれる）を用いて，実験参加者の刺激に対する感度を測ることができる．

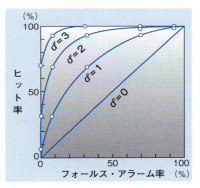

図 2.2 (b)　ROC 曲線

　しかし，そのようにして閾を測定した場合，同一の実験参加者であっても測定を反復したりすると値が変動する．この場合，観測された閾値の変動が感覚系の刺激に対する感度の変動によるものなのか，それとも実験参加者が実験者に対して刺激の有無を報告する際の基準の変動を反映したものなのかわからない．反応基準の変動の効果を切り離して，感覚系の感度を純粋に測定するためには **信号検出理論**（signal detection theory）が利用される（BOX 2.3）．

2.1.3　刺激の差異あるいは変化に関する制約

　私たちの感覚系は刺激の差異に敏感だと述べたが，それどころか刺激パター

ン内に空間的差異や時間的変化がまったくない場合には知覚そのものが生じない。たとえば，視野（visual field）全体にわたって光刺激の強度と波長が一様である場合（**全体野**，Ganzfeld），はじめは色づいた空間が知覚される（**BOX 2.4**）が，すぐに視野は，色味を失って，一様な灰色になるか暗黒になる。また，視野内に複数の異質な領域があっても，その像が網膜（retina）上の同じ位置に固定される場合は，それが知覚されるのははじめの間だけで，すぐに消えてしまう。たとえば，図2.4のような光学的装置を用いると，眼球運動があ

BOX 2.4　図と地の分化

全体野においては，「物」あるいは「**図**（figure；一定の形をもち，存在する位置のはっきりした対象）」は知覚されず，3次元の漠然とした等質の広がり（霧がかかったような空間）が知覚される。視野が複数の異質な（光の強度や波長が異なる）領域からなる場合にはじめて，そのどれかが「図」として知覚され，それと境を接する他の領域が，「図」の背後の広がり（「**地**」，ground）として知覚される（**図と地の分化**，figure-ground segregation）。通常，隣接する領域の両方が同時に図または地の性質を帯びることはない。その際，どの領域が図になるかについては，ゲシュタルト（Gestalt）心理学者たちによって，さまざまな規則性が報告されている。たとえば，他の領域によって囲まれた領域は図になりやすく，小さい領域ほど図になりやすい。図になりやすさが領域間で均衡している場合には，両者が交替で図になるということが起こる。このような刺激パターンは**反転図形**（reversible figure）とよばれる。たとえば，図2.3では，同じ図形が，明るい部屋を背景として向かい合う2名の人物の横顔のシルエットとも見えるし，暗い部屋を背景とした白い杯とも見える。

図2.3　ルビン（Rubin, E.）の盃

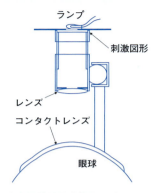

図 2.4 静止網膜像形成装置（Pritchard, 1961）

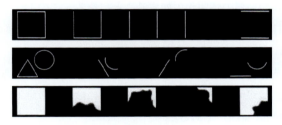

図 2.5 図形の消失過程（Pritchard, 1961）
図の左から右へ進行する。

っても外界の像が網膜上の位置を変えないようにすることができる。これを**静止網膜像**（stabilized retinal image）とよぶ。この場合，刺激提示後しばらくすると，それまで見えていた形や色が見えなくなってしまう。形の消失は，全体が一度に消えるのではなく，図 2.5 のように線分，角など形の構成要素とみなされるような部分を単位として起こる。

これらの現象は，視覚系の**神経細胞**（neuron；たとえば神経節細胞（ganglion cell））の多くが，外界からの刺激が変化した（出現や消失も含めて）後の短い間だけ活動し，一定の刺激が持続する場合には活動しなくなることによると考えられる。しかし，日常生活においてこのような現象が経験されることはまずない。日常の視野は多数の異質な領域からなっており，私たちがその 1 点を注視している場合でも，眼はつねに微動している（固視微動，fixation nystagmus）からである。このため，外界の像は網膜上を絶えず移動し，神経細胞は，刺激の変化にさらされ続けて，活動し続けることができる。

2.1.4 完結化と充填

　前項では，微細な眼球運動による刺激の変化が視知覚を維持していることを述べた。ここで特定の神経細胞が受けもつ網膜のある狭い範囲（受容野，receptive field）について考えてみよう。そこが網膜像の異質な領域間の境界に当たっていれば，たしかに眼球運動に伴って当該の神経細胞への刺激が変化しうる。しかし，ある領域の中央部に当たった場合は，たとえ網膜像の移動があっても刺激は変化しないことがありうる。この場合，神経細胞は活動せず，視野のその部分についての情報が欠如することになる。このような外界についての情報の欠如は他の原因からも起こりうる。たとえば，網膜の乳頭（optic disk）とよばれる部分には光を受容する視細胞（photoreceptor）がないので，視野の対応する部分に関しては刺激そのものがないのと同じである。事実，ある対象からの刺激がすべて乳頭上に落ちる場合には，その対象は見えない。いわゆる盲点（blind spot）である。

　しかし，私たちが，自分の視覚世界の中に，そのような刺激情報の欠如に対応した空白を見ることは，けっしてない。たとえば，ある線分の中央部が盲点にかかっても，2本の分離した線分を見ることはなく，線分は1本につながって見える。また，対象全体が盲点に含まれる場合は，背景がそこを埋める（図2.6）。このように，視覚系には欠如した情報を視野の他の場所で得られた情報で補完する働きが備わっている。グロスバーグとミンゴラ（Grossberg, S., & Mingolla, E., 1985）は，その働きを2つの側面に区別している。完結化（completion）と充填（filling-in）である。前者は情報の欠如によって断続する境界（あるいは輪郭）を心的に連結し1本にする働きである。後者は属性（たとえば色）に関する情報の欠如した領域を他の領域の属性で満たす働きである。すでに述べたように眼球運動のおかげで境界の属性（境界の両側の性質はどのようなものか）に関する情報はつねに存在する。充填はそれにもとづいてなされる。すなわち，境界に関する情報を周囲の領域に拡散させるのである

図 2.6　盲　点
右眼を閉じて，左眼で×印を注視し，図を近づけたり，遠ざけたりすると，ある距離で上の図では円が消えて一様な白い面が見える。下の図では，線の切れ目が消え，1 本につながって見える。

BOX 2.5　充填過程にもとづく現象

図 2.7 左のような円盤を回転させると円盤面の輝度分布は図 2.7 右の実線のようになる。しかし，知覚される明るさの分布は図 2.7 右の点線のようになる。この現象は**クレイク-オブライエン効果**（Craik-O'Brien effect），または**コーンスイート錯視**（Cornsweet illusion）とよばれる。この場合，刺激が一様な領域については視覚系が情報を受容できないため，その見え方は，刺激の変化する領域（境界）の情報によって決定されるのである。

クラウスコフ（Krauskopf, J., 1963）は，内部円盤と外部環の色が異なる二重同心円状の刺激を用い，内部円盤のみを静止網膜像（2.1.3 参照）として提示した。すると，内部円盤は消え外部環の色をもつ大きな円盤が知覚された。この場合，静止網膜像化によって内部円盤と外部環の境界の情報が失われているため，唯一存在する外部環とその背景との境界に関する情報（すなわち外部環の色に関する情報）による円盤領域全体への充填が起こっている。

刺激図形。これを
回転させる。

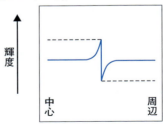
輝度および見えの
明るさの分布。

図 2.7　クレイク-オブライエン効果（Ratliff, 1972）

BOX 2.6　主観的輪郭とネオン色拡散効果

　口絵の図 2.8 (a) を観察すると中央部に周りよりも白い三角形が見えるであろう。しかし，物理的には三角形と周囲との間に性質の差はない。すなわち，三角形の輪郭のうち，物理的にも存在するのは 3 つの黒い円の切れ込みの部分だけで，他は"主観的"にしか存在しない。これを主観的輪郭（subjective contour あるいは illusory contour）とよぶ。切れ込み部分での黒と白の境界のうち，同一直線上に並ぶ対が完結化され，つながった境界を出現させていると考えられる。

　同じく口絵の図 2.8 (b) の中央部には色づいた円盤が見えるであろう。しかし，物理的には円盤領域の色は，十字部分を除いて，周囲と同じである。この主観的な色の知覚をネオン色拡散効果（neon color spreading effect）とよぶ。これは中央の十字の部分の色が，充填過程によって，その輪郭を越えて周囲に拡散した結果と考えられる。

（BOX 2.5）。一方で同じ働きが，外界に対応するものが存在しない内容を知覚させることもある（BOX 2.6）。

2.1.5　感覚間相互作用

　昔から五感という言葉がある通り，私たちの知覚的経験には，相互の間で内容の連続的な変化がありえない，分離した複数の側面（感覚様相，sense modality）が存在する。これらの感覚様相は，それぞれ異なる神経機構と適刺激に対応し，基本的には他から独立に成立していると考えられる。しかし，ある様相に属する情報の処理過程が別の様相の情報処理に影響する（感覚間相互作用，intersensory, intermodal or crossmodal interaction）ことを示すさまざまな現象がある。

　たとえば，ある様相の適刺激が，その様相固有の知覚内容だけでなく，刺激されていない他の様相に属する知覚内容をも同時に生じさせる場合がある。この現象を共感覚（synesthesia）というが，その代表的な例が，音刺激によって光や色が見えるという色聴（colored hearing）である。

　さらに，ある様相への刺激が別の様相への刺激に対する知覚内容を変える場合もあり，よく知られた例に大きさ—重さ錯覚（size-weight illusion）がある。これは，物理的には同じ重さであっても，大きく見えるものは持ち上げたとき

2.1 刺激の受容

に軽く感じられ，小さく見えるものは重く感じられるという現象である。すなわち，視覚刺激の存在が触運動感覚（haptic sensation）刺激に対する知覚に影響している。

また，セクラーら（Sekuler, R. et al., 1997）は，多義的な視覚運動パターンに対する知覚が聴覚刺激の影響を受ける例を報告している（図 2.9）。彼らは 2 つの円が互いに近づいて重なった後に離れていく刺激パターンを実験参加者に観察させた。そのままだと 2 つの円が衝突して跳ね返る印象とすれ違う印象のどちらかが生じるが，前者の印象は生じにくかった（40% 以下）。しかし，重なりの瞬間に短いクリック音を鳴らすと跳ね返りの印象が生じやすくなった（60% 以上）。逆に，北川と市原（Kitagawa, N., & Ichihara, S., 2002；北川と市原，2004）は，視覚的な奥行き運動情報が音の大きさの知覚に影響することを示した。すなわち，接近（後退）運動を知覚させる視覚刺激（大きさ，または両眼網膜像差が変化する正方形）に順応すると，その後に提示される，物理的には一定の強さの音がしだいに小さく（大きく）なっていくように聞こえるという残効を報告している。

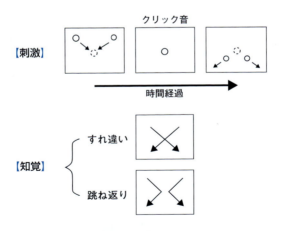

図 2.9　聴覚刺激による運動印象の変化

2.2 感覚記憶

外界についての情報は，感覚器官において，物理的表現から心的表現へと変換された後，**感覚記憶**（sensory memory）とよばれる機構に短時間保持される。感覚記憶の機能は，より高次の処理を施すべき情報が選択されるまで，受容された刺激情報を一時的に保存することと考えられる。選択された情報はさらに処理を受けて短期記憶に貯蔵され，残りはそのまま消失する。このような感覚記憶は各感覚様相ごとに別個に存在すると考えられる。ただし，ここでは，視覚と聴覚における感覚記憶についてのみ解説する。

2.2.1 アイコニックメモリ

視覚における感覚記憶は**アイコニックメモリ**（iconic memory）とよばれ，保存される情報は**アイコン**（icon）とよばれる（アイコニックメモリという名称はナイサー（Neisser, U., 1967）による）。アイコニックメモリの容量はきわめて大きい。一方，持続時間は 100〜300 ms（ミリ秒；1 秒の 1,000 分の 1）と短い。このようなアイコニックメモリの存在はスパーリング（Sperling, G., 1960）によって実験的に確認された。

スパーリングは，アルファベット 3 ないし 4 個の文字列を 3 行縦に並べたもの（図 2.10）を短い時間（50 ms）実験参加者に提示し，その直後にどんな文字があったかを報告させた。この手続きは**全体報告法**（whole report method）とよばれる。その結果，正報告数が 4〜5 個を超えることはなかった。しかし，

図 2.10　1 行 3 文字の場合の刺激パターン（Sperling, 1960）

実験参加者は，しばしば，実際に報告できた以上の文字をたしかに見てとっていたのだが，報告しているうちに残りを忘れてしまったのだ，と述べた。そこで，スパーリングは，この報告数の限界は，受容直後における刺激情報の保存機構の容量を示すものではなく，報告のために次の段階の保存機構へ情報を転送するのに時間がかかることによると考えた。そして，刺激受容直後の情報保存機構の性質を調べるために，**部分報告法**（partial report method）という手続きを考案した。これは，刺激提示終了後に高，中，低いずれかの高さの音を鳴らし，高い音の場合は上の行に含まれる文字を，中程度の音の場合は中央の行の文字を，低い音の場合は下の行の文字をそれぞれ報告させるものである。この手続きでは，どの音が鳴るかは実験参加者には予測不可能であるので，ある行について観測された正報告率は同時に提示されていた他のどの行にも当てはまると推定できる。この仮定にもとづいて計算された正しく報告可能な文字の数（提示文字数×正報告率）は，全体報告法による正報告数を上回り，提示文字数に近いものであった。しかし，文字刺激の消失から行を指示する音の提示までの時間を延ばしていくと，その数はしだいに減少し，約1秒で全体報告法との差はなくなった（図 2.11）。

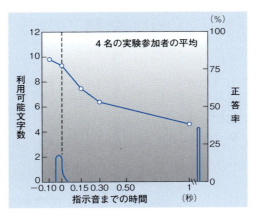

図 2.11　**指示音の遅れに伴う部分報告法の成績の低下**（Sperling, 1960）
　　　　この例は 1 行 4 文字の場合。

スパーリングの実験結果から，刺激受容直後の記憶機構は，受容した情報をそのまま保存できるが，1秒以下という短時間しか維持できないということがわかる。また，アイコンは，後続の視覚刺激から妨害的な影響を受けることから（BOX 2.7），網膜像（刺激パターン）をほとんどそのままコピーしたような画像的なものと考えられる。なお，スパーリングは，この記憶機構を視覚的

BOX 2.7　アイコンと視覚マスキング

　単独なら十分認知可能な視覚刺激（検査刺激）に，時間的に前後させて別の刺激（マスク刺激）を提示する場合，検査刺激が認知されない場合がある。これは，マスク刺激の処理過程によって検査刺激の処理過程が妨害された結果と考えられる。この現象あるいは実験手続きを視覚マスキング（visual masking）とよぶ。これを利用してアイコンの性質を調べることができる。たとえば，エイバーバックとコリール（Averbach, E., & Coriell, A. S., 1961）は，アルファベット8個の文字列を2列縦に並べた刺激を提示し，その消失後に実験参加者が報告すべき1個の文字の近くに短い棒を提示する（図2.12）という方法で，前述のスパーリングと同様な結果を得た。しかし，報告すべき文字の指示にその文字を囲む丸印を用いると（図2.12），文字の消失から丸印の提示までの時間が100 ms前後の条件で，正答率は著しく低下した（図2.13）。彼らは，この結果を指示用の丸印がマスク刺激となって先行する文字のアイコンを弱めたためと解釈した。

図2.12　視覚マスキング実験の刺激
（Averbach & Coriell, 1961）

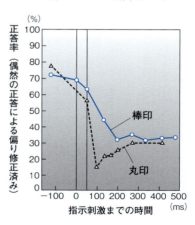

図2.13　指示刺激の遅れに伴う正答率の変化
（Averbach & Coriell, 1961）

情報貯蔵（visual information storage；VIS）とよんだ。

2.2.2 エコイックメモリ

聴覚における感覚記憶は**エコイックメモリ**（echoic memory）とよばれ，保存される情報は**エコー**（echo）とよばれる（Neisser, 1967）。その存在を示すものとしてダーウィンら（Darwin, C. J. et al., 1972）の実験がある。

ダーウィンらは，数字とアルファベットからなる3文字のリスト（たとえば，9, R, 5とか2, B, Fというような）を3種類用意し，ステレオ装置を使って，あるリストを右耳に，別のリストは左耳に，そして，もう一つのリストは両方の耳に同時に提示した。こうすると実験参加者には，頭の右と左と中央の3方から異なる項目が同時に聞こえてくるように感じられる。そして，刺激提示終了後にどのような項目があったかを全体報告法あるいは部分報告法で報告させた。部分報告法の場合，報告すべき項目群の指示は，実験参加者の前のスクリーンに投影される棒の位置（右，左，中央）によってなされた。また，項目提示終了から指示刺激提示までの時間を変化させた。その結果，前述のスパーリングの実験と同様，部分報告法から推定される報告可能な項目数は，全体報告法での報告数を上回った。また，その数は，指示の遅れにつれて減少し，4秒で全体報告法とほぼ同じレベルになった（図 2.14）。

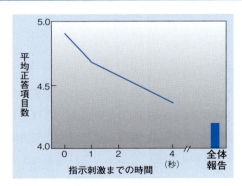

図 2.14　**指示刺激の遅れに伴う部分報告法の成績の低下**
(Darwin et al., 1972)

ダーウィンらの実験結果から，聴覚にも刺激受容直後の情報保存機構が存在することがわかる。ただし，彼らの結果はエコーの持続時間がアイコンよりかなり長いことも示しているので，エコイックメモリは，感覚記憶というより，短期記憶の一部と考えるべきかもしれない（短期記憶の詳細については第5章参照）。しかし，エコイックメモリの保持時間も，アイコニックメモリ同様，1秒以下であることを示す実験結果もある。たとえば，エフロン（Efron, R., 1970）は，短い音を鳴らし，音の終了時点と同時と感じられる光の点灯時点を測定するという手続きを用いて，エコイックメモリの持続時間を約130 msと推定している。また，ダーウィンらは，数字か文字のどちらかを報告するという課題も用いているが，この場合は部分報告法の優位性はみられなかった。したがって，エコイックメモリには，短期記憶的な性質に加えて，アイコニックメモリと同様の刺激パターンをコピーした生の音響的情報の保存機構としての性質もあると考えられる。なお，この機構をスパーリングは**聴覚的情報貯蔵**（auditory information storage；AIS）とよんでいる。

2.3 刺激属性の抽出

外界対象が何であるかを同定（identification）するためには，まずそれがどのような属性をもつかが明らかにされなければならない。では，その情報はいかにして受容された刺激から抽出されるのであろうか。

2.3.1 形の特徴分析

刺激の属性には色，大きさ，奥行き，運動などさまざまな種類があるが，外界対象の同定において主要な役割を果たすのは形であろう。そして，形に関しては，基本的な構成要素（特徴）の有無やそれらの空間的位置関係が分析されると考えられる。形の基本的特徴にどのような種類があるのかについては，静止網膜像の知覚（2.1.3参照）や神経生理学的研究から，種々の傾きをもった境界，線分，角，弧などが考えられている。また，同じことが**視覚探索**（visual search）課題を用いた心理学的研究からも示唆される。

2.3 刺激属性の抽出

　視野内の多数の対象の中から特定の目標物を見つけ出す心的活動を視覚探索とよぶ。この過程を実験的に調べるのに，複数の類似した図形が散らばる画面の中に特定の図形（目標図形）があるかないかをできるだけ速く判断するという課題が用いられることがある。たとえば，**図 2.15** では右斜めの線分（目標）の有無を探索する。この場合，実験参加者の反応時間は，目標以外の図形（妨害図形）の数の増加に伴って長くなる場合と一定の場合（**図 2.15** はその例）とがある。反応時間が妨害図形の数に依存せず一定になるということは，目標図形にのみ含まれる特徴（目標図形と妨害図形とを区別する特徴）の有無が全図形に関して同時（並列的）に分析されていることを意味する。また，この場合，目標図形は非常に目立ち，背景から飛び出して見えるという。これは**ポップアウト**（pop-out）現象とよばれる。そして，このポップアウトという性質は，低次の処理段階で自動的，並列的に検出される基本的特徴の基準と考えられる（Treisman, A., 1986）。なお，視覚探索に関連した諸々の現象とその理論的説明については，熊田と横澤（1994），横澤と熊田（1996）や『心理学評論』46 巻 3 号（三浦と横澤（編），2003）に掲載された諸論文を参照されたい。

　線分，角，弧といった特徴が視覚的処理過程のどこかの段階で抽出されていることは確かなようである。しかし，それが最終的な対象の同定の段階（記憶表象との照合；第 3 章参照）において利用される特徴であるという保証はない。研究者によっては，より複雑なものを要素的特徴と考えている。たとえば，マー（Marr, D., 1982）はさまざまな長さと太さをもつ円筒を要素とする 3 次元

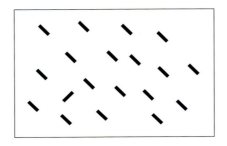

図 2.15　**視覚探索課題**

対象の内的表象を考えている（図2.16）。ビーダーマン（Biederman, I., 1987）は，表象の構成要素として，線分や弧などのより単純な特徴から構成される図2.17のような立体（ジオン（geon）とよばれ，最大36種が仮定されている）を提唱している。これらのジオンはどの方向から見ても容易に特定できるように構成されている。ビーダーマンはジオンの仮説を裏づけるためにさまざまな実験を行っているが，その一つに，カップやハサミなどの日常対象の線画の一部を除去して短時間提示し，その同定を求めるというものがある。その結果は，刺激の欠損量は同じでも欠損の場所によって正答率や正反応時間が異なるというものであり，刺激の欠損の仕方によってはジオンの抽出が困難になるためと解釈された。

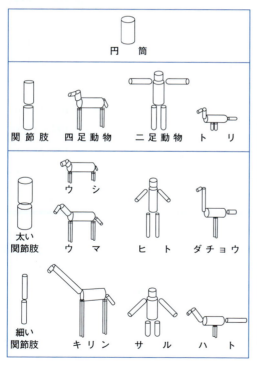

図2.16　円筒による表現 (Marr, 1982)

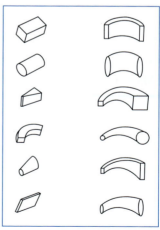

図2.17　ジオンの例
(Biederman, 1987)

2.3.2 属性の結合

ポップアウトの基準にもとづいて,並列的に抽出される基本的属性とみなされるものには,前述の形の基本的構成要素の他にも,色,大きさ,運動,両眼視差による奥行きなどさまざまなものがある。しかし,対象が同定されるためには,刺激パターンに含まれる属性が抽出されるだけでは不十分で,抽出された属性のうち当該対象に関連するものが選び出され結合されなければならない。この場合,視野内(あるいは網膜上)の各位置に関して抽出された属性が並列的,自動的に結合されるのではないと考えられる。たとえば,構成要素の種類だけでは形は特定できず,その空間的配置が検出されなければならないが,この要素の結合の仕方の検出は逐次的であると考えられる(**BOX 2.8**)。

また,複数の属性の結合の検出も逐次的になされることを示唆する事実がある。たとえば,前述の視覚探索課題において,図形が2種の属性を含み,目標図形とどちらか一方の属性に関してのみ異なる2種の妨害図形が含まれているとしよう。口絵にある**図2.19**の例では,色と傾きで図形が定義されており,目標図形は赤の右斜め棒,妨害図形は緑の右斜め棒と赤の左斜め棒である。この場合,1つの属性のみでは目標と妨害図形を完全に区別することはできず(目標と同じ色の妨害図形や同じ形の妨害図形がある),2種の属性の特定の組合せ(赤くかつ右斜め)が検出されなければならない。この**結合探索**(conjunction search)とよばれる条件では,反応時間は妨害図形の数に伴って増加する。したがって,属性の結合のあり方の検出は対象から対象へと逐次的になされていることになる。

トリーズマン(Treisman, A.)は,これらの事実にもとづき,刺激パターンを分析して基本的属性を抽出するのは注意を必要としない自動的な過程(**前注意過程**, preattentive process)であるが,抽出された属性を統合して認知対象を再構成するには注意の過程(**集中的注意**, focal attention)が必要であり,注意は逐次的にしか働かないと仮定した。彼女の説では,基本的属性は,種類ごとに,また空間位置ごとに互いに独立かつ並列的に抽出される。また,それらとは別に各属性が存在する空間的位置の情報も抽出される。次の処理段階において,空間的位置の情報にもとづき,位置ごとに諸属性の統合がなされる。

> **BOX 2.8　領域の分離**
>
> 　多数の小さな図形（きめ）が散らばっている画面の中に，きめの異なる領域間の境界を探索する課題において，きめの差異が基本構成要素に関するものである場合より，要素は同じで空間的結合関係が異なる場合のほうが時間がかかる（境界が目立たない）。たとえば，図2.18において，正立したTと斜めのTとの境界はポップアウトするが，TとLの境界は目立たない。これは，並列的に抽出される基本的特徴（線分の方向）の差異による境界はすぐに見つかるが，逐次的に抽出される空間的結合（線分の配置）の差異による境界はなかなか発見されないためと考えられる。
>
> 　また，正立Tと斜めTとの境界を短時間提示した場合の検出率は，並列処理という特性を反映して，視野のよほど周辺でない限り，凝視点から境界までの距離や提示時間に関わらず一定となる。一方，逐次的に処理されると考えられる，TとLの境界の検出率は全般的に提示時間が短いほど，提示位置が凝視点から遠いほど下がる。ただし，刺激パターン全体の面積，提示時間，提示・非提示の割合によっては，ある提示位置の場合にもっとも検出率が高く，それより凝視点に近くても遠くても検出率が下がる（関根と菊地，1998）。
>
>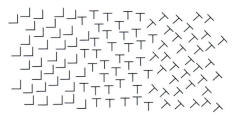
>
> 　　　　図2.18　領域分離課題（Beck, 1966）

この過程は空間に関する内的表象の特定の位置に注意が向けられてはじめて生じる。ただし，注意は一度に1つの位置にしか向かないので，この統合あるいは認知対象の再構成過程はある位置から別の位置へと逐次的に進行することになる（図2.20）。

　この説は，2種の属性の組合せからなる図形を複数含む画面をごく短時間提示した場合，実際には存在しない属性の組合せをもった図形が認知される（**結合錯誤**，**illusory conjunction**）という事実によっても裏づけられる。たとえば，青いT，緑のS，ピンクのXを並べた画面を短時間提示し，文字の両側に提示される数字も読み取るという課題を課すと，緑のTが認知される。あるいは，

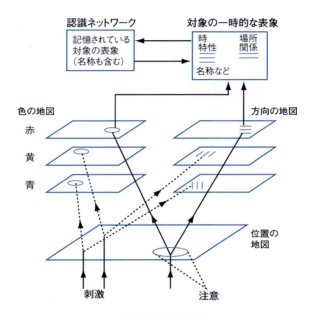

図 2.20　トリーズマンの視覚情報処理モデル（Treisman, 1988）

図 2.21　結合錯誤の例（Treisman, 1986）

図 2.21 のようなパターンでは実際には存在しない三角形が報告されるといった具合である。これらの場合，妨害的な条件によって注意の過程が十分働かないため，各属性は正しく抽出されても，その結合に誤りが生じるものと考えられる。

2.4 刺激情報の統合

　私たちの認知機構には，同時にあるいは継時的に与えられた異なる複数の情報を，同一感覚様相内はもちろん，場合によっては感覚様相を越えて統合し，単一の知覚内容を形成する働きのあることが知られている。

2.4.1 形の恒常性

　対象の視線に対する傾きが変化すると，対象の物理的な形は不変でも，その網膜像の形は変わる。図 2.22 のような円形の盆を視線に対して傾けて見る場合，傾きが増すにつれて，その網膜像はより偏平な楕円になる（図 2.22 の塗りつぶした部分。右ほど円盤の傾きが大きい）。もし対象の形が網膜像の形という情報だけにもとづいて知覚されるのなら，対象の視線に対する傾きが変わるたびに違う形に見えるはずである。しかし，日常場面においては，同じ対象なら傾きに関わりなくほぼ同じ形（図 2.22 の実線）に知覚される。この現象は，**形の恒常性**（form constancy）とよばれるが，網膜像の形に関する情報と対象の傾きに関する情報を統合することによって可能になると考えられる。後

図 2.22　**網膜像の形と知覚された形**（Thouless, 1931）

者は対象の傾きの変化に対応して変化する刺激の側面であるが，対象の奥行きの程度に応じて変化する側面でもあるので，**奥行き手がかり**（depth cue）とよばれる。形の恒常性は，この手がかりから対象の傾きに関する情報を抽出して網膜像の形の情報と比較考量する過程に依存し，両情報の関係が一定であった場合に成立する。この手がかりが存在しないか，あるいは検出されない場合は，恒常性が崩れ，網膜像通りの対象の形が知覚される。たとえば，暗黒中に一様な色の対象だけが見え，しかもそれを単眼で見るような場合に，そのようなことが起こる。

このように，私たちには，同一の対象からの刺激が変化しても，その対象の属性をほぼ一定に知覚する働きが備わっており，一般的に**知覚の恒常性**（perceptual constancy）とよばれる。私たちの環境内の事物の多くは，少なくとも短期的にみれば，形などの物理的性質をほとんど変化させないので，知覚の恒常性は，私たちがもつ外界適応的なしくみの現れの一つともみなされる。

2.4.2 両眼立体視と視野闘争

私たちの両眼が左右に 6〜7 cm 離れているため，立体や 3 次元空間に配置された対象群を見る場合，左右の眼は同じ対象（群）を異なる方向から見ることになり，左右の眼の網膜像が異なる場合がある（図 2.23）。この差異は**両眼**

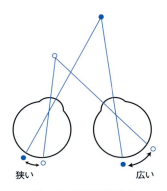

図 2.23　両眼網膜像差

網膜像差（binocular disparity）とよばれ，眼の前に2本の指を前後に並べて（左右にも少しずらして）立て，眼を交互に閉じると，指の左右の間隔が右眼と左眼で違って見えることによって確かめられる。また，両眼を開け，一方の指に焦点を合わせると，もう一方の指が2本に見える。すなわち，両眼からの異なる情報が統合されないと，このような単純な重ね合せに相当する知覚が生じるのである。しかし，普段，私たちはそのような二重像ではなく，単一の世界を知覚している。ただし，それは3次元的な世界となっている（**両眼立体視**，binocular stereopsis）。すなわち，異なる網膜像の情報を統合して奥行きの知覚に変換するしくみが視覚系に備わっているのである。したがって，両眼網膜像差は奥行き手がかりの一種ということになる。

　一方，形，傾き，色などの属性が大きく異なる網膜像が両眼の網膜上の対応する位置に映る場合（図 2.24），情報が統合されないことがある。その場合，両眼立体視あるいは完全な二重像ではなく，それぞれの網膜像に対応する2種の知覚が交互に生じたり，同時に生じても一方の一部が欠けていたりする。この現象は**視野闘争**（binocular rivalry）とよばれる。視野闘争における2種の見えの相対的優位度は，刺激間の相対的強度，刺激の時間的文脈，注意などさまざまな条件に依存する。たとえば，相対的に強い刺激，先行提示された刺激と異なるパターンの刺激，注意されたほうの刺激などが優位になる（御領，1969；BOX 2.9 も参照）。

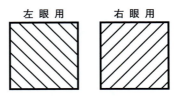

図 2.24　視野闘争を起こす刺激の例

BOX 2.9　視野闘争における優位性の規定要因

　視野闘争における優位度は刺激の空間的文脈にも影響される。たとえば，杉浦ら（2006）は，右または左に45度傾いた縞模様をそれぞれ左右の眼に0.2〜3.2秒間提示し，それらの周囲にはどちらかと同じ向きの縞模様を提示した。実験参加者には提示時間中最後に見えた縞の向きを報告させた。その結果，周囲と異なる向きの縞のほうが優位となった。

　さらに，刺激の物理的属性だけでなく，より高次の，たとえば意味的属性の影響も受けることが知られている。たとえば，粕川と菊地（2006）は，一方の眼に同じ人物の顔写真を普通の向き，または上下逆さの向きで提示し，もう一方の眼に幾何学的パターンを30秒間提示した。実験参加者は，観察中の各時点で顔と幾何図形のどちらが見えているか，あるいはどちらともいえないかを報告した。その結果，顔刺激が報告される相対頻度は，普通の向きのほうが逆さの向きより高いことが示された。2種の顔刺激は同じ写真の向きを変えただけであり，含まれる物理的属性は同一と考えられるので，低次の物理的属性ではなく顔としての認知の容易さが優位度に影響すると解釈された。

　また，受動的な注意が向けられた刺激の知覚は優位になり，意図的な注意はすでに優位にある刺激の知覚を持続させるという報告もある（Ooi & He, 1999；Chong & Blake, 2006；注意の区別については3.3.7を参照）。

2.4.3　時間的統合

　私たちが風景を眺めたり本を読んだりするとき，一目で全体を理解することはまれであり，視線を次々と移動することによってはじめて全体が認知される。その際の視線の移動，すなわち**眼球運動**（eye movement）の様子を追跡してみると，連続した滑らかな動きではなく，**図 2.25**のように，ある場所での停留（**凝視**，fixation）と別の場所への急速な移動（**サッカード**，saccade）が交互に反復されていることがわかる。1回の凝視の時間は約200 ms，サッカードの時間は約50 msである。このうち，サッカード中は網膜像情報の伝達が抑制されていること（サッカード抑制，saccadic suppression）が知られている。したがって，サッカードに伴う網膜像の激しい流れが知覚されることはない。この抑制は，サッカード開始の少し前にはじまり，サッカード終了後も少しの間続く。すなわち，視覚系は，各々の凝視の間に得られ，断続的に伝達さ

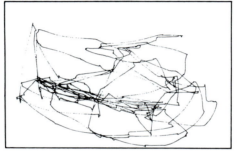

図 2.25　**刺激パターン（上段）と眼球運動（下段）**
(Ikeda et al., 1979)

れる（毎秒約 4 回，1 回の持続時間は百数十 ms）多数の異なる静止画像情報を受け取っていることになるが，瞬間ごとに世界が変化して見えたり，重ね写しした写真のような知覚が生じることはない。それらの情報を統合して，単一の安定した視覚世界を作り上げているのである。

また，昔から知られている刺激情報の時間的統合の例に**仮現運動**（apparent movement）がある。暗黒中の 2 つの異なる位置で静止光点を継時的に点滅させる場合，時間間隔などの条件が適当であると，光点が一方の位置からもう一方の位置へ滑らかに運動するように知覚されるという現象である。仮現運動は，私たちの知覚が，それを生じさせる刺激の個々の要素に対する知覚の寄せ集めとしてではなく，刺激の全体的な時空間的パターンに対応する単一の全体として成立しているという，ゲシュタルト心理学者の主張の例証としてよく引き合

いに出される。なぜなら，刺激の要素である各静止光点に対する知覚のどこにも運動（あるいは2地点の中間を運動する光点）は存在せず，空間的に離れた2光点の一定の時間間隔での継起という全体的刺激パターンに対してのみ存在するからである。アニメーション，映画，テレビなどはすべて仮現運動を利用したものであり，わずかずつ異なる静止画像を継時的に提示することによって運動の知覚を生み出しているのである。

 BOX 2.7 で述べた視覚マスキングも，ある刺激（検査刺激）の処理が時間的に前後する他の刺激（マスク刺激）の影響を受けるという意味で，時間的統合の一種とみなされる。視覚マスキングにはいくつかのタイプがあり，マスク刺激が検査刺激に先立つ場合を**順向マスキング**（forward masking），後続の場合を**逆向マスキング**（backward masking）とよぶ。また，検査刺激とマスク刺激とが空間的に隣接してはいるが重ならない場合を**メタコントラスト**（metacontrast）とよぶことがあり，主として逆向マスキングが生じる。マスキング効果（検査刺激の見えの明瞭度の低下や検出閾値の上昇など），すなわち検査刺激の認知に対する妨害は，マスク刺激が強いほど，また提示時間が長いほど強い。さらに，両刺激の時間間隔にも依存し，刺激の性質によって，時間間隔が短いほどマスキング効果が強くなる場合と，ある時間間隔で効果が最大になり，それより長くても短くても効果が小さくなる場合とがある。エイバーバックとコリールの実験（BOX 2.7）における，文字を囲む丸印を指示刺激とする条件は，特定の時間間隔で妨害効果が最大になる逆向性のメタコントラストに相当する。

 それでは，マスキングによって検査刺激が認知されなかった場合，その情報はどうなったのであろうか。マーセル（Marcel, A. J., 1983）は，第3実験において，色名語あるいは色に無関係な語を提示した後に文字の断片から構成されたマスク刺激を提示し，両者の SOA（stimulus onset asynchrony；両刺激の提示開始時点間の時間間隔）を変化させた。また，語と同時に，あるいは語より後に色彩面を提示し，実験参加者に色彩面の色をできるだけ早く報告させた。その結果，語がまったく認知されない SOA 条件であっても，色名語の表す色が色彩面の色と異なる場合には，色に無関係な語が提示された場合より反

応時間が長くなった（ストループ効果；3.3.6 参照）。すなわち，語の存在は知覚されないにも関わらず，その意味に関する情報が処理されて，色彩面の色の報告に干渉したことになる。このように，検査刺激が意識に上らない場合でも，それに関する情報処理のすべてがマスキングによって妨害されているわけではない。なお，視覚マスキングの詳細に関しては菊地（1994）を参照されたい。

2.4.4 感覚間統合

　私たちは，同じ対象あるいは同じ属性を異なる感覚様相を通して知覚する。たとえば，自動車のある方向からの接近を眼で見て知ることもできるし，耳で聞いて知ることもできる。そして，普通は，それらの様相間に情報の矛盾はなく，成立する知覚は互いに一致する。それでは，何かの理由で，同じ対象に関して複数の様相を通じて矛盾する情報が与えられた場合にはどうなるのだろうか。それに応じて矛盾する複数の知覚が生じるのでは，私たちはどれに従って行動すればよいのか迷うことになる。しかし，私たちの認知機構には，それらの情報を統合し，矛盾を含まない知覚内容を形成する働き（**感覚間統合**，**sensory integration**）が備わっている。その際，複数の感覚様相に属する情報が同等に利用されるのではなく，どれかが核となり，それと一致する方向で情報の統合がなされることが多い。ヒトの場合はもっぱら視覚がその役割を果たしており，その傾向を**視覚優位**（visual dominance または visual capture）とよぶ。

　たとえば，視覚が聴覚に対して優位に立つことが知られている。映画館において，スクリーンの端のほうにスピーカーがあるにも関わらず，台詞がスクリーン上の人物の口から発せられているように知覚されること（腹話術効果）がその例である。また，類似の現象として，**マガーク効果**（McGurk effect）とよばれるものがある。たとえば，/ba/ と発音した音声と，/ga/ と発音した際の口（唇の動き）の映像を同時に提示すると，/da/ と聞こえるという。

　視覚は触運動感覚に対しても優位に立つ。これは**視野変換**（optical transformation of visual field）事態で確かめることができる。視野変換とはレンズやプリズムあるいはビデオ映像などを用いて網膜像を裸眼の場合とは違う形に変

2.4 刺激情報の統合

える操作を指す。たとえば，図 2.26 のように網膜像を裸眼時より縮小すると，手で対象に触って知覚される大きさは，閉眼時より開眼時（ただし，対象のみが見えて，手は見えないようにする）のほうが小さくなる（Rock & Harris, 1967）。

また，図 2.27 のように内面に模様のある円筒の中にいる静止した実験参加

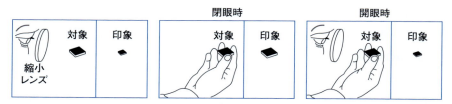

図 2.26　視野の縮小変換（Rock & Harris, 1967 より作成）

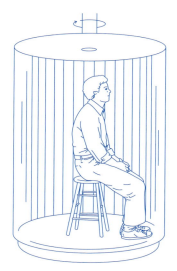

図 2.27　ベクションを生じる刺激の例（Rock, 1984）

者は,円筒が回転すると,円筒が静止して自分が回転しているように感じる（視覚的に誘導された自己運動あるいは**ベクション**（vection））。日常でも,自分の乗っている列車が駅で停車していて,隣の列車が発車するときに,自分の列車が動き出したように感じることがあるだろう。もちろん,眼をつぶれば自分が静止していることがわかる。すなわち,自己受容感覚（proprioception）系には自身の静止の情報が与えられているにも関わらず,網膜像の全体的な流れという視覚的な情報にもとづいて自己運動の知覚が成立しているのである。乗り物のシミュレーション装置や大型ディスプレイを備えたゲーム機器が与える迫真の運動印象も同じ現象であり,自己受容感覚に対する視覚優位の例といえる（**BOX 2.10**）。

しかし,視覚が必ず優位になるとは限らない。たとえば,シャムズら（Shams, L. et al., 2000）は,聴覚刺激の存在が視覚刺激の知覚を変える例を報告している。彼らによると,視覚刺激を短時間点滅させ,同時に複数の短い音を鳴らすと,1回しか点滅していない視覚刺激が複数回点滅していると知覚される（**二重フラッシュ錯視**, double flash illusion）という。また,レーダーマンとアボット（Lederman, S. J., & Abbott, S. G., 1981）は,きめの粗さの知覚においては触運動感覚情報と視覚情報が同等の重みをもつことを示した。彼らは,きめの粗さの異なる2枚の紙ヤスリをつなぎ合わせたものを布で覆い,1枚の等質な紙ヤスリであるかのように提示した。そして,参加者に一方を布

BOX 2.10　ラバーハンド錯覚

視覚が触覚や自己受容感覚に影響する現象として最近注目されているものに**ラバーハンド錯覚**（rubber hand illusion）がある。たとえば,差し出された実験参加者の手を覆って見えないようにし,そのそばに見えるように作り物の手（ラバーハンド）を置く。そして,ラバーハンドと本物の手の対応する場所を同じタイミングで擦り続けると,実験参加者は,ラバーハンドの位置で触られているように感じるとか,ラバーハンドが自分の手のように感じられると報告する。しかも,その経験の後では,見えない手の位置を判断させると,実際の位置よりもラバーハンドのほうにずれた位置を報告する（Botvinick & Cohen, 1998）。

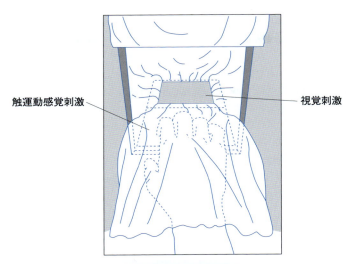

図 2.28 きめの粗さに関して視覚と触運動感覚を競合させる実験装置
(Lederman & Abbott, 1981)

の穴を通して観察させ，もう一方を布の下で触らせて（図 2.28），きめの粗さを判断させた。その結果，与える情報が一致しない2種の感覚様相を同時に用いる（見ながら触る）場合の主観的な粗さは，視覚のみの（見るだけの）場合と触運動感覚のみの（触るだけの）場合の中間の値となった。このような例から，特定の感覚様相が情報統合においてつねに優位となるのではなく，各刺激状況においてより明確な情報を与えうる様相に重みがかかるという考え方もなされている（BOX 2.11）。

近年は感覚様相間の相互作用や情報統合の研究が非常に活発になっているが，『新編 感覚・知覚心理学ハンドブック』の第1部第3章や『新編 感覚・知覚心理学ハンドブック Part 2』の第1部第1章に広範な解説がなされているので参照されたい。

BOX 2.11　統合の加重和モデル

　エルンストとバンクス（Ernst, M. O., & Banks, M. S., 2002）は，複数の感覚様相の情報が統合された結果として生じる知覚は，各様相の知覚の加重和であり，その重みは各様相における知覚の精度が高いほど増すというモデルを提唱し，以下のような実験でその妥当性を示した。長方形を触運動感覚刺激提示装置とランダムドットステレオグラムによって同時に同じ空間位置に提示し，実験参加者にステレオグラムを見ながら覆い隠された触運動感覚刺激を触らせ，長方形の縦の長さの判断を行わせた（図 2.29）。ステレオグラムは背景とその前方に位置する長方形を知覚させるものであったが，ドットが背景面と長方形のみに所属し長方形が明瞭に見える条件と両者以外の奥行きに知覚されるドット（ノイズ）が混ざっていて長方形の見えが不明瞭になる条件とが設定された。その結果，視覚刺激と触運動感覚刺激の同時提示での知覚的長さは，各刺激単独の場合の中間となったが，ノイズが増して視覚的判断の精度が落ちるほど，視覚刺激単独の場合の値から触運動感覚刺激単独の場合の値に近づくことが示された。

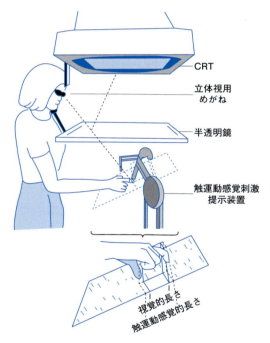

図 2.29　長さに関して視覚と触運動感覚を競合させる実験装置
（Ernst & Banks, 2002）

注意とパターン認識

　本章ではまず，外界の認知成立の後期段階（パターン認識）について述べる。続いて，パターン認識に限らず，心のさまざまな情報処理に関与する注意の働きについて解説する。

　認知の後期段階では，第2章で述べたような初期段階で抽出された刺激情報が記憶情報と照合され，対象が何であるかの認知が成立する。その際，当該の刺激情報だけでなく，空間的時間的な文脈情報が利用される。文脈情報は記憶から事物に関する概念や知識を引き出し，それにもとづいて初期段階での処理の仕方が変更されたり，不十分な刺激情報が補われたりする。そのため，同一の刺激に対して複数の異なる認知内容が生じたり，あるいは刺激の中に対応するものがないような事柄が認知されたりする。このような認知のしくみについてはさまざまな理論的モデルが提出されている。

　しかし，初期段階で抽出された情報のすべてが認知の成立に利用されるわけではない。私たちの周りには非常に多くの対象があり，同時に感覚器官に刺激を送っているが，私たちは通常一度には注意を向けた一部の対象しか認知できない。すなわち，感覚器官で受容された刺激情報の一部が，最終的な認知に至る前に選択される。近年，注意の研究は急速に進んでいる。そこで本章では，諸研究によって明らかにされた注意のさまざまな機能・特性や注意に関する理論を概説する。

3.1　パターン認識

　何らかの刺激パターンが与えられた場合，それが表す外界対象が何であるか，あるいはそれが表す意味は何であるかを知ることを**パターン認識**（pattern recognition）という。それは，刺激パターンを記憶に蓄えられているさまざまな概念のうちのどれかに対応づけることであるともいえる。そして，このパタ

ーン認識のしくみについてはさまざまなモデルが考案されている。

3.1.1 鋳型照合

一つは**鋳型照合**（template matching）の考え方である。この説では，外界の対象に関して，対応する刺激の全体的形態の情報（鋳型）が記憶内に蓄えられていると仮定する。そして，何らかの刺激が受容されると，それと各種の鋳型との重ね合せが行われ，もっともよく一致する鋳型に付随する記憶情報が認知内容を形成するというわけである。

しかし，同じ対象でも向きや観察距離が変わると生み出される刺激パターンは異なる。また，同じ概念に属するものでも，その刺激形態はさまざまである（同じ文字でもさまざまな字体があるし，同じリンゴといっても大きさも形も色もさまざまである）。しかし，私たちはそれらを同じものとして認識できる。これが可能であるためには，1つの対象（あるいは概念）に関して，それがとりうるすべての刺激パターンの鋳型が貯蔵されていなければならない。しかし，対象の種類やそれらに対応する刺激パターンのヴァリエーションの多さを考えると，このようなしくみの現実性は低い。

この難点を克服するものの一つに，各対象をいくつかの特定の向きで見た際の2次元形態が記憶表象として蓄えられているという考え方がある。これは，対象の同定が特定の向きからの画像に対して速くなったり正確になったりするという事実にもとづく（Palmer et al., 1981；Edelman & Bülthoff, 1992）。そのような形態は，もっともその対象らしい（典型的）と判断される傾向があり，また対象の名前に対して最初に思い浮かべるイメージとも一致することから**典型的景観**（canonical view または canonical perspective）とよばれることがある（図3.1 および図3.2）。記憶表象以外の向きで提示された対象に対しては，既存の記憶表象を変換（回転など）した形態で照合を行うと仮定される（Palmer, 1999）。

3.1.2 特徴分析

もう一つは**特徴分析**（feature analysis）の考え方である。このモデルでは，

図 3.1 典型的景観 (Palmer, 1999 より作成)

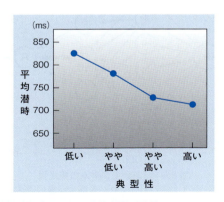

図 3.2 典型性と命名反応時間の関係 (Palmer, 1999)

諸々の対象に対応する記憶情報は，対応する刺激パターンがもつ種々の特徴のリストの形をとっていると考える。そして，何らかの刺激パターンが与えられると，まずそれがどのような特徴から構成されているか分析された後（前章参照），記憶されている種々のリストと照合され，もっともよく一致する特徴リ

BOX 3.1　パンデモニアム

　特徴分析型の認知機構のモデルの一つにパンデモニアムがある（Selfridge & Neisser, 1960）。これは，文字認識機械のために考案されたもので，図 3.3 のように，デーモンとよばれる検出器の多層構造をもつ。下層のデーモンの出力は上層のデーモンの入力になる。また，同じ層のデーモンによる刺激の分析は並列的に行われる。イメージデーモンは，刺激を受容し，内的表現に変換する。特徴デーモンは，刺激の中に特定の特徴（たとえば，水平線や弧など。セルフリッジらは 28 の特徴を用意している）が存在すると活性化する。これは前章で述べた特徴抽出過程にあたる。認知デーモンは，特定の文字を見張っており，その文字を構成する特徴を受けもつデーモンから入力があると活性化する。その活性化の程度は，入力する特徴デーモンの数が多い（刺激パターンの中にその文字の構成特徴が多く含まれる）ほど高い。決定デーモンは，認知デーモンからの入力の強さを比較し，もっとも活性化の程度の高い認知デーモンを選択する。そして，決定デーモンの出力が認知内容となる。

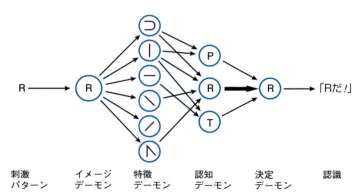

図 3.3　パンデモニアムの模式図
線は下層のデーモンから上層のデーモンへの信号伝達の経路を示す。矢印が付いているのは実際に信号の伝わった経路であり，線の太さは信号の強さを表す。

ストをもつ記憶表象が認知内容を構成する。このタイプのパターン認識モデルには，やや古いものでは**パンデモニアム**（pandemonium）がある（**BOX 3.1**）。

ただ，対象を同定するには形態特徴の情報だけでは不十分である。たとえば，アルファベットのTとLは，ともに垂直線分と水平線分を1本ずつ含んでおり，構成特徴の種類だけでは区別できない。両者を区別するためには特徴の空間的位置関係に関する情報が必要となる。したがって，刺激パターンの分析結果としての表象や記憶表象は，特徴の情報とそれらの空間的位置関係の情報（構造記述ともよばれる）とを含むと考えられる。たとえば，リード（Reed, S. K., 1974）は複雑な平面幾何図形が要素的な図形とその位置関係によって表象されうることを示した。**図 3.4** の場合なら，2つの逆向きの三角形が，一方の頂点が他方の底辺上にくるように重なり合ったものと記述されるというわけである。また，マーは，前章（2.3.1）でも述べたように，対象全体や各部分の最長方向あるいは対称軸を中心軸とする円筒を表象の構成要素とする。そして，各円筒の中心軸間の位置関係を，どれか1つの軸を基準として（各軸は基準軸から見てどの位置からどの方向に伸びているか）記述することによって，対象の表象を構成する。ビーダーマンは，表象の構成要素としてジオンとよばれる種々の立体（**図 2.17** 参照）を想定したが，同じジオンからなる対象を区別するのに必要なジオン間の空間的関係として，大小関係，相対的位置関係（一方が他方の上，下，横のどこにあるか），接合部の位置（中央部か末端か），接合部のある面の大小（そのジオンのもつ大小どちらの面に接合部があるか），といったものを仮定している。

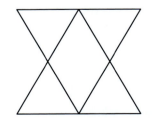

図 3.4　**刺激図形**（Reed, 1974）

3.1.3 総合による分析

前二者のモデルは，基本的には，**ボトムアップ**（bottom-up）型の情報処理（**BOX 3.2**）を前提にしており，後述の文脈効果などは考慮されていない。これに対して，刺激からの情報抽出が**トップダウン**（top-down）的に制御されるタイプのパターン認識モデルとして，**総合による分析**（analysis by synthesis）の考え方がある（Neisser, 1967, 1976）。このモデルでは，まず，刺激の予備的分析，文脈情報，知識などにもとづいて，認識対象についての心的な仮説が形成される。この仮説が認知内容に対応する。次に，その仮説から予想されるような特徴が刺激に含まれているかどうかが分析される。そして，そのような特徴が検出されれば，仮説は検証され，認知内容が確定する。期待される特徴が見つからないか，仮説に反するような特徴が検出されれば，それにもとづいて新たな仮説が形成され，再び刺激が分析される。そして，仮説と刺激情報との安定した一致が得られるまで，この過程が反復される。このように総合による分析モデルにおける情報処理過程は循環的である。また，このタイプのモデルは，当然，文脈効果や期待，動機づけなど，認知主体の要因の効果を包含しうる。

このモデルでは，認知機構は，外的対象についての心的仮説から期待される

BOX 3.2　ボトムアップ過程とトップダウン過程

認知過程には2つの側面がある。一つは，刺激情報の比較的受動的な分析で，情報処理は低次のレベルから高次のレベルへと順次進行するものとみなされる。その意味でボトムアップ過程とよばれる。また，処理の中心となるのが当該の刺激情報であるという意味で**データ駆動型過程**（data driven process）ともよばれる。もう一つは，記憶系に貯蔵されている情報（外界に関する知識）にもとづいて刺激情報の分析の仕方（注意の向け方，検出感度など）が決定されたり，刺激情報の欠如部分が記憶情報によって補填されたりする側面である。これは認知機構の上位のレベルから下位のレベルへの情報のフィードバックという意味で，トップダウン過程あるいは**概念駆動型過程**（conceptually driven process）とよばれる。この過程は主として文脈情報によって始動される。

刺激の特徴を探索する，あるいはそれに選択的に注意を向けるということになる。これは裏を返せば，仮説から予想されない刺激特徴は注意されないということを意味する。したがって，ある対象が仮説とは異なる形で存在する場合には，たとえ対象からの刺激が受容されたとしても，その対象は認知されないことになる。たとえば，探している対象が予想外の場所に予想外の姿で存在すると，それが目の前にあっても気づかないという負の文脈効果が起こる。

3.1.4 直列処理と並列処理

情報処理の様式には，直列処理と並列処理がある。**並列処理**（parallel processing）とは異なる複数の処理を同時に行うことであり，**直列処理**（系列処理，逐次処理（serial processing）ともよばれる）とはそれを一度に一つずつ順番に行うことである。たとえば，前述のパンデモニアムの同一層においては，複数の特徴（あるいは文字）の検出作業が同時に行われている。すなわち，並列処理である。一方，現在のほとんどのコンピュータの情報処理様式は直列である。

それでは，人間の認知における情報処理様式はどちらであろうか。私たちの脳は，膨大な数の神経細胞が相互に接続し合う，複雑な回路網構造をもつ。このような構造は，脳が並列処理機構であることを，すなわち私たちの心的な情報処理が並列的であることを予想させる。しかし，心理学的実験の結果は，直列処理を示唆するもの（2.3.2の結合探索の場合），並列処理を支持するもの（**BOX 3.3**）などさまざまである。処理様式は課題の違いあるいは処理段階によって異なると考えるのが妥当なようである。

最近では，人工的神経回路網モデル（neural network model）あるいはコネクショニスト・モデル（connectionist model）と総称される，脳の構造や機構を模した並列型の認知情報処理モデルが提案されている。これらはいずれもプログラム化されており，その機能がコンピュータでシミュレートされ，人間の認知のあり方と比較されている（第9章参照）。

BOX 3.3　視覚探索

　ナイサーら（Neisser, U. et al., 1963）は，前章でも述べた視覚探索のパラダイムを用いてパターン認識の研究を行った。実験参加者の課題は，図 3.5 のようにランダムに選択された文字列を何行も縦に並べたものの中から特定の目標文字をできるだけ早く見つけ出すことであり，探索開始から目標発見までの反応時間が測定された。十分訓練された実験参加者の場合，複数（最大 10 個）の目標のどれか 1 つを見つける場合でも，1 個の場合と反応時間や正確さはほとんど変わらなかった。この結果は，刺激文字と記憶されている各目標との照合が並列的になされることを示唆する。なぜなら，逐次的に照合するのなら，かかる時間は目標の数に比例するはずだからである。

```
ODUGQR
QCDUGO
CQOGRD
QUGCDR
URDGQO
GRUQDO
DUZGRO
UCGROD
DQRCGU
QDOCGU
CGUROQ
OCDURQ
UOCGQD
RGQCOU
GRUDQO
GODUCQ
QCURDO
DUCOQG
CGRDQU
UDRCOQ
GQCORU
GOQUCD
GDQUOC
URDCGO
GODRQC
```

図 3.5　**刺激リスト**（Neisser, 1967）目標文字は"Z"。

3.2　文脈効果

　文脈（context）とは，ある刺激の認知に影響する，当該刺激以外の要因の総称である。対象が文脈に適合するものである場合は，その認知が促進されるが，適合しない場合には認知の遅れや誤認といった負の効果が生じる。また，文脈効果は当該刺激があいまいな場合に明瞭に認められる。**文脈効果**（context effect）は，その根底に前述のトップダウン過程があり，外界について私たちがもっている知識（どういう物事がまとまりをなして存在するか，どういう物事が継起するか）に依存すると考えられる。

3.2.1 空間的文脈

対象の認知は，その対象からの刺激だけでなく，同時に存在する他の刺激（**空間的文脈**，spatial context）にも依存する。たとえば，図 3.6 の各行の左から 2 番目の図形は刺激としては同一であるが，上の行が提示されたときにはアルファベットの B の文字と知覚され，下の行では数字の 13 と知覚されるであろう。また，ある光景を短時間提示して，その中のある場所にあったものが何であったかを答えさせると，その対象がその光景のその場所にふさわしいものである（対象に関する私たちの知識に一致する）場合は，そうでない場合より

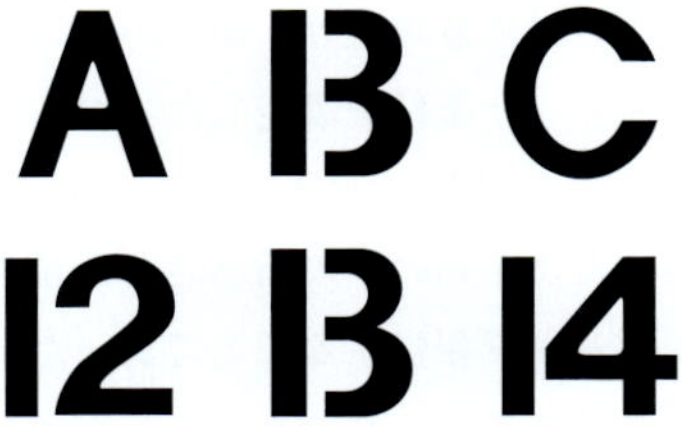

A B C
12 13 14

図 3.6　文字認知における空間的文脈効果

図 3.7　ものの認知における空間的文脈効果（Biederman, 1981）

正確にあるいはより速く認知される。たとえば，普通は歩道上にある消火栓が，図 3.7 のようにポストの上にあると，認知されにくい（Biederman, 1981）。また，文字の認知も，適切な文脈情報があると，そうでない場合より正確さや速さにおいて優る（BOX 3.4）。このような文脈効果のおかげで，個々の文字が少々不鮮明あるいは不完全であっても，難なく読書を続けることができる。ただし，その裏返しとして，誤字や脱字の見落としも起こる。文脈から予想され

BOX 3.4　文字認知における空間的文脈効果

　レイチャー（Reicher, G. M., 1969）は，文字認知の実験において，4 文字を横に並べた文字列（語あるいは無意味綴り）が短時間提示され，続いて同じ位置にマスク刺激が提示されるという条件を設定した。マスク刺激の上には 2 つのテスト文字が，報告すべき文字の位置に上下に並べて提示された（図 3.8）。実験参加者の課題は，提示された文字列の中の指示された位置にあった文字が，2 つのテスト文字のどちらであるかを報告することであった。その結果，文字の認知の正確さは，その文字が単独で提示されたり，ランダム文字列の一部である場合より，語の一部である場合のほうが優れており，文脈効果のあることが明らかになった。この優越性は語や綴りの規則についての知識にもとづく意識的推論からは説明できない。なぜなら，テスト文字はどちらも，先行提示される語の残りの 3 文字と組み合わせれば語になるようなものだからである（図 3.8 では WORD と WORK）。

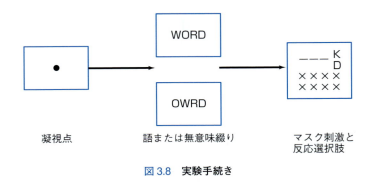

図 3.8　実験手続き

る文字を，刺激としては存在しないのに，認知してしまうのである．

3.2.2 時間的文脈

現在の刺激に対する認知内容が，過去に成立した認知内容に類似する方向に歪むことがある．あるいは，いったんある認知内容を経験すると，それ以後，同じ刺激に対してその認知内容が容易に生じるようになることがある．たとえば，図 3.9 の右の絵は明らかに老婆に見え，左の絵は若い女に見える．中央は両方の見え方が等頻度で現れるものである．そして，先に左の絵を見てから中央の絵を見る場合と右の絵を見てから中央の絵を見る場合とを比べると，前者では中央の絵を若い女と見る割合が高く，後者では逆になる．また，図 3.10 をはじめて見たときには，黒い不規則な図形の集まりと見る人が多いであろう．これは，前章で述べた図と地の分化の法則により黒い領域が図になるためである．しかし，いったん"THE"という白い文字が描かれていることに気づく（黒い領域の間の白い部分が図になる）と，今度は別の見方をすることが困難

図 3.9　若い女か老婆か？（Rock, 1975）

図 3.10　何の絵か？（Miller, 1962）

になる。すなわち，過去経験が図と地の分化に影響しているのである。

　また，短時間提示される対象の同定を求める場合，それに先行して対象と関連の深い光景を提示すると無関係な光景を提示する場合より成績が上がる。たとえば，台所の絵を見せた後では，郵便受けより食パンのほうが正答率は高い（Palmer, 1975）。これらの現象はいずれも，現在の刺激の認知が時間的に先行する（場合によっては後続の）刺激（**時間的文脈**，temporal context）に依存することを示している。

　私たちが読書する際，1ページ（1つの文）の内容を一目で読み取ることはできず，次々と視線を動かしながら読み進んでいく。この場合，先行する語や文が文字どおりの文脈を形成して，後続の語や文の理解を促進することは周知の事実である。ただし，場合によっては誤読や校正における見落としなどの弊害を生じることもある。このような語や文の認知における時間的文脈効果の一種に**プライミング効果**（priming effect）がある（**BOX 3.5**）。

BOX 3.5　プライミング効果

　ある語や図形（ターゲット）の認知の速さや正確さが，時間的に先行して提示される語や図形（プライム）によって促進されたり妨害されたりする現象をプライミング効果とよぶ。よく用いられる実験手続きでは，画面にまずプライムが短時間提示され，その後短い時間間隔を置いてターゲットが提示される。そして，実験参加者はターゲットをできるだけ速く読むこと（音読課題）やターゲットが意味のある語か，無意味な形や文字の無意味な並びであるかを判断すること（語彙判定課題）を求められ，それに要した反応時間が測定される。日本語の場合，一般に，ターゲットとプライムが音韻，形態，意味のうえで類似していると促進効果が生じる。たとえば，「兄弟」というターゲット語の認知は，プライムが「坂道」である場合より，「姉妹」である（ターゲットと意味的に関連する）場合のほうが促進される。

　なお，プライミング効果には他にもさまざまなタイプあり，第4章の4.6に紹介されている。また，この効果に関する諸事実は認知システムに関するモデルの構築やその妥当性の検証に利用される。4.7では潜在記憶との関連，第7章の7.1.3では活性化拡散理論との関連が解説されているので，ご覧いただきたい。

3.3 注　意

　私たちの感覚器官には絶えず多量の受容可能な刺激が到達しているが，ある時点において認知されるのは，あるいは一度に認知されるのはそのほんの一部にすぎない。**注意**（attention）を向けられた刺激のみがはっきり認知され，他はぼんやりと認知されるか，まったく認知されないままに終わる。私たちの認知機能のこのような側面は**選択的注意**（selective attention）とよばれる。たとえば，普通の人間には，2人の人物から同時に話しかけられて，両方の内容を理解することはできない。また，本の1ページの内容を一目で読みとることはできない。すなわち，私たちが一度に処理しうる（注意を向けうる）刺激情報の量はごく限られている。したがって，多くの部分からなる複雑な刺激の全体を認知するためには，構成部分を順次処理していき，最後にそれらの結果を統合するというやり方をとらざるをえない。もっとも，簡単なあるいは熟達した認知活動なら複数を同時に遂行することもそう難しいことではない。たとえば，自動車を運転しながら同乗者と会話することができる。慣れた作業なら注意を払わなくても自動的に実行できるのである。

　注意という機能についてはさまざまな問題が取り上げられてきた。たとえば，私たちの認知機構が一度にどれくらいの刺激情報を処理できるのかという注意の容量の問題や，どのような刺激あるいは課題の場合に，複数の情報の並列処理がどの程度可能なのかという注意の配分の問題がある。情報の選択が認知過程のどの段階でなされるのかという問題もある。また，近年は注意の研究が進み，従来知られていなかった注意のさまざまな性質が明らかになっている。

3.3.1　注意の範囲

　第1の問題は，一目で認知できる対象の数，すなわち**知覚の範囲**（span of perception）とか**注意の範囲**（span of attention）とよばれるものと関連する。たくさんの視覚的対象（たとえば，白地上にランダムに散った黒いドット）を視線の移動が不可能な程度の短時間（数十 ms；ミリ秒）提示し，直後にその個数を実験参加者に報告させる場合，7個ぐらいまではほぼ完全に報告できる

が，それ以上になると正答率は急激に低下する（大山，1982）。提示された対象（文字など）の同定を求めた場合は，4，5個まではすべて正しく報告されるが，それ以上刺激対象の数を増やしても，正しく報告される数は4，5個で頭打ちになる（2.2.1 参照）。もちろん，これらの対象は個々に提示された場合は完全に認知されるので，上のような限界は感覚器官の受容能力に関わるものではなく，より上位の処理段階の性質を示すものと考えられる。

3.3.2 注意の空間的広がり

視覚における注意の容量あるいは分割の問題を，対象を一度に認知可能な視野の範囲としてとらえたのが**有効視野**（effective visual field）である。この範囲の測定には，普通，実験参加者に視野のある一点を凝視させ，凝視点からさまざまな距離と方向にある場所に対象を短時間提示し，その同定や出現位置の報告を求めるという手続きが用いられる。そして，対象が正しく認知されうる最大の空間的範囲が求められる（池田，1982）。

有効視野は刺激や課題によって変化する。たとえば，対象の提示位置を検出する場合，背景が均一な場合よりパターン化されている場合のほうが有効視野は狭く，背景パターンの構成要素が検出対象に類似しているほどますます狭くなる。たとえば，多数の線分をランダムに散りばめた背景の中から1個のL字形を検出する場合より，正方形を検出する場合のほうが有効視野はずっと広い（Engel, 1971）。また，図 3.11 (a) のように凝視位置に文字や図形（図中ではpとq）を提示し，その認識と対象の位置の認識とを同時に要求した場合には，さらに有効視野は狭まる。しかも，凝視位置に提示されるものが複雑で認知しにくくなるほど，その程度は大きい。図 3.11 (b) の丸と十字は各々検出に成功した位置と失敗した位置を示しており，両者の境界が有効視野となる。上段は凝視対象がアルファベット2文字といった認知の容易な場合，下段は認知の困難な無意味図形などの場合である。また，青色の実線は，凝視対象がなく，周辺の対象を検出するだけという課題での有効視野を示す。

これらの結果は，困難な課題ほど多くの注意が必要であり，かつ注意の総量が限られているため，課題が困難になると十分な注意を配分できる視野の範囲

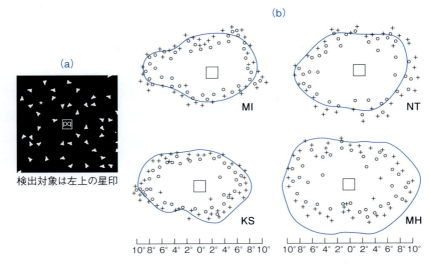

図 3.11　刺激パターンと有効視野 (Ikeda & Takeuchi, 1975)
(b) の英字は実験参加者のイニシャルを示す。

が狭くなることによると考えられる。また，エンゲル (Engel, F. L., 1971) は，目標対象の出現方向をあらかじめ指示し，そちらへ注意を向けさせた場合には，その方向に有効視野が広がることを示した。すなわち，視線の方向とは独立に視野のある領域へ注意を優先的に配分することが可能なのである。

　熊田と菊地（1988）は，8×8 の格子状に分割された正方形内にランダムに配置されたドットのパターン（ターゲット刺激）を 100 ms 提示し，その 300 ms 後に 1 個のドットを 64 の位置のどこかに提示（プローブ刺激）した。そして，ターゲット刺激において，プローブ刺激の位置にドットがあったかなかったかを判断させるという手続きを用いて，注意の空間的広がりを検討した。その結果，ターゲット刺激のドットの位置が正しく再認される範囲はドット数が増すほど狭くなった。また，再認に要する反応時間はプローブ刺激のドットの位置が凝視点から遠いほど長く，同じ長さの反応時間が得られる範囲はターゲット刺激のドット数が多いほど狭くなった。この結果は，有効視野同様，課

題が困難になる（位置を認知すべきドットの数が増す）ほど情報処理に必要な注意の配分される空間の範囲が狭くなることを示している．また，その範囲内でも，注意の配分は一様ではなく，中心部から周辺部へと減少することが示唆されている（この点については3.3.4で詳しく述べる）．

また，三浦（1996）は自動車の運転場面での有効視野を測定している．たとえば，自動車を運転しながらフロントガラスのさまざまな場所で瞬間的に点灯するランプを検出するという課題では，有効視野（注視点の周りの検出可能範囲）は道路が混雑しているほど狭く，その代わりその狭い範囲内では注意が深いことが示されている．

3.3.3 選択的聴取

大勢の人々が三々五々談笑するパーティ会場において，ある人々との会話に熱中していると他のグループの会話は，十分聞きとれる大きさであっても，理解されることなく頭を素通りしていく．しかし，漏れ聞こえてきた隣の人々の会話の断片にふと興味を引かれてそちらに注意を向けると，隣の人々が突然大声でしゃべり出したのでもないのに，今度は隣の人々の会話がはっきりと理解され，自分のグループの会話は耳に入らなくなる．これは**カクテルパーティ現象**（cocktail party phenomenon）とよばれる現象である．

このように，聴覚においても，同時に与えられる多くの刺激の中の任意の一部に注意を向けて処理し，他を無視することが可能である．これを**選択的聴取**（selective listening）という．すなわち，刺激のあり方自体には変化がないにも関わらず，注意の仕方によって認知内容が変わるのである．しかし，一面では，私たちが一度に十分処理できるのは到達した刺激の一部にすぎず，残りははっきり知覚されないままに終わることをも示している．刺激の別の部分を処理するためには，現在の処理対象を放棄しなければならないのである．もっとも，他の部分がまったく処理されていないわけではない．たとえば，内容は理解されなくても人がしゃべっていることはわかるであろう．また，相手との会話に注意を向けていても，隣の会話の中によく知っている語（たとえば自分の名前）や興味をもっている話題が出てくれば，それに気づくであろう．

このような聴覚における注意の問題を実験的に扱う方法に，**両耳分離聴**（dichotic listening）という手続きがある。これは，ステレオ装置を用いて，実験参加者の左右の耳に異なるメッセージを同時に提示し，その直後にメッセージを再生させるというものである。その結果は，私たちが両方の耳へのメッセージに同時に注意を払うことはできないことを示している（BOX 3.6）。

選択的聴取に関する実験では，さらに，**追唱**（shadowing）という手続きがとられる。これは，一方の耳にメッセージが提示されたら，ただちにそれを復唱することを実験参加者に要求することによって，そのメッセージへの注意を強制するものである。そして，刺激提示終了後に，追唱されなかった，つまり注意されなかったほうのメッセージの内容について質問する。この場合，注意されなかったほうのメッセージはほとんど認知されないことが知られている（BOX 3.7）。この結果からは，注意されない刺激はせいぜい物理的特徴（受容した耳，音の高さや強弱など）に関する処理を受けるだけであり，意味に関する処理（同定，パターン認識）の前という低次の処理段階で情報の選択がなされていると推測される。

BOX 3.6　記憶範囲2分（split span）実験

　ブロードベント（Broadbent, D. E., 1954）は，3つの数字からなるリストを2組用意し，各リストの数字を1個ずつ実験参加者の左右の耳に同時に提示した後，6個の数字すべての再生を求めた。たとえば，「7, 2, 3」を右の耳に，「9, 4, 5」を左の耳に順次提示するというように。ただし，7と9といった各対は同時に提示された。その結果，耳ごとにまとめて再生する（たとえば「9, 4, 5, 7, 2, 3」の順）のは容易かつ正確であったが，同時提示された数字のペアを提示順序通りに再生する（たとえば「7, 9, 2, 4, 3, 5」の順）のはきわめて困難であった。

　この結果は，両方の耳に2種のメッセージ（刺激）が同時に提示されても，私たちの聴覚系は一度には一方のメッセージにしか注意を向けられないこと，すなわち両者を同時には処理できない（少なくとも高次の処理はできない）ことを示している。

> **BOX 3.7　追唱実験**
>
> 　チェリー（Cherry, E. C., 1953）は，両耳分離聴と追唱の手続きを用い，追唱されないほうのメッセージにさまざまな条件を設定した。その結果は，追唱されないメッセージの内容はほとんど再生不能というものであった。また，英語からフランス語へというように言語を切り替えても実験参加者はそれに気づかなかった。しかし，実験参加者は，追唱しないほうの耳に音声が与えられたことはわかったし，途中でメッセージを読み上げる声を男の声から女の声へ変えた場合はその変化が気づいた。また，モレー（Moray, N., 1959）は追唱されない側の耳に数個の単語を繰返し提示したが，実験参加者はそれらを再生も再認もできなかった。

3.3.4　視覚における注意の配分や移動

　視覚的な注意は，空間的な広がりをもつだけでなく，空間内のさまざまな位置に移動できる。ただし，その広がり内に注意が均等に配分されているとは限らず，周辺ほど配分が少なくなるような勾配があるとする説がある（BOX 3.8）。また，中心部に注意が集中すると範囲が狭くなるというトレードオフの関係もみられ，これらの性質を表すのにスポットライトやズームレンズという比喩が用いられる（Posner et al., 1980；Eriksen & St. James, 1986）。ただし，空間的に離れた 2 つ以上の場所に同時に十分な量の注意を配分する（2 つの場所で同時に情報処理が促進される）ことは困難なようである（Posner & Cohen, 1984）。

　視覚的な注意の移動は眼球運動と独立に生じうることが知られている。たとえば，ポズナー（Posner, M. I., 1980）によると，**損失―利得法**（cost-benefit method；BOX 3.9）を用い，眼球運動を監視して眼球運動が起こらなかった試行のデータのみを採用しても，注意を向けさせた場所での刺激検出の効率は上がり，向けさせなかった場所では低下するという。

　また，注意は 3 次元空間内の奥行き方向でも移動したり配分されたりする。たとえば，三浦（1996）は自動車の運転時の注意の奥行き移動の性質を調べているが，近くから遠くの地点へ注意を移動させるほうがその逆より遅いという。これに関連して，注意の配分は注意された場所より遠くでは広く薄く，近くで

BOX 3.8　線運動錯視

　注意の空間的勾配の考え方と一致する現象に**線運動錯視**（line-motion illusion または illusory line motion）がある。コンピュータなどの画面の一点を凝視しているときに，その左か右に図形が短時間提示され，100 ms ほど後に図形の位置から瞬間的に線分が描かれると，点の位置から線がしだいに伸びていくように知覚される現象である。物理的には何も動いていないのに運動が知覚されるのである（図 3.12）。

　この現象は情報処理過程に関する 2 つの仮定から説明可能である。一つは異なる空間位置にある刺激を検出する複数の検出器から運動検出器への入力に時間差があるときに運動が知覚されるというものである。もう一つは注意が向けられた空間的範囲の中央部ほど情報処理が促進されるというものである。線分は瞬間的に描かれるので，その上の各点に対応する刺激検出器の出力（運動検出器への入力）に時間差はないはずである。しかし，後に述べるように図形の突然の出現は注意を引きつけるため，図形に近い位置にある刺激検出器ほど処理が早くなり，運動検出器への入力も早まる。これは実際に線分が図形の位置から徐々に伸びていく場合と同じ処理過程であり，そのために運動が知覚されるというわけである（宮内，1994）。

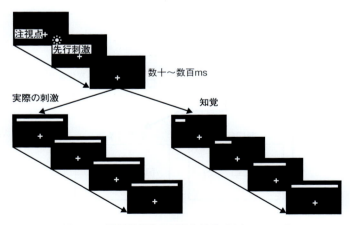

図 3.12　線運動錯視の刺激と見え（宮内，1994）

BOX 3.9　損失―利得法

　注意の空間的性質を調べるためによく用いられる実験手続きに損失―利得法がある。実験参加者の課題は視野のどこかに提示される目標をできるだけ速く検出することであるが，目標提示に先立って，その提示位置あるいはそれと異なる位置を指示する何らかの手がかり（cue）が与えられる（図 3.13）。この際，課題遂行のために実験参加者の注意が指示された位置に移動すると仮定されている。前者は目標の出現位置に関して適切な（valid），後者は不適切な（invalid）手がかりである。したがって，手がかりが提示されない（neutral）条件に比べて，適切な手がかり条件では目標の位置に注意が向けられているので検出は速くなり，不適切な条件では目標の位置から外れているので遅くなると予測される。前者の効果は処理の促進を意味するので利得（benefit）とよばれ，後者は処理の遅れという意味で損失（cost）とよばれる（Posner, 1980）。ポズナーら（Posner, 1980；Posner et al., 1980）は，視野の中央にある凝視点の左右いずれかに目標刺激が提示され，凝視点の位置に手がかりが提示されるという事態で，指示された場所では目標検出に要する反応時間が短縮し，指示されなかった場所では増加することを示した。

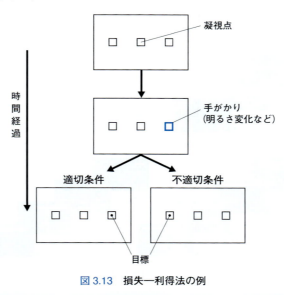

図 3.13　損失―利得法の例

は狭く濃いと推測している。

　注意の空間的移動に関しては，**復帰の抑制**（inhibition of return；IOR）とよばれる現象が知られている。たとえば，ある空間的位置または対象に注意が向き，その後注意が移動すると，同じ位置や対象に再び注意を向けることが困難になる。通常，ある空間位置に注意を向けた直後は，そこに出現した対象の認知は注意を向けていない場合より容易であるが，注意を向けはじめてからある程度時間が経つと，逆に対象の認知が遅れる。たとえば，ポズナーとコーエン（Posner, M. I., & Cohen, Y., 1984）によると，刺激の突然の変化などによって，ある場所に注意が向いた場合，短時間（150 ms 以下）の間は目標の検出が促進される。しかし，さらに時間が経って（500 ms 以上），注意が他の場所に移動すると，注意が去った場所では目標の検出が逆に抑制され（はじめから注意が向けられなかった場所より検出効率が下がり），その効果は 1.5 s 以上持続しうる。この働きにより，すでに注意を向けた場所以外の新しい場所に注意を向けやすくなると考えられる。

　視覚探索においても復帰の抑制に類似した現象が生じる。たとえば，系列的な探索が行われると考えられる刺激画面（たとえば，目標図形が完全な円で妨害図形は一部が欠けた円の場合）を提示し反応がなされた直後に，妨害図形があった位置または図形が何もなかった位置に光点を提示すると，前者の場合のほうが検出が遅れる（Klein, 1988）。すなわち，目標図形を探索する過程で一度注意が向けられた妨害図形の位置には再度注意を向けることが困難ということであり，それによって探索が効率化されていると考えられる。

3.3.5　異なる感覚様相にまたがる注意の配分や移動

　3.3.3で述べたように，同じ感覚様相（たとえば聴覚）に属する複数の情報を同時に処理するのは困難である。それでは，異なる様相（たとえば聴覚と視覚）に属する情報についてはどうであろうか。ある点では事情は同じであろう。たとえば，コンピュータゲームに没頭していると，周囲の騒音も気にならないし，呼びかけられてもうわの空ということがよくあるように，この場合も当然情報の選択が起こっている。

しかし，複数の情報が同一様相ではなく異なる様相にまたがっている場合は，注意の配分（並列処理）は比較的容易であるといわれる。たとえば，トリーズマンとデーヴィス（Treisman, A., & Davis, A., 1973）は，記憶範囲2分法の刺激提示事態を用いて，同時に提示される刺激（語，音，図形）が同じ様相に属する場合より異なる様相にまたがるほうが，提示項目の再生や目標の検出の成績がよいことを示した。オールポートら（Allport, D. A. et al., 1972）は，一方の耳に提示されるメッセージを追唱しながら，反対側の耳に提示される単語または視覚提示される写真を記憶するという課題を用いた。その結果，前者では正確な再認がほとんど不可能であったが，後者の場合は追唱しない条件よりやや成績が落ちる程度であった。また，楽譜を見てピアノを演奏することの正確さは，追唱をしてもしなくてもほとんど差はなかった。日常場面でも，自動車を運転する際に，前方に注意を払うと同時にカーナビの画面を把握するより，ラジオを聞くほうが容易であろう。ただし，異種様相間であっても，各様相の刺激が提示される空間的位置が離れている場合は，注意の配分が困難になるという（Driver & Spence, 2004）。

　また，ある感覚様相において特定の空間位置に注意が向けられた場合，同じ場所における他の様相の情報処理も促進されることが知られている（Driver & Spence, 2004；Spence et al., 2004）。たとえば，視覚刺激と聴覚刺激のどちらかが提示され，それらに対して知覚的判断をさせる場面で，視覚刺激の出現位置を示唆する先行手がかりを与えると，視覚刺激のみならず予期されない聴覚刺激に関しても，手がかりが示す位置と刺激提示位置が一致している場合は不一致の場合より反応時間が短くなる。

　復帰の抑制も感覚様相を越えて生じることがある。たとえば，視覚刺激または聴覚刺激を実験参加者の左または右に提示することを，感覚様相や位置に関してランダムな順序で短い時間間隔を置きながら連続的に行う場面において，刺激の提示位置に関する弁別反応時間は，直前の刺激の提示位置が現在の刺激と一致する場合のほうが不一致の場合より長くなる。そして，この効果は直前の刺激と現在の刺激が同一様相であっても異種様相であっても同じように現れる（本吉と服部，1998）。

3.3.6 自動的な情報処理

すでに述べた通り，注意はある面では情報を選択的に処理する機能である。通常，注意された対象は，それに関する情報が十分処理されて，はっきりと認知されるが，注意されなかった対象は，情報処理が不十分になり，はっきりとは認知されないか，場合によってはまったく意識に上らない。

たとえば，ある作業に注意を集中していると，予期せぬ物事がはっきりと目の前に存在していても気づかないことがある。この現象は**非注意による見落とし**（inattentional blindness）とよばれる。ロックら（Rock, I. et al., 1992）は，200 ms 提示される，白背景上の黒十字の縦線と横線に関する長さの比較判断を反復させながら，ある時点で十字と同時にその近傍に小さな黒い正方形を提示して，その直後に十字以外に何か見えたか質問するという実験を行った。その際，実験参加者は長さの判断だけを要求されており，正方形の出現については一切予告されていない。すると，実験参加者の約 25％ が正方形の出現に気づかなかった。一方，一度そのような事態を経験してテスト刺激出現の可能性を知り，しかも長さ判断をしない場合には，見落としはまったくなくなった。すなわち，十分知覚可能な刺激が提示されても，予期されず，したがって注意

> **BOX 3.10　変化の見落とし**
>
> 見落とし現象には**変化の見落とし**（change blindness）という別のタイプもある。たとえば，2 枚の一部分だけ異なる画像（一方の画像に含まれる物体をもう一方の画像ではなくす，など）を，間に短時間の空白を挟んで交互に提示すると（フリッカー法，flicker paradigm），同じ画像の点滅に見えて，画像の変化に気づくまでに時間がかかる（Rensink et al., 1997）。ただし，2 枚の画像を同時に並べて提示するか，空白を挟まずに継時提示すればすぐに違いや変化がわかるから，画像間の差異が小さすぎて知覚できないわけではない。
>
> ただし，対象の存在を予期して注意を払うと起こらなくなる非注意の見落としと異なり，変化を見つけ出すよう指示されて画像に注意を払っていても変化が見落とされる。変化の場所を指摘され，そこに注意を集中してはじめて気づくことになる。したがって，2 種の見落とし現象には注意の異なる側面が関わっていると考えられる。なお，この現象のデモンストレーションがインターネット上にいろいろ公開されているので試してみていただきたい。

を向けられない場合には意識に上らないことがある（BOX 3.10）。

　しかし，注意されなかった，あるいは無視された対象が自動的に認知されたり，それ自体は意識に上らなくても注意された対象の意識的認知に影響を及ぼしたりすることがある。たとえば，先に述べた追唱の事態でも，自分の名前のような熟知した刺激材料は認知されるという（Moray, 1959）。また，途中で左右の耳に提示するメッセージを入れ換えると，それまで追唱していたのと同じメッセージを，したがって指示されていたのとは逆の耳に提示されている刺激を少しの間追唱してしまうことがある（Treisman, 1960）。さらに，追唱されない側の耳に提示された語が，それ自体は再生できなくても，追唱されたメッセージの認知内容に影響する場合もある（Mackay, 1973）。これらの報告は，注意されなかった刺激も意味についての処理を受けていること，すなわち情報の選択が意味の処理の後という高次の段階でなされることを示唆する。

　視覚に関しても，注意されずに見落とされた刺激に関する情報がまったく処理されていないわけではないことを示す研究がある。たとえば，ムーアとエゲス（Moore, C. M., & Egeth, H., 1997）は，白と黒のドットの行列を背景として上下に並んだ2本の水平線分（図 3.14（a））を 200 ms 提示して，どちらが長いかの判断を反復させながら，予告なしに黒ドットをポンゾ（Ponzo）錯視図形やミュラー–リヤー（Müller-Lyer）錯視図形の付加線分の形に配列した（図 3.14（b））。その結果，ドットが描く付加線分に気づいた実験参加者は約 10％（長さ判断をさせない場合は約 90％）であったが，85％ 以上の実験参加者が錯視の存在を示す長さ判断を行った。これは，注意を向けられなかったドットの情報が，少なくとも類同の要因による群化と錯視を生じさせる段階までは処理されていることを示唆する。

　自動的な情報処理の存在を示す現象は他にもさまざまなものが知られている。たとえば，課題の遂行に無関係で，したがって無視されるはずの刺激属性が課題の遂行効率に影響することがある。そのような現象の一つが**ストループ効果**（Stroop effect）である。これは，色名を，その語が意味するのとは異なる色の付いた文字で書いて，文字に塗られた色の名前を答えさせる場合，幾何図形に塗られた色を答えさせる場合よりも反応が遅れるという現象である（Stroop,

(a)

(b)
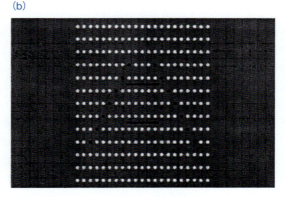

図 3.14　**刺激パターン**（Moore & Egeth, 1997）

J. R., 1935)。ストループ効果の原因についてはいくつかの仮説が提唱されているが，その一つは，質問に答えるのに必要な，したがって注意を向けられた文字の色だけでなく，不必要な語の意味の情報まで自動的に処理され，それが文字の色を答えることを妨害するというものである。

　先に述べた追唱の事態において，追唱に慣れている実験参加者は，そうでない実験参加者より，追唱されないほうの刺激の認知に優れている（Underwood, 1974)。すなわち，練習によって，追唱に必要な注意の量が減り，他方の耳への刺激により多くの注意を向けることが可能になったのである。このよ

うに，慣れた課題や容易な課題の遂行にはあまり注意が必要でなく，他の課題との同時遂行（並列処理）が可能になる。それは別の言い方をすると，熟練すること（同じ情報処理の反復）によって，情報処理が自動化し，無意識化する

BOX 3.11　熟練による処理の自動化

　シュナイダーとシフリン（Schneider, W., & Shiffrin, R. M., 1977）は，1，2あるいは4個のアルファベットや数字を2×2のマス目のどこかに提示した20枚の画面（図3.15；文字や数字がない場所にはランダムドットパターンを提示）を連続的に見せて，あらかじめ指示しておいた1あるいは4個のアルファベットまたは数字（記憶セット）のどれか（目標文字）が20枚の画面のどれかに含まれているかどうかを実験参加者に判断させた。その結果，目標文字とそれ以外の文字（妨害文字）の種類が異なる場合（一貫配置条件；たとえば，目標文字が数字で妨害文字がアルファベット），正検出率は高く，しかも記憶セットの文字数や画面の文字数にほとんど依存しなかった。一方，目標文字と妨害文字の種類が同じ（変動配置条件；たとえば，どちらもアルファベット）であると，正検出率は一貫配置条件より低く，記憶セットの文字数や画面の文字数が増えるほど低下した。この結果は，一貫配置条件では自動的処理が，変動配置条件では制御的処理がなされたことを示すと解釈された。

　シフリンとシュナイダー（Shiffrin & Schneider, 1977）は，目標文字と妨害文字がともにアルファベットであるが，それぞれに用いられる文字群を別にする実験を行った。その結果，初期の試行では正検出率が対応する変動配置条件と同程度であった。しかし，試行を反復するにつれて増加し，やがて対応する一貫配置条件に近い値となった。この変化は，初期の試行では制御的処理がなされていたものが，訓練によって自動的処理に交替したことを示すと解釈された。

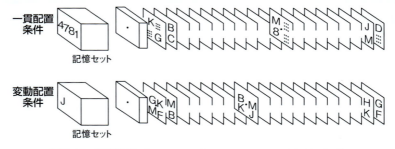

図3.15　刺激系列（Schneider & Shiffrin, 1977を参考に作成）

ということである（BOX 3.11）。たとえば，簡単な問題の答はすぐに頭に浮かんできて，どのように考えて答を出したかは本人にも意識できない。また，熟練した作業なら頭で考えなくても体が勝手に動いてくれる。一方，困難な，重要な，あるいは新奇な課題の遂行には注意の配分が必要であり，その情報処理は意識的になされる。シュナイダーとシフリン（Schneider, W., & Shiffrin, R. M., 1977；Shiffrin & Schneider, 1977）は，前者を**自動的処理**（automatic processing），後者を**制御的処理**（controlled processing）とよんだ。

　一般に，自動的・無意識的処理は，制御的・意識的処理に比べて高速であり強制的である。このように，自動化は，情報処理の効率化であり，情報処理能力に余裕をもたせる。これは，心の情報処理能力が限られている以上，ヒトが環境に適応し，生存を維持するうえでたいへん有効であると考えられる。しかし，自動化した情報処理がつねに適応的であるとは限らない。繰返し経験されてきた刺激要素によって自動的に発動される処理が現在の状況に適合的でない場合には，かえってエラーにつながることになる。なお，習熟や処理の自動化とエラーとの関係については 7.2.3 を参照されたい。

3.3.7　注意の諸側面

　以上述べてきた以外にも，注意に関してはさまざまな性質が知られている。たとえば，注意には，「注意を引かれる（**注意の捕捉**，attentional capture）」という表現で示されるような強制的・受動的（involuntary）な側面と「注意を向ける」という意図的・能動的（voluntary）な側面とがある。前者は，1 次的（primary）または外因的（exogenous）注意ともよばれるが，新奇な刺激，刺激の突然の変化，不快な刺激などによって駆動され（岩崎と大原，2003），関連する心的過程を自動的に促進する働きである。すなわち，ボトムアップ過程である。一方，後者は，2 次的（secondary）あるいは内因的（endogenous）注意ともよばれるが，その発動は状況や課題に対する当事者の理解の仕方や知識（構えや予期）に依存しており，トップダウン過程といえる。能動的注意は発動は遅いが持続的に作用する。一方，受動的注意はすばやく発動し，方向の異なる能動的注意を抑制するが，その作用は一過性である。

シーウヴズ（Theeuwes, J., 1991）は，凝視点の上下左右のどこかに提示される目標刺激を弁別する課題において，目標刺激の提示に先立って目標刺激の位置を指示する矢印を提示し（能動的注意を誘導），続いて目標の出現位置とは異なる場所に棒状の刺激を出現させた（受動的注意を誘導）。その結果，棒状刺激の出現が目標刺激と同時か 80 ms 先行する場合は，棒状刺激が現れない場合より反応時間が長くなったが，160 ms 先行するとその効果は消失した。

　また，2 種類の注意が同様な処理の促進機能をもつことが線運動錯視によって示される。BOX 3.8 では受動的注意によると考えられる例を述べたが，能動的注意によっても同様な線運動錯視を生じさせることができる。たとえば，凝視点の左右に同時に出現する図形のどちらかに意識的に注意を向けさせて図形間に線分を描くと注意を向けた側から線分が伸びていくように知覚される。ただし，能動的注意の発動が受動的注意に比べて遅いことを反映して，錯視が明瞭になるには線分の提示が図形の出現より 400 ms ほど遅れる必要がある（受動的注意の場合は 100 ms ほど）。また，図形出現の 450 ms 後に注意を向けなかったほうの図形を一瞬点滅させると，線運動は点滅した図形の側からはじまるように知覚されるが，このことも受動的注意の能動的注意に対する優位性を示している（宮内，1994）。

　先に述べた復帰の抑制は注意の時間的性質を示すものといえるが，他にも**注意の瞬き**（attentional blink）とよばれる現象がある。これは，短時間ずつ順番に提示される刺激群（BOX 3.12）の中に判断の目標刺激が 2 つある（すなわち，注意を向けられる対象が 2 つある）場合，両者の時間間隔が短いと，2 番目の目標刺激の認知が，それのみが目標（注意を向けられる対象が 1 つしかない）の場合より困難になる現象である。たとえば，レイモンドら（Raymond, J. E. et al., 1992）の第 2 実験では，大文字のアルファベットが毎秒 11 個の割合で提示され，実験参加者は白色の文字（第 1 目標）が何であったか，またそれ以後に提示される黒い文字の中に X（第 2 目標）があったかを報告した（図 3.17（a））。2 つの目標刺激の時間間隔が 180～450 ms の場合，第 2 目標の検出率は 60% 以下であった（図 3.17（b））。一方，同じ刺激条件で第 2 目標の検出のみが求められた場合は，刺激間の時間間隔に関わりなく検出率

BOX 3.12　高速逐次視覚提示法

　注意の時間的性質の研究では**高速逐次視覚提示**（rapid serial visual presentation；RSVP）とよばれる方法がよく使われる。これは，複数の刺激を同一位置に短時間ずつ逐次的に提示し，そのいずれかについて実験参加者に種々の認知的判断を課す実験方法である。たとえば，文字の種類と色という2種類の特徴をもつ刺激を用い，一方の特徴で定義される目標刺激（たとえば赤い刺激）のもう一方の特徴（何という文字か）を報告させる。この場合，刺激の提示時間や時間間隔によっては目標の直前または直後の刺激を報告してしまうという現象が生じる。いわば2.3.2で述べた空間的な結合錯誤の時間版である。たとえば，菊地（Kikuchi, 1996）は，漢字2文字の熟語12個を刺激とし，目標刺激を赤，それ以外を緑にして目標刺激が何という単語であったかを実験参加者に報告させた（図3.16 (a)）。各刺激は50～117 msの提示時間で間隔を置かず連続的に提示され，目標は5，6，7，8番目のいずれかであった。その結果，目標の直前の単語を間違って報告するという強い傾向が見出された（図3.16 (b)）。

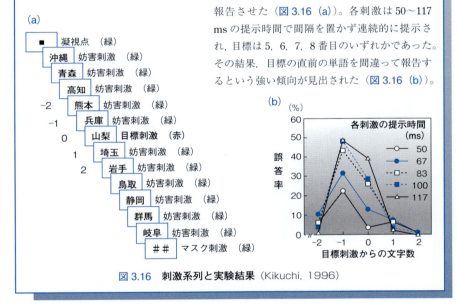

図3.16　刺激系列と実験結果 (Kikuchi, 1996)

は85%以上であった。すなわち，ある刺激に注意を向けると，その後しばらくは後続の刺激に注意を向けにくく（刺激情報が処理されにくく）なると考えられる。

　視覚的な注意の配分は空間的位置や刺激属性に対してだけでなく，オブジェクト全体に対しても働き，**オブジェクトベースの注意**（object-based attention）とよばれる。この場合，オブジェクトとは，単一の対象として把握され

うる刺激あるいは情報のまとまり，端的にいえば「物体」を意味する。このような注意の存在を示すために，ダンカン（Duncan, J., 1984）の第1実験では，2つの図形（長方形の輪郭図形と斜め線分）が同じ空間位置に重ねて短時間提示された（図 3.18）。長方形には左右の辺のいずれかに切れ目があり，また高さも2種類が用意された。斜め線分は点線または破線であり，垂直から左右いずれかに傾いていた。実験参加者の課題は2種類の刺激属性の内容を判断することであった。その結果，判断すべき2つの属性が同じ図形内にある場合（たとえば線分の傾きと種類）は1種類の属性についてのみ判断する場合とほぼ同程度の正答率であったが，異なる図形にまたがる場合（たとえば，線分の傾きと長方形の切れ目の位置）は正答率が低くなった。すなわち，同じように2種類の刺激属性の処理に注意を配分する場合でも，それらの属性が単一のオブジ

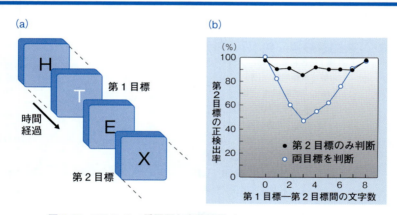

図 3.17　**RSVP の二重課題と実験結果**（Raymond et al., 1992）

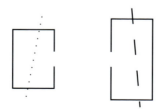

図 3.18　**オブジェクトベースの注意を調べるための刺激図形**
　　　　（Duncan, 1984）

ェクトに含まれるか,異なるオブジェクトに分かれているかによって配分のあり方が異なるということである。

3.3.8 注意の理論

現代の注意に関する理論はブロードベント (Broadbent, D. E., 1958) にはじまる。彼は,両耳分離聴の実験結果にもとづき,認知過程のどこかの段階に情報処理能力がきわめて限られた,直列処理を行う部分があると考えた。そして,その前段階に同時に存在する多量の情報の中から次の段階で処理されるべきものを選択するフィルターのようなものを仮定した。そして,選択フィルターを感覚記憶 (2.2 参照) の次の段階においている。したがって,選択されなかった情報の処理は低次の段階にとどまるということになる。しかし,彼の理論は,すでに述べてきたような,注意されなかった刺激も高次の(意味に関する)処理を受ける可能性があるという実験結果を説明できない (**BOX 3.13** も参照)。

そこで,トリーズマン (Treisman, 1969) は,フィルターは,選択されなかった情報をふるい落とすのではなく,減衰させて認知されにくくすると考えた。したがって,注意されなかった刺激も,最終的に認知される(意識に上る)かどうかは別として,高次の処理を受けうるということになる。一方,ノーマン (Norman, D. A., 1976) は,すべての刺激情報が,注意されるされないに関わりなく,高次の段階まで十分に処理されると考える。最終的に認知される内容の選択はその後でなされる。そして,選択すなわち注意の方向は,要求されている課題や以前の認知,すなわち文脈に規定される。

カーネマン (Kahneman, D., 1973) は注意の分割の問題を考察した。彼は,認知機構のもつ情報処理能力あるいは注意の容量にはある上限(覚醒水準によって異なる)があり,その範囲内で種々の処理に容量が配分されると考えた。前述のブロードベントのモデルでは,一度には1つの処理にしか注意は配分されないため,直列処理しかありえない。一方,カーネマンのモデルでは,必要な注意量の合計が容量の限界を超えないならば,並列処理が可能ということになる。各処理に必要な注意の量はその処理が困難なものであるほど増すので,

BOX 3.13　負のプライミング効果

　注意されない刺激も意味処理を受けている可能性を示す現象に**負のプライミング効果**（negative priming effect）がある。BOX 3.5 で述べたプライミング効果は先に提示された刺激が後続の刺激の処理を促進する現象であったが，負のプライミング効果は逆に抑制が起こる場合を指す。たとえば，先行刺激（プライム）として2種類の線画を異なる色で重ね書きしたものを用い，実験参加者にどちらかの絵に注意を向けさせ（よく覚えておくよう教示する，など），もう一方を無視させる。続いて，別の重ね書きの絵（プローブ）が提示され，一方の絵の同定が求められる（図 3.19）。その際，プライム中の無視刺激がプローブ中の同定刺激と異なる場合より，同じである場合のほうが反応時間が遅くなるのである。しかも，プライム中の無視刺激がプローブ中の同定刺激と形態的特徴にはほとんど共通点をもたないが意味的関連があるという場合（たとえば，ネコの絵とイヌの絵。あるいはイヌの絵とイヌという語）にも抑制効果が生じる（Tipper, 1985；Tipper & Driver, 1988）。

プライム

注意刺激と同定刺激が同じ。　注意刺激と同定刺激が意味的に関連。　注意・無視両刺激とも同定刺激と無関係。　無視刺激と同定刺激が意味的に関連。　無視刺激と同定刺激が同じ。

プローブ

図 3.19　負のプライミング実験におけるプライムとプローブ
（Tipper & Driver, 1988）

簡単な，あるいは熟練した認知的課題であれば注意は少なくて済み，複数の課題を同時にこなすことが可能となる。難しい課題を課せられた場合には，その遂行に多くの注意を割かなければならないので，他の課題の遂行は阻害される。カーネマンは，認知系の中に，そのような容量の配分を決定する機構を仮定している。カーネマンは注意の容量はあらゆる情報処理に配分可能と考えたが，3.3.5 で述べたように，感覚様相が異なるなど，処理のタイプが異なる場合は並列処理が容易になることを示す現象がある。そこで，配分先がある程度限定された複数の処理容量を仮定する考え方も提案されている（Wickens, 1980, 2002）。

ノーマンとボブロー（Norman, D. A., & Bobrow, D. G., 1975）は，認知に関わる種々の心的機能（感覚，記憶，思考，努力など）の総体を**処理資源**（processing resource）とよび，注意を種々の認知的作業への資源の配分と考えた。ただし，資源の総量は有限であると仮定された。そして，資源を必要とする程度によって，認知的作業をデータ依存型（data-limited）と資源依存型（resource-limited）の 2 つのタイプに分けた。前者は，その遂行に心的資源，言い換えれば注意をほとんど必要としないもので，遂行の精度はデータすなわち刺激情報の質に依存する。このタイプの作業は，心的資源をあまり消費しないので，他の作業との同時遂行が可能となる。後者はその遂行に多くの心的資源を必要とし，達成度は配分された資源の量に依存する。したがって，1 つの作業があまり多くの心的資源を消費してしまうと，他の作業に配分できる資源の量がわずかとなり，複数の作業の同時遂行が困難となる。追唱実験において非追唱側のメッセージが認知されないのはこのためである。

なお，近年は注意に関する研究の進展がめざましいが，その知見が「心理学評論」46 巻 3 号（三浦と横澤（編），2003）や『新編 感覚・知覚心理学ハンドブック Part 2』の第 1 部第 3 章に詳しく紹介されているので参照されたい。

長期記憶
コード化から検索まで

　私たちは日々さまざまな情報を覚えて，後からそれを思い出そうとする。本章では，情報のコード化と長期記憶への貯蔵，長期記憶からの情報の検索について取り上げる。情報のコード化の仕方はその後の貯蔵と検索に明らかな影響を与える。より一般的には，学習の際の文脈そのものがコードに含まれたり，思い出す際の手がかりになったりする。覚える内容や学習の仕方によって，記憶は異なるシステムに分かれるという考え方がある。その延長として，記憶は顕在記憶と潜在記憶という異なるシステムに分かれ，学習や検索の際の想起意識や意図性の有無といった話題に発展していく。

4.1　コード化，貯蔵，検索

　私たちをとりまく環境に存在している感覚的情報は膨大であるので，私たちはこれらすべての情報に同時には対処しきれない。そこで，重要な情報は，優先的に情報処理システムに取り入れられる。取り入れられた情報は分析され，解釈され，保存され，何らかの心的操作を受ける。外界の情報を情報処理システムで利用できる表現形式へ変換する過程はコード化（または符号化）とよばれ，内的表現形式はコード（code）あるいは表象（representation），記憶痕跡（memory trace）とよばれる。

　記憶は過去の経験にもとづいてなされるので，経験を記憶に獲得・形成する段階とこれを維持・保存していく段階，さらに必要なときに記憶内容を取り出す段階があるはずである。記憶を考察する場合，記憶の段階（stage）として，このような3つの段階に分類すると便利である。この3段階は，それぞれコード化（encoding），貯蔵（storage），検索（retrieval）とよばれる（図4.1）。

図 4.1　記憶の情報処理の段階

4.2　コード

コードにはいくつかのタイプがある。たとえば「心理学」という印刷された言語材料が視覚的に提示されたとしよう。このとき，人はこの刺激項目のどのような属性を情報として記憶しようとするのだろうか。この「心理学」という刺激項目には"このようなフォントで，このサイズで，黒いインキで，印刷された漢字3文字"という視覚的コード，"シンリガク"という音韻的コード，"精神の働きについて研究する学問"という意味的コードなど多くのタイプのコードが考えられる。刺激項目のどの属性が重要なものとして選択されてコード化され，貯蔵や検索段階でどのような形式で内的に表現されるのだろうか。

記憶はダイナミックな表象システムであり，人は受動的に情報を受け入れるのではない。とくに，記憶にとって，コード化と検索の相互作用が重要であることが知られている。記憶の検索は記憶材料がどのようにコード化されて内的に貯蔵されているかに大きく依存する。記憶材料がどのようにコード化され内的に貯蔵されるかは，刺激材料の種類，記憶課題，コード化の方略，文脈，状態などに依存している。

4.3　処理水準

多くの研究者は，ジェームズ（James, W.；1842–1910）の**1次記憶**と**2次記憶**の区分にならって記憶を2つの構造に分割してきた。1960年代後半から1970年代にかけて，とくに，アトキンソンとシフリン（Atkinson, R. C., &

Shiffrin, R. M., 1968) の**二重貯蔵モデル**（第5章参照）は強い影響力があった。しかし，クレイクとロックハート（Craik, F. I. M., & Lockhart, R. S., 1972）は，記憶は構造よりも処理が重要であると主張した。彼らは，①記憶は刺激項目の連続的な分析系列による情報抽出の結果である，②項目の分析は知覚的構造分析のような浅いレベルから意味の分析のような深いレベルへと進む，③レベルが深くなるほど記憶は持続的になる，という**処理水準説**（levels of processing theory）を提唱した。この説では，以下のように考えられている。

1. 記憶痕跡は処理の副産物と考える。
2. 記憶の持続性に関してすべてのコードが同等の効果をもつわけではない。
3. 記憶の持続性は項目に対してなされる処理の水準あるいは深さに大きく依存し，より深い意味的コード化がなされた項目は浅い処理（意味的ではないコード化，たとえば視覚形態的・音韻的コード化）がなされた項目よりも記憶に残ることになる。

　処理水準説では，学習意図は記憶の持続性にとって重要な要因とはならない。また単なるリハーサルは重要ではない。さらに，深いレベルへと導く**精緻化リハーサル**（elaborative rehearsal）は記憶を向上させるが，単なる**維持リハーサル**（maintenance rehearsal）は記憶を向上させない。

　処理水準説を支持する実験結果は多い。たとえば，ハイドとジェンキンス（Hyde, T. S., & Jenkins, J. J., 1969）によってなされた研究は課題要求がコード化の方式を決定することを示し，より深い意味的処理が後の再生成績を高めることを示した。ハイドとジェンキンスの研究概要は次のようである。まず，実験参加者は同じ刺激セットに対して異なるタイプの課題（**方向づけ課題**，orienting task）が与えられた後，予期しない再生テストが課せられた（**偶発学習**，incidental learning）。ある参加者グループは各単語の構成文字数を数えるように要求され，あるグループは各単語に「e」があるか否かの判断を要求された。またあるグループは各単語の「好ましさ」の判断を求められた。課題遂行後，突然行われた単語の再生テストの結果は方向づけ課題のタイプに依存していた。「好ましさ」判断では単語の意味的分析を必要とするが，「e」の存在や構成文字数の判断では視覚的構造分析で十分である。自由再生テストの結

果，「好ましさ」判断では約70％，「e」判断と構成文字数の判断課題ではともに約40％の再生率で，コード形成の仕方が後の記憶成績に大きな影響を与えていた。もう一つの参加者グループはあらかじめ，課題遂行後に単語の記憶テストが課せられることを知らされていた（**意図的学習**，intentional learning）。このグループは各課題で偶発学習のグループよりもほんの少しだけ成績が高いだけであった。学習の意図があることは，成績に大きく反映されなかった。これにより，記憶にとって重要なのは学習意図ではなく，処理活動の性質であることがわかる。

　クレイクとワトキンス（Craik, F. I. M., & Watkins, M. J., 1973）は**維持リハーサル**は記憶成績を向上させないという仮説を検証した。彼らは，実験参加者に項目リストを提示し，ある特定の文字からはじまる単語をそれぞれリハーサルさせながら最後の特定文字の単語を報告させた。たとえば，いくつかの「g」ではじまる単語を単語リストに挿入しておき，参加者に「g」ではじまる単語が出てきたならばその単語をリハーサルさせ続け，次の「g」単語が提示されると新たな「g」単語をリハーサルさせるという手続きを繰り返し，単語リストの提示終了後に最後の「g」単語を報告させた。ある「g」単語と次の「g」単語の間に介在するリスト項目の数を操作することで「g」単語をリハーサルさせる回数を制御できることになる。全試行が終了したとき，突然に最終的な記憶テストが行われ，指定した特定文字からはじまるすべての単語を報告させた。この実験でクレイクとワトキンスは項目の再生は維持リハーサルの長さと相関しないという結果を得た。これらの実験結果は二重貯蔵モデルにとって問題となる。

　処理水準説は記憶研究分野に大きな影響を与えた。しかし，処理水準説には，大きな問題があった。最初の問題は基本仮説の一つが循環的であることである。処理が深くなるほど記憶成績はよくなると仮定しているが，また同時によりよい記憶成績であるときにより深い処理がなされていると主張する。方向づけ課題による処理水準や深さを記憶テストとは独立に，実験前に決定することができないのである。もう一つの問題点は，処理水準説はコード化に焦点を当てており，検索については言及していないことである。

4.4 転移適切性処理とコード化特定性原理

　処理水準説は，処理が深いほどより高い記憶成績に導かれると主張する。しかし，同じ処理水準の方向づけ課題が与えられていても，異なる成績が得られたり，必ずしも意味的処理がすべてのタイプの記憶テストで高い成績に導かれるわけではないという実験結果も得られている。

　たとえば，モリスら（Morris, C. D. et al., 1977）は深い処理よりも浅い処理のほうがよりよい記憶成績に導くことを示した。彼らは，実験参加者に後で記憶テストが行われることを知らせずに，意味方向づけ課題（例：「（　　　）には耳があります—dog」という文で標的単語dogが（　）に合うか否かを判断させる）や，音韻方向づけ課題（例：「（　　　）はlogと同じ韻を踏んでいます—dog」）でイエス／ノー判断を行わせた。このようなタイプの課題を多数行わせた後に，モリスらは，2つのタイプの記憶テストを行った。一つは通常の再認テストで，単語が提示され，それが課題で見た標的単語か否かを判断するように求められる。もう一つのテストは押韻再認テストで，提示された単語が課題で見た標的単語と同じ韻を踏むか否かを判断するように求められる。その結果，再認テストでは処理水準説が予測するように，意味方向づけ課題が音韻方向づけ課題よりも高い成績を示したが，押韻再認テストでは逆の結果となった。また構造方向づけ課題（例：「この項目には大文字Dが含まれていますか—raDio」）が意味方向づけ課題（例：「この項目は電気を利用しますか—raDio」）よりも強制選択再認テスト（選択肢：「radiO, raDio, rAdio, Radio」など）で成績が高いという結果も得られている（Stein, 1978）。

　処理水準説はより深い処理がより高い記憶成績をもたらすと主張するが，テストの種類によっては浅い処理がより高い記憶成績をもたらした。モリスらはこの結果を転移適切性処理とよばれる考えで解釈した。**転移適切性処理**（transfer appropriate processing）は，処理水準説が主張するように提示される項目の処理が深いためによりよい記憶成績に導かれるのではなく，提示項目をコード化するときになされる処理が，記憶テスト時に必要とされる検索処理に対して適切に転移されるとよりよい記憶成績に導かれると考える。つまり，

記憶成績は学習時のコード化処理だけでなく，コード化時の処理と記憶テストによって方向づけられる検索処理の両方に強く依存すると主張する。

　タルヴィング（Tulving, E., 1972, 1983）は，同様にコード化と検索時の処理の相互作用を強調した。まずタルヴィングとトムソン（Tulving, E., & Thomson, D. M., 1973）は記憶検索における検索手がかりの役割に関する興味深い実験を報告した。一般に，記憶テストでは，再認（recognition），手がかり再生（cued recall），再生（recall）の順に困難になることが知られている。ところが，タルヴィングとトムソンは「再生可能な語の再認の失敗」を実験的に示したのである。

　タルヴィングとトムソンの実験は4段階からなる。実験参加者は手がかり語（たとえば，bath）と標的語（たとえば，NEED）の対（bath―NEED）からなるリストを提示され，標的語を記憶するように求められる（第1段階）。次に，標的語と連合価の高い単語（たとえば，want など）がランダム順に提示され，各単語に対して，4個までの連想語を記入する（第2段階）。この段階で参加者は約70％の標的語を連想語として答えた。第3段階では，解答した連想語に標的語があれば，その語を丸で囲むようにと要求される。この再認テストで，参加者は24％しか再認できなかった。第4段階では，手がかり語を提示された状態で標的語を再生するように求められる。参加者は63％再生できた。再生成績が再認成績を上回ったのである（表4.1）。

　タルヴィングとトムソンはこれらの結果を説明するためにコード化特定性原

表4.1　再生可能な単語の再認失敗 (Tulving & Thomson, 1973)

学習リスト		自由連想と再認検査					手がかり再生検査	
弱手がかり	ターゲット語	弱手がかり	自由連想された項目				手がかり	再生項目
head	LIGHT	dark	NIGHT	(LIGHT)	BLACK	ROOM	head	LIGHT
bath	NEED	want	NEED	DESIRE	WISH	GET	bath	
pretty	BLUE	sky	SUN	CLOUD	BLUE	OPEN	pretty	BLUE
grasp	BABY	infant	CHILD	MOTHER	LOVE	(BABY)	grasp	
whisky	WATER	lake	WATER	SMOOTH	RIVER	OCEAN	whisky	WATER
cabbage	ROUND	square	(ROUND)	FLAT	CIRCLE	CORNER	cabbage	ROUND
spider	BIRD	eagle	EYE	MOUNTAIN	BIRD	HIGH	spider	
glue	CHAIR	table	CHAIR	DESK	LAMP	TOP	glue	CHAIR

理を提唱した。**コード化特定性原理**（encoding specificity principle）とは,「知覚内容に対してなされた特定のコード化操作が, 貯蔵内容を決定する。そして貯蔵内容は, どのような検索手がかりがその貯蔵内容へのアクセスに効果的であるかを決定する」と定義される。つまり, コード化操作がなされるときには, 標的語の情報だけでなく他のさまざまな関連情報も同時に自動的にコード化され, 記憶痕跡が形成される。そして, 後に何らかの検索手がかりを使用して, 標的語を検索しようとするときに, 検索手がかりがもとのコード化操作で形成された記憶痕跡の一部である場合に限り, 標的語の検索に成功する。逆に, 検索手がかりがもとのコード化とは関連性がない場合には検索に失敗することになる。したがって, 以前にアクセスできなかった情報に対して, 検索手がかりはアクセスを促進する可能性があるが, そのような検索手がかりはターゲット情報の学習時に同時にコード化されていた場合に限って効果的である。たとえば, 十二支を「あいうえお」順に再生するのは非常に困難である。それは子, 丑, 寅, 卯, ……の順序で学習しており, 子が丑の検索手がかりに, 丑が寅の検索手がかりにと順次検索手がかりとなっているからである。「あいうえお」順にコード化されて, 亥→戌→卯→丑……と検索手がかり系列が出来上がってはいない。また, 単語の LIGHT が照明器具として最初コード化された後に, 何らかの理由で再認テストのときに HEAVY の反対語として考えられていたならば, 学習時と再認時の文脈が異なってしまい, 再認時の手がかりはターゲット情報の記憶痕跡と関連性が薄くなって再認できなくなり, 「再生可能な語の再認の失敗」が生ずるであろう。このように, コード化特定性原理はコード化および検索時の文脈の一致性を重要視している。

　コード化特定性原理を支持するデータは多いが, これに反対する研究者がないわけではない。ある者はコード化特定性原理の循環論に異議を唱えている。つまり, 検索手がかりは記憶痕跡の一部としてコード化されている場合に, 有効な検索手がかりとして働くとされているが, 検索手がかりが記憶痕跡にコード化されているかどうかは, 検索が成功するかどうかによって知ることができるだけである。検索が有効であれば, この手がかりはコード化されていたとし, 検索に失敗したならば, この手がかりはコード化されていなかったとされる。

実際にコード化されているか否かは検証できない。

　また，ある者はその一般性に疑問を抱いている。たとえば，アンダーソンとピチャート（Anderson, R. C., & Pichert, J. W., 1978）は参加者にある物語を泥棒の視点あるいは不動産屋の視点から読ませた。物語の最初の再生の後，参加者はもう一度，再生するように求められた。今回の再生では視点が交換された。すると，2度目の再生では新しい視点に関連する情報が多く再生され，一方以前の視点に関連する情報は1度目の再生よりも少なくなった。この結果は再生成績がコード化時の視点とは独立であることを示している。

　さらには，コード化特定性原理によると，検索手がかりが効果的であるためには，検索手がかりが記憶痕跡と共通部分をもっていなければならない。したがって，まったく新しい検索手がかりは記憶痕跡にアクセスできないことになる。とすると，検索過程はかなり限定されたものになってしまい，検索の柔軟性が失われてしまう。

　転移適切性処理とコード化特定性原理は，ともにコード化時と検索時のマッチを強調している。転移適切性処理はコード化時と検索時の処理のマッチを強調するが，一方コード化特定性原理はコード化時と検索時の情報のマッチを強調する。

4.5　文脈と記憶

　バドリー（Baddeley, A., 1982/1988）によると，イギリスの哲学者ロック（Locke, J.；1632-1704）が若い男性のダンサーとトランクの興味深い話を紹介している。その男性がダンスを練習した部屋には，たまたま古びたトランクがあった。トランクにまつわる思いとダンスのステップとが彼の中で一体となってしまったために，このトランクかそれに似たものが所定の場所に置かれていないと，他の場所ではダンスを上手に踊れなくなってしまった。……

　これは極端な事例であるとしても，これに類した出来事は日常生活や小説の中で体験するのではないだろうか。実際，ある環境で学習した事柄は，極端に異なる環境では再生しにくいものである。いくつかの研究は学習と再生テスト

とが異なる環境で行われると成績が低下することを示している。これは**文脈依存効果**（context-dependent effect）とよばれる。もっとも有名な実験はゴッデンとバドリー（Godden, D. R., & Baddeley, A. D., 1975）によるものであろう。彼らは潜水夫に陸上あるいは水中で40単語からなるリストを学習させ、その後同じ陸上（または水中）で、あるいは異なる場所に移動して（陸上から水中へ、あるいはその逆で）、再生してもらった。結果は明らかに文脈依存効果を示した（**図 4.2**）。

しかし、この実験では、環境変化を引き起こすために潜水夫は学習の場所からテストの場所へと移動する必要があった。この環境変化のための運動が記憶成績の低下を引き起こしている可能性があった。そこで、この交絡要因を排除するために、彼らは半数の潜水夫に陸上で単語リストを学習させて再生テストをし、残り半数の潜水夫には同様に陸上で単語リストを学習させて再生テストをしたが、彼らにはプールに入って短い距離を泳ぎ、潜水させてからもとの陸上に戻させた。運動そのものが成績低下の原因であれば、この2グループのテスト成績に差が生じるはずであり、環境変化が原因であればテスト成績に差はないはずであるが、実験結果は差がなかった。このような文脈効果は、コード化と検索の相互作用を強調する記憶理論で予測されるものである。

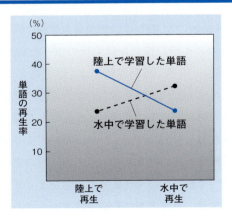

図 4.2　文脈依存効果：陸上と水中での記憶テスト
（Godden & Baddeley, 1975）

学習の外部環境の再現は実際に同じ環境でなくともよいようである。ある実験（Smith, 1979）で，実験参加者は地下室で学習を行った後，地上5階の防音室でテストを受けた。異なる部屋でテストを受けたグループは同じ地下室でテストを受けたグループよりも成績は劣っていた。しかし，防音室でテストを受けるときに，できるだけ地下室の環境を思い出すようにと教示された第3のグループの成績は，地下室でテストを受けたグループとほとんど同じ成績を示した。この結果は，テスト時とまったく同じ外部環境でなくとも，学習環境を想起しようとするだけで，再生が改善されることを意味している。

　これらの文脈効果の例は，文脈の性質が主に視覚に依存していた。しかし，文脈効果は視覚に限定されるものではなく，たとえば匂いの場合にも生起することが知られている（Chu & Downes, 2000；Schab, 1990）。シャーブ（Schab, F. R., 1990）は学習時あるいはテスト時に部屋をチョコレートの匂いで充満させ，文脈効果を得ている。この実験はプルーストの小説『失われた時を求めて』にある挿話を実証したものである。

　学習時の外部環境だけでなく，学習者の内部環境（アルコール，薬物）も記憶成績に効果をもたらすことが知られている（**状態依存効果**，state-dependent memory effect）。また同様に，学習者の学習時からテスト時への情動状態の変化が記憶に影響をもたらすことも知られている（**ムード依存効果**，mood-dependent memory effect）。この2つの効果は本質的に同じものであろう。

　ある研究で，アルコールが記憶に及ぼす次のような効果が報告されている（Goodwin et al., 1969）。当然，実験参加者は，学習時とテスト時の両方でしらふのときにもっともよい記憶成績を示したが，最悪の記憶成績は学習時に酩酊した状態からテスト時にしらふの状態へと変化させた場合であった。この酩酊からしらふへの変化は，学習時酩酊・テスト時酩酊より記憶成績がかなり低下した。異常状態（酩酊）から通常状態（しらふ）への変化は，通常状態（しらふ）から異常状態（酩酊）への変化よりも記憶をより低下させることが知られている。ある研究では，慢性アルコール中毒グループと非アルコール中毒グループが実験に参加した（Weingartner & Faillace, 1971）。両グループは学習時とテスト時に酩酊あるいはしらふの状態にされた。この場合，アルコール中

毒グループは酩酊状態が通常の状態であり，しらふの状態は異常な状態に相当する。この研究でも同様に状態依存効果が認められ，記憶成績は，学習時通常状態（酩酊）からテスト時異常状態（しらふ）に状態変化される場合よりも，学習時異常状態（しらふ）からテスト時通常状態（酩酊）に状態変化される場合に，最悪となった。

　このような状態依存効果は，コード化と検索の相互作用で説明できる。一般に学習するときの文脈は人が情報を記憶するための手がかりを提供する。学習時に通常な状態である場合には，通常の変化していない側面の手がかりがコード化される。そして学習時に異常な状態である場合は，通常の手がかりとともに異常な手がかりもコード化されるであろう。学習時とテスト時が同じ状態の場合（通常から通常，異常から異常）では，学習時にコード化された手がかりがテスト時にも有効な検索手がかりとなるので，よい成績をもたらすであろう。そして，通常から異常への変化は中程度の記憶成績となるであろう。テスト時と学習時に存在している通常の手がかりが利用できるからである。ところが，異常から通常の変化は最悪の成績となる。この場合，学習時にコード化した異常な手がかりがテスト時に存在していないからである。

4.6　記憶システム

　タルヴィングは長期記憶を，保存される記憶内容に従ってエピソード記憶と意味記憶の2つに区別した（Tulving, 1972；表4.2）。**エピソード記憶**（episodic memory）とは，個人的な体験にもとづく記憶であり，出来事などに遭遇したときの特定の時間と場所に関する文脈がつねに含まれている。一方**意味記憶**（semantic memory）は世界についての一般的知識から構成され，特定の文脈と結びついていない。言葉の意味や教科書的な知識は意味記憶に含まれる。通常の記憶テストは，学習時に提示された項目の再生や再認を課すので，エピソード記憶を扱っていることになる。記憶システムを区別するための基準は，シェリーとシャクター（Sherry, D. F., & Schacter, D. L., 1987）に従うと，①記憶システムAを扱っている課題で効果をもつ独立変数は，記憶システム

Bを扱っている課題で効果がないか異なる効果をもつ，②記憶システムAと記憶システムBは異なる神経基盤をもつ，③記憶システムAを扱っている課題の成績は記憶システムBを扱う課題の成績と相関関係をもたない，④記憶システムAによってなされる機能は記憶システムBによって遂行されない，という4つである。その後，タルヴィングと共同研究者は，多重記憶システム説を強く提唱し，5つの記憶システム（手続き記憶，知覚表象，1次記憶（作業記憶），意味記憶，エピソード記憶）と12の下位システムを提案している（Schacter & Tulving, 1994）。

　もう一つの影響力のある記憶システム説が，健忘症患者などのデータにもとづき，スクワイヤ（Squire, L. R., 1986, 2004）によって提案されている（図4.3）。この記憶システム説は，長期記憶を宣言的記憶と非宣言的記憶に区別す

表 4.2　タルヴィングによるエピソード記憶と意味記憶の区分
（コーエンら，1989）

	エピソード記憶	意味記憶
表象された情報のタイプ	特定の出来事，事物，場所，人々	出来事や事物についての一般的な知識や事実
記憶内の体制化のタイプ	時間的（起こった時間に従って）または空間的（起こった場所に従って）	スキーマ的（同じトピックに関連する一般的知識の束）
情報の源	個人的経験	繰り返された経験からの抽象化，学んだことの一般化
焦点	主観的現実（自己）	客観的現実（世界）

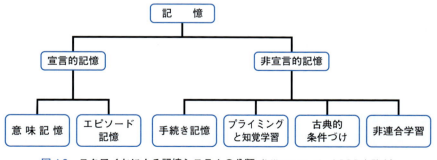

図 4.3　スクワイヤによる記憶システムの分類（Milner et al., 1998 を改変）

る。**宣言的記憶**（declarative memory）は言葉で表現できるような種類の記憶であり，意識的に想起できる事実（**意味記憶**）と出来事（**エピソード記憶**）に分類される。宣言的記憶は健忘症によって障害を受ける。一方，**非宣言的記憶**（non-declarative memory）は，言葉で表現しにくい種類の記憶で，意識的な想起というよりも何らかの行動を通して表現される。非宣言的記憶には，手続き記憶，プライミングと知覚学習，古典的条件づけ，非連合学習が含まれる。

　手続き記憶（procedural memory）は運動的な側面が強く認められる練習などにより自動化された**技能**（skill）や反復経験による比較的固定された反応形式である**習慣**（habit）を意味しており，健忘症による障害を受けない。たとえば，タイピングの仕方，自転車の乗り方などは手続き記憶に相当する。手続き記憶を測定する実験的な課題は，鏡映描写や回転盤追跡などである。

　記憶の分野で有名な H. M. とよばれる健忘症患者がいる（**BOX 4.1**，5.6 参照）。彼は人と普通に会話ができ，ちょっと会っただけでは記憶障害があるとは思えない。ところが，部屋を出て再び会うと，彼はその人とは初対面のようにふるまう。彼は一般的知識としての意味記憶は失っていないが（意味記憶については第 7 章を参照），新たな出来事をエピソード記憶として保持できない。ところが，この H. M. は，知覚運動学習が可能である。たとえば，鏡映描写課題は，鏡に映った像を見ながら，星型のような図形の輪郭を鉛筆でたどる課題である。鏡映像は図形が反転するため輪郭から外れずにスムーズにたどることは困難である。H. M. には，毎回装置の使用方法を教えなければならなかったが，それでも彼の成績は練習するにつれてエラー数が減少し，3 日目にはスムーズに課題をこなすことができた（Milner et al., 1998；**図 4.4**）。

　プライミング（priming；BOX 3.5 参照）とは，標的刺激の認識が，先行して提示される刺激（プライムとよばれる）によって促進される現象である。たとえば，プライム刺激として「bread」を提示した後に標的刺激として「butter」を提示すると，プライムとして「doctor」を提示した場合に比較すると，「butter」に対する語彙判断時間などが短縮される（Meyer & Schvaneveldt, 1971）。この例は，プライムと標的刺激が異なるので**間接プライミング**（indirect priming）とよばれるが，プライムと標的刺激が同じ場合には，**直接プラ**

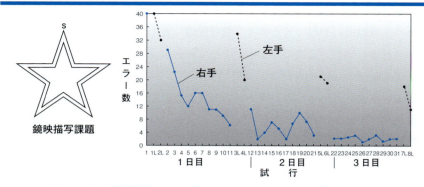

図 4.4　鏡映描写課題に用いる図形の例と H. M. の鏡映描写課題の成績
(Milner et al., 1998)
グラフ横軸の L は，左手の試行回を示す。

BOX 4.1　健忘症患者 H. M.

　記憶の研究分野で有名な健忘症患者である H. M. は本名をヘンリー・グスタフ・モレゾン（Henry Gustave Molaison；図 4.5）という。プライバシーへの配慮から，生前は本名は非公開であったが，2008 年 12 月 2 日に 82 歳で亡くなり，新聞の追悼記事で本名が公開された。

　H. M. は 9 歳の頃自転車事故で頭を強く打ち，てんかんに悩まされるようになったという。1953 年 27 歳のときに外科医スコヴィル（Scoville, W. B.）によって外科的治療を受け，てんかん発生源である両側の内側側頭葉の一部が切除された。この切除には，海馬，海馬傍回，扁桃体の大部分が含まれていた。この外科的治療によっててんかん症状は改善された。しかし，重度の記憶障害が生じ，新しいエピソード記憶を形成できなくなった。手術後，彼は病院のスタッフをもはや認識できず，読み終えたばかりの新聞記事を思い出せなくなった。その他の点では，H. M. は正常であり，言語能力，知能，性格も以前のままであった。H. M. の症例はスコヴィルとミルナー（Scoville, W. B., & Milner, B., 1957）によってはじめて報告された。術後 55 年の間，H. M. は多くの研究に辛抱強く付き合い，貴重なデータを提供し続け，記憶機能の研究発展に顕著な貢献を行った。

図 4.5　H. M.（本名ヘンリー・グスタフ・モレゾン）（1926-2008）

イミング（direct priming（あるいは**反復プライミング**, repetition priming））とよばれる。直接プライミングの例では，ワリントンとワイスクランツ（Warrington, E. K., & Weiskrantz, L., 1974）の実験が有名である。彼らは健忘症患者に学習段階で ABSENT, INCOME のような単語リストを提示し，次のテスト段階で通常の再認テストと語幹完成（word-stem completion）テストの2つを課した。語幹完成テストでは，ABS＿＿＿のように単語の最初の3文字が手がかりとして提示され，この語幹の後に文字を付け加えて有意味な単語を構成するように求められた。通常の再認テストで健忘症患者は，健常者と比較して成績は劣ったが，語幹完成テストでは同等の成績を示した。この例ではABSENT 以外に ABSTAIN が可能であるが，健忘症患者も健常者も先行提示されている ABSENT とする傾向が強い。

知覚学習（perceptual learning）では，ヒヨコの雌雄鑑別などが例として挙げることができる。実験的には，**文脈手がかり効果**（contextual cueing effect）がある。文脈手がかり効果とは，複数の妨害項目の中から標的を発見する視覚探索課題において，ある特定の固定された項目配置が反復提示されると，その固定項目配置での標的検出時間が，毎回ランダムな項目配置での標的検出時間よりも促進される現象である。この反復提示される固定配置では，妨害項目と標的の位置関係が固定されて配置されている。観察者はランダムな項目配置の刺激系列の中に挿入される固定の項目配置が反復して提示されていることには気づかないが，確実にランダムな項目配置よりも特定の項目配置で標的の検出時間が短縮する（Chun, 2000；Jiang & Wagner, 2004）。

古典的条件づけ（simple classical conditioning）については，イヌの唾液分泌反応に関するパヴロフ（Pavlov, I. P.）の実験が有名である。これ以外にも，白ネズミに触ろうとしたアルバート坊やの背後で大きな音を聞かせたワトソン（Watson, J. B.）による研究で有名な恐怖条件づけ，瞼に空気を吹きつける眼瞼条件づけなどがある。

非連合学習（non-associative learning）とは，1つの刺激に対して行動が変化する学習であり，馴化（habituation）や鋭敏化（sensitization）が含まれる。

これらの実験結果は，エピソード的には意識的に想起できないにも関わらず，

鏡映描写課題のような知覚運動スキル，単語のような認知的な課題，あるいは視覚探索課題であっても，想起意識を伴わない記憶，つまり潜在記憶が存在していることを示している。

4.7 顕在記憶と潜在記憶

顕在記憶（explicit memory）と潜在記憶（implicit memory）の相違は，実験参加者が行っているテスト課題が学習時のエピソードに関連していることに気づいているかどうかに依存する。潜在記憶は想起意識を伴わない記憶と定義される。潜在記憶を扱う研究でのキーポイントは，実験参加者がテスト時に行っている課題が特定の学習エピソードに関連していることに気づいていないことである。顕在記憶の標準的なテストには，自由再生，手がかり再生，再認が含まれる。潜在記憶のテストは知覚的テスト（データ駆動型）と概念的テスト（概念駆動型）に分類される。知覚的潜在記憶テストには，単語完成（word-fragment completion），語幹完成（word-stem completion），アナグラム（anagram），語彙判断（lexical decision）が含まれ，概念的潜在記憶テストには，単語連想（word association），カテゴリ事例生成（category instance generation），一般知識（answering general knowledge questions）が含まれる（Braisby & Gellatly (Eds.), 2005）。

顕在記憶と潜在記憶を扱っている研究分野では，学習時（コード化時）とテスト時（検索時）を記述するための用語が統一されていないようである。たとえば，意図的（intentional）／偶発的（incidental）という用語は，ある研究者では学習時を示すために使用され，また他の研究者ではテスト時を示すために使用されている。また顕在（explicit）／潜在（implicit）という用語は，ある研究者では学習時とテスト時にともに用いられ，またある研究者ではテスト時に使用されている。また他の研究者では記憶のタイプを意味する用語として使用されたりしている。そこで，ここではニースとスープレナント（Neath, I., & Surprenant, A. M., 2003）に従って，学習時の課題に関しては意図的（intentional）と偶発的（incidental）に，テスト時の課題に関しては直接（direct）

テストと間接(indirect)テストに,そして記憶タイプについては顕在(explicit)記憶と潜在(implicit)記憶という用語を用いることにする。

通常の顕在記憶を扱う実験では,実験参加者は学習時は,後でテストされるので提示項目を記憶しようとし(意図的学習),テスト時には再生あるいは再認すべき特定の学習エピソードとの関係に気づいているので,その特定の学習エピソード記憶との参照が直接的になされている(直接テスト)。一方,潜在記憶を扱う実験では,学習時に方向づけ課題の教示によってある種の情報処理を行うように仕向けられており(たとえば,項目の快-不快の判断など),提示項目を意図的に記憶しようとする必要はない(偶発的学習)。テスト時に与えられるテスト課題は学習時のエピソードと直接的な関連がないように教示され,特定の学習エピソード記憶との参照は間接的になされる(間接テスト)。

さらに関連する用語として,人工文法のような構造化されたルールを無意識的に獲得する過程を表す**潜在学習**(implicit learning;Stadler & Frensch, 1998 参照)があるが,潜在記憶とは異なる研究分野として扱われている。

典型的な潜在記憶の実験例としてタルヴィングらの研究(Tulving et al., 1982)を紹介する。この実験は3つの段階からなる。第1段階で,彼らは実験参加者に96個の単語リストを学習するように求めた。1時間後になされた第2段階で,実験参加者は再認テストあるいは単語完成テスト(word-fragment completion test)を与えられた。再認テストでは,第1段階で提示された24単語と新奇の24単語が用いられた。単語完成テストとは,_el_p_o_e のような単語の部分的な文字配列が与えられ,空白部分(_)に文字を入れて完全な単語を完成させる課題である(この例では,telephone)。実験参加者は最初に頭に浮かんだ単語で完成させるように教示された。この単語完成テストで使用された文字列は,第1段階で提示された24単語にもとづく場合と提示されなかった24単語にもとづく場合があった。第2段階でのテストでは,学習単語の半分(48個)が使用された。次の第3段階は7日後に行われ,残りの48個の学習単語を含んだ単語完成テストと再認テストが行われた。結果が**図4.6**に示されている。再認テストの成績は7日後になると明らかに低下したが,単語完成テストでは1時間後と7日後で同じ成績であった。保持期間が1時間から

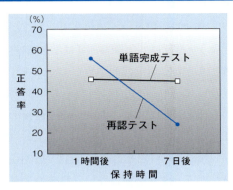

図 4.6　顕在記憶（再認テスト）と潜在記憶（単語完成テスト）の実験例
(Tulving et al., 1982)

7日後の2水準で変えられており，保持期間は再認テスト（直接テスト）と単語完成テスト（間接テスト）で異なる影響を示した。同じ独立変数（保持時間）が異なるタイプの記憶テストで異なる効果を示し，交互作用を引き起こしている。このことは，直接テストと間接テストが調べている内的過程が質的に異なっている，つまり顕在記憶と潜在記憶が乖離（dissociation）していることを示している。なお，保持期間が1カ月の場合でも反復プライミング効果が残存することが確かめられている（Komatsu & Ohta, 1984）。

　潜在記憶の特徴は，第1に，定義にあるように，先行する学習エピソードに関して意識的想起が伴わないことである。第2に，潜在記憶は知覚的変数による影響を受けやすい傾向がある。たとえば，学習段階とテスト段階で提示されるモダリティ（視覚あるいは聴覚）が一致する場合と不一致の場合とでは，不一致の場合に潜在記憶検査のプライミング効果は低下する。多重記憶システム説を主張するタルヴィングやシャクターは，直接テストと間接テストの間で乖離を示す理由は，2つのテストが異なる記憶システムを調べているからであると主張する。直接テストはエピソード記憶システムを反映し，間接テストで認められる効果は知覚的表象システム（perceptual representation system）という記憶システムを反映すると考える。第3の特徴として，潜在記憶では，処理水準の操作や生成効果の影響が出現しにくいことが知られている（太田と多鹿，

2000)。

4.8 過程分離手続き

　顕在記憶と潜在記憶は乖離していると主張する実験データは多く存在しているが（たとえば，Graf & Schacter, 1987），一方で乖離していないという実験データも存在する（たとえば，Richardson-Klavehn & Bjork, 1988）。その理由の一つとして，直接テストや間接テストがそれぞれ想定している顕在記憶あるいは潜在記憶のみに依拠していない可能性を挙げることができる。たとえば，実験参加者は，学習段階で快-不快判断を行った単語を使用するとテスト段階での単語完成テストをうまく解決できることに気づくかもしれない。このときには，間接テストが顕在記憶にもとづいて行われていることになってしまう。同様に，直接テストで潜在記憶が使用されている可能性もある。ジャコビー（Jacoby, L. L., 1991）は直接テストと間接テストは，テスト課題としては区別されるが，課題の基礎となる認知的処理過程を分離していないと主張した。ジャコビーは，潜在記憶は主に無意識的な自動過程にもとづいており，一方顕在記憶は主に意識的な回想過程にもとづいていると考え，記憶成績には意識的回想過程と無意識的自動過程という2つの独立した過程が貢献しているとして，**過程分離手続き**（process dissociation procedure）を開発した（Jacoby, 1991 ; Jacoby et al., 1993）。

　ジャコビーら（Jacoby et al., 1993）の実験は以下のようなものであった。まず，学習段階で単語リストが実験参加者に提示された。学習段階では注意集中条件と注意分割条件の2つの条件があり，注意集中条件では単語リストを声に出して読み覚えるように教示され，注意分割条件では単語リストを読み覚えると同時に聴覚的に提示される数字系列を聞き，奇数が3回続いたならばキーを押すように教示された。注意分割条件は，実験参加者に無関連なビジランス（持続的注意）課題を同時に遂行させることで，自動過程には影響させないで，意識的回想過程の効果を最小にするように計画されていた。テスト段階では，語幹（最初の3文字）が手がかりとして提示され，単語を完成するように要求

された（語幹完成テスト）。語幹は緑または赤で提示された。緑の語幹の場合に，実験参加者は学習段階で提示された単語を思い出して完成するように，もし思い出せない場合には最初に思いついた単語で課題を完成するようにと要請された。赤の語幹の場合にも，学習段階で見た単語を思い出すように求められるが，赤の場合には，語幹を完成するときに思い出した単語を使用しないように求められる。緑の語幹の場合は，包含（inclusion）テストに相当し，赤の語幹の場合には，除外（exclusion）テストに相当する。ジャコビーらは次のような結果を得た（表4.3）。

　過程分離手続きでは，包含テストと除外テストの成績にもとづいて，意識的回想成分（R）と無意識的自動成分（A）を推定しようとする。包含テストの成績は意識的回想成分（R）の確率と，意識的回想に失敗したとき（1−R）に単語が自動的に思い出された確率（A）から構成されると考える。つまり，

　　包含＝R＋A（1−R）

である。除外テストでは，意識的回想を用いないで（1−R），単語が自動的に検索されるときに語幹が完成されるので，

　　除外＝A（1−R）

となる。両式から共通項目を用いて，式を書き換え，RとAの推定値を求めると，

　　R＝包含−除外

　　$A = \dfrac{除外}{(1-R)}$

となる。この過程分離手続きを用いて，ジャコビーらの結果（表4.3）からR

表4.3　ジャコビーら（1993）による語幹完成テストの成績

注意	テスト	
	包含テスト	除外テスト
集中	0.61	0.36
分割	0.46	0.46

表4.4　過程分離手続きによって得られた意識的回想成分(R)と無意識的自動成分(A)の推定値

注意	推定値	
	回想（R）	自動（A）
集中	0.25	0.47
分割	0.00	0.46

とAの推定値を求めると，表4.4のような結果が得られる。

　この推定結果は，無意識的な自動処理過程はコード化時に注意資源の変化に影響を受けないが，対照的に，意識的回想過程はコード化時に注意資源を集中して使用できない場合には大きな損害をこうむることを示している。

　過程分離手続きは記憶研究に新しい方法論を導入し，広く使用されてきている。しかし，批判がないわけではなく，とくに意識的回想過程と無意識的自動過程の独立性の問題に集中している。

4.9　Remember/Know 手続き

　Remember/Know 手続き（Remember/Know procedure）は，タルヴィング（Tulving, 1985）によって，過程分離手続きと同様に，記憶テストの成績を意識的成分と無意識的成分に分離しようとする試みから開発された。タルヴィングの実験では，学習段階で，たとえば fruit—PEAR のようにカテゴリ名とその構成員が対にされて提示された。次のテスト段階では，構成員について3種類の再生テスト（構成員の自由再生，カテゴリ名を手がかりとした構成員の手がかり再生，カテゴリ名と構成員の最初の1文字を手がかりとした構成員の手がかり再生）が課された。再生の祭に，実験参加者は，Remember の感覚を伴っているか，それとも Know の感覚を伴っているかを判断するように要求された。Remember の感覚とは再生した構成員が学習段階で提示されていたことを意識的に想起できている，つまりエピソード記憶をもっている場合であり，Know の感覚とは構成員が学習段階で提示されていたと意識的にエピソード記憶を想起できないが，たしかにあったと自信がある場合である。

　タルヴィングは Remember/Know 手続きを自由再生課題と手がかり再生課題で用いたが，その後の Remember/Know 手続きを用いた研究の大部分は再認記憶課題で行われている。その理由は，Know 判断は再生課題よりも再認課題で多く得られるからであろう。たとえば，ガーディナーとパーキン（Gardiner, J. M., & Parkin, A. J., 1990）は，学習段階で注意集中条件と注意分割条件を設定して，実験参加者に単語リストを覚えさせた。なお，注意分割

表 4.5 ガーディナーとパーキン (1990) による再認および Remember/Know 判断の結果

注意条件	再認率	Remember	Know
集 中	0.71	0.50	0.21
分 割	0.58	0.38	0.20

条件では,単語リストの提示と同時に,3段階の高さの音がランダムに提示され,その音の高さの判断が要求された。テスト段階では,新旧の単語リストが提示され,再認判断が求められた。学習段階で見た単語であると判断された場合には,さらに Remember/Know 判断が要求された。ガーディナーとパーキンの再認結果は表 4.5 のようであった。無意識的成分を反映する Know 判断では注意の要因は影響していないが,一方意識的成分を反映する Remember 判断では分割条件で成績が低下していることがわかる。同様の結果が顔の再認課題でも得られている (Parkin et al., 1995)。

その後の研究から,Remember/Know 判断に影響を与える要因が明らかになってきた。たとえば,処理レベルを深くすると,Remember 反応を増加させるが,Know 反応には影響を与えない (Gardiner, 1988)。一方で,非単語／単語は Know 反応には影響しないが,Remember 反応を減少させることなどがわかってきている (Gardiner & Java, 1990)。ガーディナー (2002) は,このように異なる要因が Remember/Know 判断パターンに異なった影響を与えることから,Remember/Know 判断は異なる記憶過程を反映していると主張している。

短期記憶と作業記憶

　短期記憶については多くの研究が行われ，さまざまなことが明らかになっている。本章では，アトキンソンとシフリンの二重貯蔵モデルを中心に，系列位置曲線との関係といった代表的な知見を紹介する。また，研究の進展につれ，必ずしも短期記憶と長期記憶といった単純な区分が成り立たない可能性があることもわかってきた。加えて，一時的に情報を保持するという機能だけでは，人間の多くの認知的活動を説明することは難しい。短期記憶の概念が作業記憶（ワーキングメモリ）に発展したことにはこうした動機づけがあったといえよう。本章では，バドリーのモデルを中心に作業記憶に関する知見を紹介し，別の立場としてカウアンのモデルについても触れる。最後に，作業記憶の容量をさまざまな認知的活動に利用できる資源とみなす観点から行われた研究についても取り上げる。

5.1　はじめに

　私たちは，日常的に判断，推理，問題解決，文の理解などの認知的活動を行う。たとえば，いくつかの買い物をするように頼まれたとする。買うべき品物を記憶し，むだな移動を避けるために，どの順番でどの店に行き，どの品物を買うかプランを立て，移動ルートを思い描く。あるいは，外国のレストランで食事をしたところ，37.85 ドルであったとする。15％ のチップを計算しようとし，代金を 40.0 ドルとみなして，その 10％ の 4.0 ドルを求め，さらにその半分の 2.0 ドルをプラスして，6.0 ドルのチップを計算する。あるいは，将棋をしているとしよう。この局面で次の一手を判断するために，いくつかの可能な手順をじっくり考え比較するだろう。このような認知的活動をスムーズに行う

ためには，処理中の情報にすぐにアクセスできるよう，一時的に情報を保存する場や心的に操作する場が不可欠である。さらには，当面の課題が終了したならば，その課題に必要であった情報をすみやかに消去し，次の課題で必要な情報に置き換えることも重要である。

このような認知的活動を行っている場は**作業記憶（ワーキングメモリ；working memory）**とよばれている。作業記憶とは，現在の認知的課題を遂行するための短期的な情報保存と心的操作を行う心的な黒板のようなものであるといわれることがある。また，時に作業記憶は，現在実行中の課題に応じた情報が表示されるコンピュータスクリーンのようなものといわれることもある。一方，長期記憶はハードディスクのようなもので，大量のデータ（情報）が保存され，必要に応じて検索されて利用される。

作業記憶（working memory）という用語は，ミラーら（Miller, G. A. et al., 1960）がはじめて使ったという。短期的に情報を保存し，進行中の認知的課題で使用するという考えは新しいものではなく，すでにジェームズが記憶を1次記憶と2次記憶の2つに分けていた（James, W., 1890）。**1次記憶**（primary memory）はまだ意識内にあり心理的現在の一部になっている記憶内容であり，短期記憶あるいは作業記憶に相当する。一方，**2次記憶**（secondary memory）は意識されてはいないが，必要な場合に意識内に呼び戻せる記憶内容であり，長期記憶に相当する。

作業記憶という考えは近代の記憶研究の流れから出てきているので，本章では，最初に古典的な二重貯蔵モデルと関連する研究を紹介した後で，その発展としての作業記憶を解説する。現在作業記憶という用語は主に3つの使われ方がなされているようである。一つはもっとも影響力のあるバドリー（Baddeley, A., 1986, 2000）の作業記憶モデルに由来しており，もう一つは作業記憶を現在もっとも活性化されている長期記憶の部分とみなす考え方である（たとえば，Cowan, 1995；Schneider & Detweiler, 1987；5.7参照）。第3は，認知能力の個人差を反映するものとして作業記憶容量という言葉を用いる立場である（たとえば，Daneman & Carpenter, 1980；Engle et al., 1999）。

5.2 アトキンソンとシフリンの二重貯蔵モデル

5.2.1 二重貯蔵モデルの前史

　実験的な記憶研究はエビングハウス（Ebbinghaus, H., 1885）からはじまったが，近代の記憶研究の幕開けは，ブロードベント（Broadbent, D. E., 1958），ミラー（Miller, 1956），ブラウン（Brown, J., 1958），ピーターソンとピーターソン（Peterson, L. R., & Peterson, M. J., 1959）のような 1950 年代後半の，短期間情報を保存する記憶システムを論じた研究がきっかけとなった。

　ブロードベントは "*Perception and communication*（知覚とコミュニケーション）"（Broadbent, 1958）を出版し，人間は通信システムのような一種の情報処理系であると考え，多段階から構成される流れ図を提案した。この流れ図は，「選択フィルター」の前に「短期貯蔵（S システム）」，フィルターの後には「限界容量回路（P システム）」，次に「過去の事象の条件つき確率の貯蔵」が置かれていた。現在の用語では，「短期貯蔵」は感覚記憶に，「限界容量回路」は短期記憶に，「過去の事象の条件つき確率の貯蔵」は長期記憶に相当する。この流れ図では，「限界容量回路」と「過去の事象の条件つき確率の貯蔵」は別個の記憶システムであり，「限界容量回路」つまり短期記憶は保持できる情報量に制限があるとされていた。

　ミラー（Miller, 1956）はジェイコブス（Jacobs, J., 1887）以来のさまざまな刺激項目を使用してなされてきた直後記憶範囲課題（immediate memory span task）の研究を概観して，短期記憶の容量は 7±2 個であると結論し（不思議な数 7±2），記憶の単位としてチャンク（chunk；0.2.2 参照）という概念を導入した。

　ブラウン（Brown, 1958）と，ピーターソンとピーターソン（Peterson & Peterson, 1959）は短期記憶の保持時間を推定するために，リハーサルを禁止する妨害手続き（distractor procedure）を開発し，短期記憶の持続時間が約 18 秒であることを発見した。この妨害手続きは現在ではブラウン–ピーターソン・パラダイム（Brown-Peterson paradigm）とよばれている（BOX 5.1）。

　短期記憶は，ミラーの不思議な数 7±2 やブラウン–ピーターソン・パラダイ

BOX 5.1　ブラウン–ピーターソン・パラダイム

　典型的な**ブラウン–ピーターソン・パラダイム**は次のようになされる。まず，実験参加者は記憶項目（たとえば，CHJ という子音トリグラム；3文字の文字列）を提示される。次に，765 のような3桁数字が提示される。参加者はこの時点で再生の指示があるまで，この数字から3の引き算を続けなければならない。この例では，参加者は，765，762，759，……とメトロノームに合わせて3の引き算を続け，所定の時間に達したときに再生の合図が与えられ，記憶項目を再生する。そして，また新たな記憶項目で，この手続きが繰返し行われ，データが収集される。この実験手法では，3の引き算という挿入課題が記憶項目を思い浮かべることに対する妨害手続きに相当する。図 5.1 がその結果である。記憶項目の再生率は保持時間の関数としてしだいに低下している。注意が他に向けられてしまい，リハーサルがなされなければ，3〜18 秒という短時間の間に，たった3文字の情報でも失われてしまったのである。

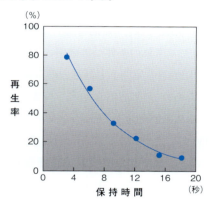

図 5.1　ブラウン–ピーターソン課題の結果
(Peterson & Peterson, 1959)

ムで示されているように，容量に制限がある，リハーサルされなければ保持時間が短い，という特徴が挙げられるが，第3の特徴として，すばやくアクセスできることが挙げられる。短期記憶内の情報へのアクセスについては，スタンバーグによる**短期記憶の検索実験**が有名である（Sternberg, S., 1966, 1969；BOX 5.2 参照）。

5.2.2 二重貯蔵モデル

記憶システムが2つの成分から成り立つという考え方は主に次の3つの証拠から支持されてきた。最初の証拠は自由再生課題で得られる系列位置曲線の形である（5.3参照）。第2の証拠は，記憶障害患者から得られたデータである。ある種の患者は新しい出来事の学習に困難を示すが，直後記憶範囲は正常である。一方で，まったく逆の症状を示す患者がいる。直後記憶は2〜3個に限られるが，新しい出来事の学習は正常である（5.6参照）。第3の証拠は，短期記憶では，主に音韻的に情報が保持されるが，長期記憶では，主に意味的に情報が保持されるという実験結果である（Conrad, 1964；Baddeley, 1966）。

記憶システムが2つの成分から成り立つという記憶モデルが多くの研究者から提出されてきたが，近年の記憶モデルの中で，もっとも強い影響を与えたモデルはアトキンソンとシフリンが提案したモデルであった（Atkinson, R. C., & Shiffrin, R. M., 1968）。このモデルは2つの主要な記憶構造を仮定しているので一般に**二重貯蔵モデル**（dual-store model）とよばれるが，実際には，図5.2に示すように，3つの構造をもっていた。

アトキンソンとシフリン（Atkinson & Shiffrin, 1968）の記憶モデルは構造（structure）と制御過程（control processing）を区別している。構造は記憶システムにおいて変化しない部分であり，感覚貯蔵，短期貯蔵，長期貯蔵がある。

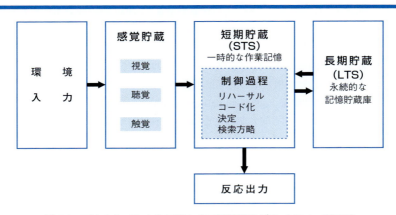

図5.2 **アトキンソンとシフリンの二重貯蔵モデル**（Hitch, 2005）

BOX 5.2　スタンバーグの短期記憶の検索実験

　スタンバーグの考案した**短期記憶の検索実験**の課題は単純で，実験参加者に，たとえば，「5，7，4」のような記憶項目リストを提示し，リストを完全に記憶させ，次に1〜2秒の時間を置いて，検査項目（たとえば，「7」）を提示し，参加者にできるだけ速くかつ誤らないように，検査項目が記憶項目リストの中にあったか否かを判断させる。検査項目の提示から参加者の判断までの時間が反応時間として測定される。

　彼は記憶項目リストの長さと反応時間の関数関係から，短期記憶の検索過程を推論した。この課題には4つの独立の処理段階が含まれ，各段階の処理には一定の時間が必要とされ，反応時間はこれらの段階で必要とされる時間の和であると仮定した。4つの段階とは，検査項目のコード化，検査項目と記憶項目の比較照合，判定，反応の遂行である。記憶項目リストの長さの変化に応じて変化するのは比較照合の処理時間だけである。

　図 5.3 の (a) が結果を示している。反応時間は記憶項目リストの長さの1次関数をなし，記憶項目が1つ増すにつれて反応時間は一定量だけ長くなっている。ある実験で得られた関数は $RT = 397.2 + 37.9n$ であった（RT は平均反応時間，n は記憶項目リストの長さ）。この事実は検索が並列的ではなく，系列的であることを示唆している。驚いたことには，Yes 反応時間も No 反応時間も同じ関数となっていた。

　判定が No である場合には，検査項目が記憶項目リストのすべてと比較照合されなければ，最終的に No の判定はできないはずである。このように比較照合段階で，すべての記憶項目を検査するやり方を**悉皆型走査**（exhaustive search）とよぶ。一方，Yes 判定の場合には，検査項目は記憶リストの先頭項目であったり，中ほどの項目であったり，最終項目であったりするので，平均すれば，検査項目と記憶項目との比較照合の回数は No 判定の場合の半分のはずである（正確には $(n+1)/2$ 回）。比較照合の段階で検査項目と記憶項目が一致したとき，比較照合を中止するやり方を**自動打切型走査**（self-terminating search）とよぶ。得られたデータは Yes 反応時間も No 反応時間も同じ関数となっていたので，Yes 反応の場合でも悉皆型走査がなされていることを示している。これは私たちの直感に反する。何か探し物をしている場合，探し物が見つかった後にも探し続けるようなむだな行為は普通行わないものである。

　スタンバーグは直線的関数を得た。直線の傾きは約 38 ms であった。この時間は検査項目と記憶項目の比較照合に要した時間を反映している。この比較照合の推

定値は非常に速く，1秒間約26項目に相当する。この処理時間の速さが悉皆型走査を行わせている原因であるとスタンバーグは考えた。比較照合結果の判定は比較照合自体よりもかなり時間がかかるとすると，1回の比較照合ごとに比較結果をいちいち判定していくよりも，最後に1回判定するほうが能率的であろう。

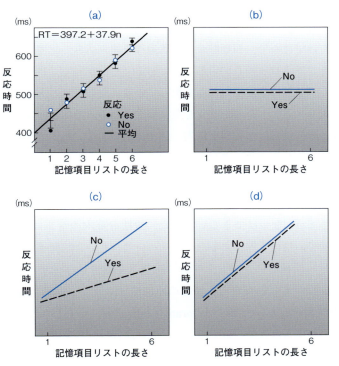

(a) 実験結果。●は Yes（イエス）反応の反応時間，○は No（ノー）反応の反応時間。直線は Yes 反応と No 反応の平均反応時間に対する回帰直線。
(b) 並列的に記憶走査される場合の予想結果。
(c) 自動打切り型の走査がなされる場合の予想結果。
(d) 悉皆的に系列走査される場合の予想結果。

図 5.3 スタンバーグの短期記憶での検索実験の結果
(Sternberg, 1966 ; Ashcraft, 1989)

一方，制御過程は人間のコントロール下にあり，リハーサル，コード化，長期貯蔵からの検索などが含まれる。二重貯蔵モデルには，主に以下のような仮定があった。①短期貯蔵は短時間の間，情報を保持する，②短期貯蔵は保持容量に限界がある，③短期貯蔵の情報はリハーサルのような制御過程によって維持される，④短期貯蔵の情報はリハーサルや何らかのコード化過程によって長期貯蔵に転送される，⑤有限な短期貯蔵の容量は制御過程間で共有されるため，情報の保存のための場と認知的活動処理の場の間にトレードオフの関係がある。

　二重貯蔵モデルの特徴は，短期貯蔵は長期貯蔵へ情報を転送するための一時的な保存場所だけではなく，短期貯蔵に制御過程を組み込み，記憶システムでの情報の流れをコントロールしていることである。したがって，短期貯蔵が認知的作業の場，つまり作業記憶の役割を担っている。たとえば，ある電話番号を見たり聞いたりすると，それが感覚貯蔵に登録される。感覚貯蔵は多量の情報を保持できるが，情報は1秒程度以内に急速に減衰する。そこで，制御過程が働き，情報のどの特性をコード化して短期貯蔵に転送するかが決定される。短期貯蔵は，情報を多様なコード（視覚的，音韻的，意味的など）で保持できるが，保存できる情報の量に限りがある。たとえば，1つの電話番号の音韻コードは保持できるが，2つはできない。また，短期貯蔵内の情報は約18秒程度で失われるので，情報を保持するためにリハーサルという制御過程が働く。リハーサルは単に機械的にコードを内的に繰り返す**維持リハーサル**（maintenance rehearsal）かもしれないし，情報の意味やイメージ，あるいは連想に焦点を当てた**精緻化リハーサル**（elaborative rehearsal）かもしれない。記憶システムの最後の構造は長期貯蔵である。長期貯蔵はほぼ無制限に，永続的に情報を保持できる貯蔵庫である。私たちの知識や，過去に体験したエピソードはこの長期貯蔵に入っている。このモデルでは，情報は短期貯蔵にある間にリハーサルによって長期貯蔵に転送されると仮定されている。

5.3　系列位置曲線と二重貯蔵モデル

　当時，アトキンソンとシフリン（Atkinson & Shiffrin, 1968）や他の研究者

5.3 系列位置曲線と二重貯蔵モデル

は言語材料を使用した研究にもとづいて短期記憶と長期記憶を論じていた。とくに記憶モデルの検討は自由再生課題で得られる系列位置曲線でなされていた。**自由再生課題**（free recall task）では，実験参加者は直後記憶範囲よりはるかに多い数の項目を順に1つずつ提示された後，項目を自由な順番で再生するように要求される。再生結果は項目の提示順序の関数としてプロットされる。得られた曲線は**系列位置曲線**（serial position curve）とよばれ，リストの先頭部と終末部で再生成績が高いU字型の曲線が得られる。先頭部の高い成績は**初頭効果**（primacy effect）とよばれ，終末部の高い成績は**新近性効果**（recency effect）とよばれる。図5.4は典型的な自由再生実験の結果である（Murdock, 1962）。二重貯蔵モデルに従うと，リストの最初の項目はリハーサルを受けて長期記憶に転送されやすいので再生率が上昇して初頭効果が現れ，リスト終末部の項目は短期記憶から取り出されるので再生率が高くなり新近性効果が現れる。一方リスト中央部の項目はリハーサルを受けないので短期記憶から失われ再生率が低下する，と説明される。実際，図5.4のようにリストの長さに関係なく初頭効果と新近性効果が得られ，そしてリストの最後の数項目が最初に再生されていた。

以上の解釈が正しいとすると，再生を遅延させると初頭効果は影響を受けな

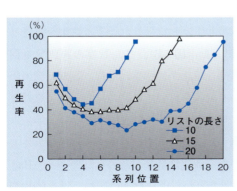

図5.4 系列位置曲線（Murdock, 1962）

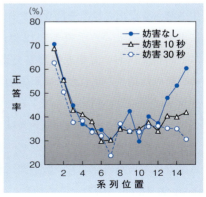

図5.5 リスト提示後に妨害課題を挿入した結果（Glanzer & Cunitz, 1966）

いが，新近性効果は失われるはずである。グランザーとキューニッツ（Glanzer, M., & Cunitz, A. R., 1966）は，リスト提示後に妨害課題を挿入したところ，予測と一致した結果を得た（図 5.5）。また，ランダスとアトキンソン（Rundus, D., & Atkinson, R. C., 1970）は声を出してリハーサルさせて項目がリハーサルされる回数と系列位置曲線との関係を調べ，二重貯蔵モデルを支持する結果を得ている。

5.4 長期新近性効果

　自由再生課題では，直後記憶範囲をはるかに超える数の項目が提示され，実験参加者はリスト提示直後に再生を行う。そして，リスト提示終了後に妨害課題を挿入すると新近性効果は失われる（Glanzer & Cunitz, 1966）。ところが，リストの各項目を提示した後に妨害課題をそのつど挿入するという**連続妨害法**（continual distractor task）を用いると新近性効果が出現することが知られている（Bjork & Whitten, 1974）。この新近性効果は**長期新近性効果**（long-term recency effect）とよばれ，追試され確認されている。

　たとえば，ワトキンスら（Watkins, M. J. et al., 1989）は，実験参加者に 1 つの単語を聞かせた後に，9 個の数字をランダムに聞かせて提示順に数字を再生させ，また次の単語を聞かせた後に，異なる 9 個の数字リストを聞かせて順に再生させるという手続きを 12 個の単語リストで行った。その結果，単語リストの再生において新近性効果を見出した（図 5.6）。また数字の再生でも同様に新近性効果が現れた。実験参加者は，単語が提示された後，短期記憶の限界容量に近い量の情報を処理するという課題を行い，単語のリハーサルを妨害されているので，長期新近性効果は二重貯蔵モデルでは説明できない。

　また，実験室以外でも，ラグビー選手にシーズン中の対戦チーム名を再生するように求めた研究でも，数週間にわたる新近性効果が認められている（Baddeley & Hitch, 1977）。その他にも，図書館から借りた本の記憶，学生時代の教師の名前の記憶，テレビ番組や競走馬の名前の記憶などの長期エピソード記憶でも新近性効果が確認されている。現在では，新近性効果は直後記憶，連続

5.4 長期新近性効果

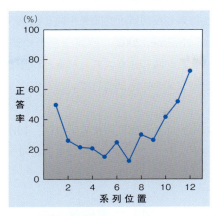

図 5.6　**長期新近性効果**（Watkins et al., 1989）

妨害法，長期エピソード記憶でも認められる一般的な現象であることが認められている（佐藤，1988）。

　ビョークとウィトン（Bjork, R. A., & Whitten, W. B., 1974）は，このような新近性効果は再生時の記憶痕跡間の時間的弁別性により説明できると考えた。この考えは，列車から見る線路沿いの電信柱の列にたとえられ（Crowder, 1976），今日では，**比の法則**（ratio rule）とよばれている（Glenberg et al., 1983）。比の法則は，新近性効果の大きさは「リスト項目間の提示間隔（IPI）」と「再生までの保持間隔（RI）」という2つの時間間隔の比（IPI/RI）で決まると主張する。電信柱のたとえでは，電信柱がリスト項目に，電信柱間の距離がIPIに，列車からもっとも近い電信柱までの距離がRIに相当する。列車から見る電信柱は規則的に通過していき，手前の電信柱の明瞭度はもっとも高く，電信柱の間の距離が長いほど明瞭度は増し，列車と離れるほど低下することになる。比の法則はいろいろなIPIとRIの組合せで検討されており，系列位置曲線の最後の3項目の傾きで求められた新近性効果の大きさは，log（IPI/RI）に比例し，高い相関を示すことが知られている（Glenberg et al., 1983；Nairne et al., 1997）。

　新近性効果が秒・分単位の実験室の記憶研究でも日単位の日常記憶の研究で

も認められる広範囲に及ぶ現象であり，概して比の法則という共通原理に従うことから，直後新近性効果も長期新近性効果も同じ記憶メカニズムにもとづくとする考え方もあるが（Nairne, 2002），ウェーバーの法則が広く感覚系で成り立つのですべての感覚系が同じメカニズムにもとづくとはいえないのと同様に，必ずしも単一の記憶システムを構成していると仮定する必要はないであろう（Baddeley, 2007）。

ともかく，これらの系列位置曲線に関する実験は，初頭効果が長期記憶を，新近性効果が短期記憶を反映しているという二重貯蔵モデルでは説明できない。

5.5 短期記憶の忘却と二重貯蔵モデル

ブラウン–ピーターソン・パラダイムで得られる曲線（図5.1参照）は，縦軸が再生率，横軸が保持時間で表現され，リハーサルを阻止する妨害課題が与えられると，再生成績は時間の関数として18秒程度で低下してしまうことを示している。ブラウン–ピーターソン・パラダイムでは，記憶すべき項目は子音トリグラムであり，妨害手続きで用いられる数字とはまったくタイプが異なり，強い干渉が生じるとは考えられない。よって，この結果はあたかも記憶痕跡が時間の経過とともに受動的に減衰しているようであり，記憶の**減衰説**（decay theory）を支持する結果と解釈されてきた。短期記憶は時間が経過すると減衰してしまう一時的な情報の貯蔵庫であるとされ，短期記憶と長期記憶の二重貯蔵モデルが支持されてきた。

この考えは，当時忘却の有力な説であった**干渉説**（interference theory）と矛盾する。マッギオーク（McGeoch, J. A., 1932）は長期記憶の干渉説を強く主張した。時間が経過すると釘はさびてくるが，さびをつくった真の原因は時間ではない。その期間中に鉄が酸化したためである。これと同様に，忘却の真の原因は時間経過ではない。時間経過中に生じた出来事が忘却を引き起こしたのである。保持期間中に行っていた精神的な活動が忘却の真の原因で，このような精神的活動が記憶に干渉を生じさせたのであると，マッギオークは主張した。

5.5 短期記憶の忘却と二重貯蔵モデル

　干渉説は，主に**対連合学習課題**（paired-associate learning task）で検証されてきた。対連合学習課題では，いくつかの項目対からなるリストが実験参加者に提示される。項目対の一方が刺激項目（A：たとえば公園）でもう一方が反応項目（B：たとえばネコ）である。実験参加者は提示された刺激項目（A）を手がかりとして，反応項目（B）を答えながら，この2つの項目の連合（A–B：公園−ネコ）を記憶に形成する。第1のリストの連合が学習されたならば，第2のリストの学習に移り，そして記憶テストがなされる。干渉には，2種類の干渉が考えられる。一つは，第2のリスト（A–D）が第1のリスト（A–B）の記憶成績（記憶テスト A–B）を妨害する**逆向抑制**（retroactive inhibition；RI）で，もう一つは第1のリスト（A–D）が第2のリスト（A–B）の記憶成績（記憶テスト A–B）を妨害する**順向抑制**（proactive inhibition；PI）である。つまり，言語の学習は項目間の連合の形成とみなされ，干渉説による忘却は新しい連合と古い連合との競合によって起こることによる。

　短期記憶においては減衰説が忘却の妥当な説明であり，一方長期記憶においては干渉説が妥当な忘却の説明であるならば，記憶を2つの成分に分離する二重貯蔵モデルは強く支持されることになる。

　ところが，短期記憶における PI の役割がアンダーウッド（Underwood, B. J., 1957）によって注目されるようになった。彼は，多くの研究を概観して，以前に学習したリスト数が学習に及ぼす効果をグラフにまとめ（図 5.7），過去の学習量が多いほど，新たな材料の記憶が抑制されることを示したのである。ピーターソンとピーターソン（Peterson & Peterson, 1959）もブラウン−ピーターソン・パラダイムで実験参加者が試行を経験するほど成績が悪くなることを気にしていた。そこで，48試行を1ブロック12試行として4ブロックに分けて PI が作用しているかどうか検討したが，ブロックが進むにつれて成績が低下しなかったので，PI は存在しないと結論づけた。ところがケッペルとアンダーウッド（Keppel, G., & Underwood, B. J., 1962）は PI を観察した。彼らは，最初の4試行を調べたのである。ピーターソンとピーターソン（Peterson & Peterson, 1959）が PI を観察しなかった理由は，最初の1ブロック（12試行からなる）内ですでに PI が起きていたからである。ケッペルとアン

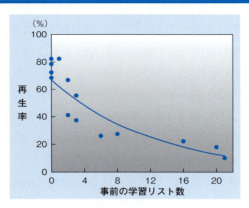

図 5.7 **事前に学習したリストの関数としての再生率**（Underwood, 1957）

ダーウッド（Keppel & Underwood, 1962）はブラウン-ピーターソン・パラダイムにおいて試行ごとの再生成績を詳しく分析した。すると，最初の試行では，妨害課題をしている保持時間が，3秒でも，9秒でも，18秒でも時間に関係なく再生はほぼ完全であった。ところが，第2，第3試行になると，再生成績は低下し，保持時間が長いほど成績の低下は大きくなった。つまり，第2，第3試行での成績は，ブラウン（Brown, 1958）やピーターソンとピーターソン（Petersen & Peterson, 1959）の得た多数の試行を平均したデータに近づいてきた。

　妨害課題の長さに関係なく最初の試行で再生成績が異ならないという結果は減衰説と矛盾する。ではなぜ第1試行でほぼ完全であった再生成績が，試行が2度，3度と繰り返されると低下したのだろうか。有望な説明は順向抑制（PI）である。先に学習した項目が今回学習した項目の記憶に干渉を引き起こし，悪影響を与えたという考えである。最初はCHJというトリグラムがただ1つだけであった。第2試行ではさらに，たとえばYGWが，第3試行ではTMQが提示される。実験の文脈上，実験参加者の検索の手がかりは子音トリグラムの新しさだけである。第3試行では同じ文脈に連合している項目は3つになる。もし仮に，3つのトリグラムの検索に成功したとすれば，その中の一番新しい，つまり熟知度（familiarity）の高い項目を選択することになる。保持時間が18

5.5 短期記憶の忘却と二重貯蔵モデル

秒にもなると，熟知度はうすれ，選択の基準が弱まり，成績は短い保持時間条件と比較すると低下するであろう。

では，第4試行目に，子音トリグラムの代わりにまったく異なるカテゴリの項目を提示したならばどうなるだろうか。この項目はトリグラムとはまったく異なる新しいタイプの記憶項目であるので，先行の学習項目とは似ておらず，PIは生じないはずである。ウィケンズ（Wickens, D. D., 1972）はこの論理にそって，実験を行ったところ，**順向抑制の解除**（release from PI）を発見した。第4試行でも，トリグラムを提示された実験参加者群はさらに成績が低下したが，新しいタイプの項目（たとえば数字）を提示された実験参加者群は成績が急上昇した。また順向抑制の解除現象は対称的であった。つまりカテゴリシフトの方向（数字からトリグラム，トリグラムから数字）に関わりないことが知られている。

さて，上述の刺激項目のタイプ変更，つまりカテゴリシフトはトリグラムから数字のように明白なものであった。したがって，実験参加者は実験者から検索手がかりとしてカテゴリ名を言われなくとも，新しいカテゴリに気づき，これを検索の手がかりに利用できる。つまり，再生の向上は検索手がかりが与えられたために，検索の段階で起こったと考えられる。しかし，実験参加者は，コード化，貯蔵の段階で新しいカテゴリに変化されたとき，以前とは異なる処理を行っていたのかもしれない。これが再生成績を向上させた原因である可能性もある。もし，カテゴリシフトが微妙なものである場合はPIからの解除を示すだろうか。実験参加者が再生を試みる時点ではじめてカテゴリの変化に気づき，そして気づいていない実験参加者よりも成績が上昇したならば，これはコード化や貯蔵の段階ではなく，検索の段階に原因があることになる。

ガーディナーらは第4試行で微妙なカテゴリシフトをさせた（Gardiner, J. M. et al., 1972）。たとえば，同じ花（あるいはゲーム）であるが，第3試行まで庭に咲く花（あるいは室内ゲーム）の名前を提示し，第4試行で，野の花（あるいは室外ゲーム）にカテゴリシフトした。実験参加者はこのシフトに気づかず，再生成績も向上しなかった。しかし，最終試行の項目提示時と再生時に，野の花にシフトされていることを告げられると成績は改善した（図5.8）。

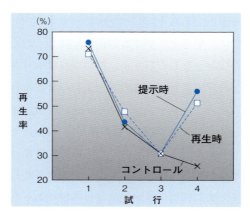

図 5.8　**順向抑制の解除**（Gardiner et al., 1972）

この結果は成績の向上の原因がコード化や貯蔵段階にあるのではなく，検索段階にあることを示している。カテゴリが新しい手がかりとして利用できることは，検索過程が重要で，短期記憶が意味的コードを利用でき，長期記憶成分が関与していることを示している。

また，あるブラウン–ピーターソン・パラダイムでなされた研究では（Turvey et al., 1970），3 ずつの引き算妨害課題の時間が 10 秒，15 秒，20 秒にされた。最初の試行の再生成績はそれぞれ 85％，93％，93％，第 4 試行の成績は 33％，30％，30％ と同じであった。第 5 試行でこの 3 群に同じ 15 秒の妨害課題を課したところ，再生成績は 10 秒群で 20％ に落ち，15 秒群で 28％ とほぼ同じとなり，20 秒群で 38％ に上昇した。20 秒群は全体的な妨害活動の時間が長いにも関わらず，第 5 試行で成績が上昇したのである。試行間の相対的な時間比が再生成績に影響したようである。

ブラウン–ピーターソン・パラダイムでの結果は減衰説では説明できない。短期記憶の忘却の原因は主として，類似性に起因する干渉によるものであり，項目の**示差性**（distinctiveness）が記憶にとって重要のようである。

5.6 バドリーの作業記憶モデル

　アトキンソンとシフリン（Atkinson & Shiffrin, 1968）の二重貯蔵モデルでは，短期貯蔵は長期貯蔵へ情報を転送するための一時的な保存場所だけではなく，制御過程が組み込まれた認知的作業の場としての役割も担っていた。つまり，ある種の作業記憶と考えられていた。すると，この二重貯蔵モデルの短期貯蔵が実際に認知的作業の場として働くかどうかが大きな問題となってくる。たとえば，K. F. として知られている記憶障害の患者がいる（Shallice & Warrington, 1970）。K. F. の復唱による数字記憶範囲は 2 個でしかないが，長期記憶は正常であり，また一般的な知能テストでも正常であった。一方で H. M. として知られている患者がいる（BOX 4.1 参照）。H. M. は数唱課題では正常な成績を示すが，新しい出来事を記憶できない（Wickelgren, 1968）。この 2 つの事例は，短期記憶と長期記憶が乖離している証拠となるが，しかし K. F. の事例が示すような，短期記憶に重い障害があっても長期記憶が正常で，理解力もあることは，短期貯蔵が長期貯蔵へ情報を転送する場で，かつ認知的作業の場であるとする二重貯蔵モデルの考えと矛盾する。また短期記憶を評価する数字記憶範囲や文字記憶範囲の長さは，文章理解度と相関が低く，文章理解との関連性が高いとはいえないことが明らかになってきた（Daneman & Carpenter, 1980）。

　そこでバドリーとヒッチ（Baddeley, A. D., & Hitch, G. J., 1974）は短期記憶が認知的作業の場であるかどうかの検討をはじめた。彼らの基本アイデアは同時に短期記憶課題と認知的課題を行うならば，2 つの課題が短期記憶の限界処理容量を求めて競合するというものである。つまり，二重課題（dual-task paradigm）を行わせ，課題の成績を比較しようとするものである。短期記憶が作業記憶として働いているならば，数字のような項目を短時間保持させて短期記憶の容量を消費させると，推理や理解のような認知的課題の遂行は困難になるであろうと考えたのである。たとえば，ある研究で，731928 のようなランダムな数字列を提示して，この数字列を復唱し続けるように（2 次課題）させながら，同時に，「A の前に B はない―AB」のような文の真偽判断（1 次課

題)を求め,エラー率や判断に要する時間を測定した。結果は予想したように,文の真偽判断時間は保持すべき数字が多くなるにつれて組織的に上昇した。しかし,数字が8個の場合でも,判断時間は約35%程度増加したが,エラー率は約5%程度のままであり,判断ができないということはなかった(図5.9)。この結果は,記憶範囲の限界までに項目を保持させたときでも,認知的活動を行うことができることを示しており,作業記憶が相当複雑で柔軟なシステムであることを示唆している。バドリーは二重貯蔵モデルの短期記憶は認知的活動の場である作業記憶としては制約がありすぎると考え,当時の研究を考慮に入れて新たな作業記憶モデルを提案した。バドリーのモデルは,研究が進むにつれて改良が加えられてきている(Baddeley, 1986, 2000)。

　バドリーの初期の作業記憶モデルは,作業記憶システム全体を制御する**中央実行系**(central executive)が中心的役割を担い,その下部システムとして音韻ループと視空間スケッチパッドが設定されていた。音韻ループは2つの成分をもち,一つは音韻ストアであり,もう一つは構音リハーサルである。バドリーは視空間スケッチパッドの詳細な構造については言及していないが,ロギー(Logie, R. H., 1995)は音韻ループの2つの成分に対応させて視空間スケッチパッドにも2つの成分が含まれると提案している。一つは**視覚キャッシュ**

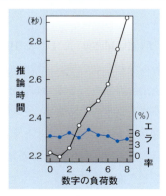

図5.9　同時に与えられた数字負荷の言語的推論に及ぼす影響
(Baddeley, 1990)
○は推論時間,●はエラー率を示す。

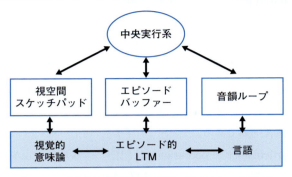

図5.10 改訂版の作業記憶モデル (Baddeley, 2000)

(visual cache) であり，視覚刺激を受動的に貯蔵する。もう一つは**インナースクライブ**（inner scribe）で，視覚キャッシュに視覚情報を能動的に保持し，リハーサルやイメージ操作に関わるとされる。バドリーの新しいモデル（図5.10）では，2つの下部システムの外に，**エピソードバッファー**（episodic buffer）および長期記憶（LTM）が加えられている。

5.6.1 音韻ループ

音韻ループ（phonological loop）は従来の言語材料の短期記憶の実験結果を扱うためのもので，二重貯蔵モデルにおける短期貯蔵に相当するシステムである。音韻ループは2つの成分をもつ。一つは音韻ストアであり，もう一つは構音リハーサルである。**音韻ストア**（phonological store）は音韻コードを短時間保持する記憶庫であり，リハーサルされなければ2秒程度で減衰してしまうと仮定される。**構音リハーサル**（articulatory rehearsal）には2つの働きがあり，一つは視覚情報を音韻コードに変換し音韻ストアに保存することであり，もう一つは音韻ストアの情報を減衰から保護するためのリハーサルを制御することである。音韻ループは，とくに音韻類似性効果，構音抑制，無関連言語音効果，語長効果などを説明するために考えられてきた。

音韻的類似性効果（phonological similarity effect）とは，DBCTPGのような音韻的に類似している項目リストを提示する場合，類似していない項目リスト

（たとえば，KWYLRQ）よりも再生が困難である現象である（Baddeley, 1966；Conrad, 1964）。この効果は項目が聴覚的に提示されるときにも視覚的に提示されるときにも認められる。音韻ループの考えでは，視覚提示項目は構音リハーサルによって音韻コードに変換されるので，何らかの方策で変換過程を妨害することができるならば，視覚提示の場合には，音韻的類似性効果が認められないはずである。構音リハーサルによる音韻コードへの変換を妨害する方策の一つが構音抑制である。

構音抑制（articulatory suppression）は記憶すべき項目とは無関係な単純な言葉（たとえば，the, the, the……，123, 123, 123, ……，あいうえお，あいうえお，あいうえお……など）を繰返し発声させることで構音リハーサルを占有する実験的手続きである。構音抑制を行うと，視覚的に提示された項目は音韻コードに変換できなくなり音韻的類似性効果は認められないはずである。一方，聴覚的に提示される項目は構音リハーサルによって変換される必要がなく，直接的に音韻コードとして音韻ストアで保存されるため，音韻的類似性効果が認められるはずである。音韻的に類似した項目リストと類似しない項目リストで，構音抑制を行った実験では，予想通りの結果が得られた（Baddeley et al., 1984；Peterson & Johnson, 1971）。

無関連言語音効果（irrelevant speech effect）とは，視覚提示された項目の再生成績が，背景として課題に関係のないスピーチが提示される場合に，されない場合よりも低下する現象である（Colle & Welsh, 1976）。音韻的類似性効果の場合と同様に，構音抑制は視覚提示項目が音韻コードに変換され音韻ストアに入ることを妨害するので，無関連言語音効果は取り除かれるはずである。また，干渉は音韻コードで生じるため，ただの白色雑音が背景音として提示される場合には，無関連言語音効果は出現しないはずである。このような予測は実験的に確認されている（Salamé & Baddeley, 1982）。

語長効果（word-length effect）とは，短い単語（たとえば dog）は長い単語（たとえば gentleman）より再生しやすい現象である。語長はシラブル数にもとづく場合と発音時間（リーディング速度：単語数/秒）にもとづく場合が考えられるが，どちらの場合でも単語の長さが長くなる（シラブルが多くなる，

5.6 バドリーの作業記憶モデル

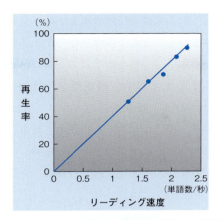

図 5.11　語長効果（発音時間と再生率との関係）
(Baddeley et al., 1975)

あるいは発音時間が長くなる）につれて，再生成績が悪くなる。図 5.11 は発音時間の関数として直後再生率を描いたものであるが，発音時間と再生率が直線的な関係にあることがわかる（Baddeley et al., 1975）。音韻ループの考えに従うと，語長効果は，音韻ストア内の情報が減衰する前に構音リハーサルによってリハーサルされる回数に依存すると解釈される。シュワイカートとボルフ（Schweickert, R., & Boruff, B., 1986）によると，記憶範囲は 1.6 秒間にリハーサル可能な単語数に相当するという。もし，これが正しいとすれば，記憶範囲は発音が短いほど成績がよくなることになる。通常の知能テストでの記憶範囲は数字が用いられるので，数字の発音が短い場合によい数字記憶範囲が得られることになる。実際，バイリンガルの人がウェールズ語と英語で数字記憶範囲を測定したところ，ウェールズ語は英語より同じ数字でも発音時間が長いので，ウェールズ語の場合に小さくなった（Ellis & Hennelly, 1980）。なお，数字記憶範囲でもっとも有利な言語は広東語であるという。構音抑制はリハーサルを妨害するため，語長効果にも構音抑制は影響を与えることが予想される。予想通り，視覚提示でも聴覚提示であっても構音抑制は語長効果を消失させた（Baddeley et al., 1984）。

5.6.2 視空間スケッチパッド

　よく知っている場所，たとえば，自分の家をイメージしてみてほしい。イメージした家の中を歩きまわり，どんな間取りなのか，各部屋に何が置かれ，壁には何が飾ってあり，窓はいくつあるかなどの質問に答えてみてほしい。このような質問に答えようとする場合，**視空間スケッチパッド**（visuo-spatial sketchpad）が利用されている。視空間スケッチパッドは，視覚空間的な配列の記憶，イメージの生成・操作などのために使用される。つまり，視空間スケッチパッドの働きには，短期的な視覚記憶とその維持，イメージの生成やイメージの比較・回転などの操作，イメージ内での移動・走査などが含まれる。

1. 視覚的短期記憶

　視覚的短期記憶（visual short-term memory）に関する初期の研究の一つに，ポズナーとキール（Posner, M. I., & Keele, S. W., 1967）の文字マッチング実験がある。この研究では，2つの文字，たとえば「A」と「a」を実験参加者に継時的に提示して，文字の異同判断の反応時間を測定し，文字の視覚的コードから音韻的コードを分離する試みがなされた。実験結果から視覚的コードの保持時間が約2秒であると結論された。

　しかし，この実験結果は，文字マッチング課題での視覚的コードと音韻的コードの相対的な効率が反映されており，純粋な視覚的短期記憶の保持時間が測定されていないという反論がなされた。より純粋な視覚的短期記憶を測定するためには，音韻的コードが利用不可能な無意味な図形を使用すべきであるとして，フィリップス（Phillips, W. A., 1974）はマトリックスの半数のセルをランダムに塗りつぶした刺激を構成した。彼は2つのマトリックス図形の提示の間に可変の遅延時間を挿入した。2つ目のマトリックス図形は1つ目とまったく同じであるか，1セルのみを変化させたマトリックス図形であった。実験参加者には2つの図形の異同判断が与えられた。その結果，視覚的短期記憶の保持時間はパターンの複雑さに依存しているが，9秒以上という結論が得られた。

　視覚的短期記憶は，マスク刺激の妨害を受けず，長い保持時間をもつ。しかし保持できる容量は制限されており，複雑で無意味な図形の場合は1つのパターンしか保持できず，他のパターンに注意を移行すると視覚的短期記憶の内容

は置き換えられてしまう（Kikuchi, 1987；Phillips, 1983；Phillips & Christie, 1977）。たとえば，フィリップスとクリスティ（Phillips, W. A., & Christie, D. F. M., 1977）は8個のマトリックス図形を継時的に提示して，系列位置曲線を求めた。その結果，新近性効果が系列の最後の1つのみに限定され，系列の最初を含め他のすべての系列位置では一様に低い成績を示す系列位置曲線が得られた。マトリックス図形の場合は，言語材料で初頭効果と新近性効果の認められるU字型の系列曲線とはまったく異なった系列曲線となった。

複雑なランダムパターンを使用した研究から，視覚的短期記憶の容量が1パターンであることがわかってきたが，では1パターン内にどの程度の情報が視覚的に保持されるのであろうか。ラックとヴォーゲル（Luck, S. J., & Vogel, E. K., 1997）は，言語的なコード化が困難な細長いバーを，最大4つの異なる刺激特徴（たとえば，バーの方位，色，サイズ，ギャップの有無）で組み合わせた項目から構成される記憶画面を，実験参加者に100 ms提示し，900 msの時間間隔を置いて，テスト画面を提示した。テスト画面は記憶画面と同じか，一部の特徴が変化していた。実験の結果，ラックとヴォーゲルは実験参加者がほぼ4つの項目を保持できることを発見し，視覚的短期記憶は，特徴が結合された4個のオブジェクトを保存できると主張した。

上記の視覚的短期記憶の課題は提示された視覚材料を短時間記憶し，再認するというものであった。この課題は，記憶した材料に対してさらに変形するなどの追加的な操作を要求される課題ではない。作業記憶の場合には，貯蔵材料に対して何らかの操作が期待される。たとえば，大文字Dをイメージし，それを90度左に回転し，そしてその下に大文字Jを置くと，どんな形が出来上がるか（答：傘）のようなイメージ合成課題（Finke & Slayton, 1988）や，シェパードとメッツラー（Shepard, R. N., & Metzler, J., 1971）の心的回転（**BOX 5.3**）は作業記憶の課題といえる。

2. 音韻的記憶と視空間的記憶の分離

バドリーが視空間的な研究を行ったきっかけの一つに，次のような個人的な経験があったという。「合衆国に1年間滞在するうちに私はアメリカンフットボールがとても好きになった。ある時私は，カリフォルニアの高速道路を走り

BOX 5.3　心 的 回 転

　私たちは，地図を見るとき，現在自分の置かれている地理的環境と地図の方位を一致させるために地図または現在の環境イメージを頭の中で回転することがある。このように，人はイメージを形成して記憶したり，形成されたイメージの中を走査したり，イメージに回転のような操作を加えることもできる。シェパードとメッツラーの**心的回転**（mental rotation）の実験はこの例である。

　実験参加者の課題は，図 5.12（a）のような 3 次元物体の図形対を観察し，両者が方向とは関係なく同一か否かをできるだけ速く判断することであった。実験参加者の報告によると，心の中で一方の図形を回転させていき，他方の図形と一致するかどうかで判断するという。シェパードとメッツラーは，横軸を 2 つの図形の角度差，縦軸を異同判断までに要する時間としてデータをプロットしたところ，図 5.12（b）のような結果を得た。水平方向でも，奥行き方向でも，2 つの図形の異同判断に要する時間は角度差に比例した。つまり，図形間の角度差が一定量増すごとに，一定の時間だけ異同判断に要する時間が増している。物理的物体を回転するとき，回転速度が一定であれば回転角度が大きいほど時間が長くなるので，このデータは，実際の物体を回転するときと同じように，実験参加者が心的な 3 次元空間で図形の視覚的コードを一定の速度で回転する操作を行っていることを示唆している。

（江草浩幸）

(a) 提示図形

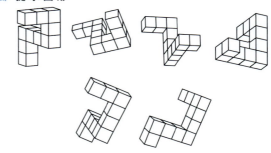

(b) 実験結果

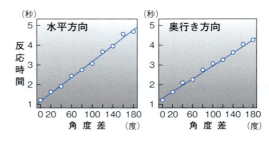

図 5.12　**心的回転の実験**（Shepard & Metzler, 1971）

ながら試合の実況中継を聴いていた。ゲームの進行を理解するためには，ゲームの展開についてかなり明確なイメージを作らなければならなかった。そうこうしているうちに，私は車の車線から出たり入ったりしていることに気づいた。すぐに音楽番組に切り替えたが，この経験は忘れられず，実験的に研究しようと心に誓ったのである」（バドリー，1988）。彼は個人的な体験を実験的に検討するために，車の運転の代わりに回転盤追跡課題を，アメリカンフットボールのイメージ生成の代わりに，ブルックス（Brooks, L. R.）の課題を使った（図5.13 (a)）。ブルックスの課題とは，たとえば，ブロック体のアルファベット文字をイメージさせ，文字の外縁に沿って文字をたどり，上端あるは下端の頂点に到達したときに「イエス」，それ以外の頂点の場合には「ノー」と報告させるような，イメージの輪郭をたどる課題である。このような実験から同じ視覚システムを同時に使用する課題は互いに干渉し合うことがわかってきた（Baddeley et al., 1975）。

音韻的短期記憶と視空間的短期記憶が独立したシステムであるというアイデアは**選択的干渉**（selective interference）の実験結果から出てきた。選択的干渉の検討には，二重課題が使用される。同じタイプのコードは同じシステムを使用するため互いに競合するので，異なるタイプのコードの同時遂行の場合よりも強く干渉し合うと考えられる。

ブルックス（Brooks, 1968）は，記憶すべき情報のタイプと反応方法の間に競合関係をつくり，選択的干渉を検討した。ある課題では，'A bird in the hand is not in the bush' のような文を記憶させ，文を構成している単語が名詞であるか否かを判断させた。この判断は口頭でなされたり，左手（名詞の場合）か右手（名詞以外）のタッピングでなされたり，あるいは不規則な位置に印刷されたYまたはNを指差すことでなされた（図5.13 (b)）。他の課題では，上述したようにブロック文字を記憶し，文字のコーナーが上端か下端かの判断が要求された。判断の方法は，同様に口頭，タッピング，指差しのいずれかでなされた。

文の課題は音韻的コードで保持されており，文字図形は視空間コードで保持されている。要求される反応方法は，視覚的な指差しで，運動的にタッピング

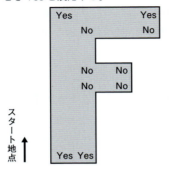
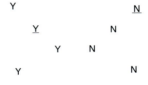
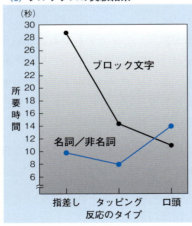

図 5.13　ブルックスの実験材料と結果（Brooks, 1968 をもとに作成）

で，言語的に口頭でなされる。記憶内容と反応方法は競合関係にあったり，なかったりする。図 5.13（c）が得られた結果を示している。文が記憶されている場合には，口頭反応で課題遂行時間が長く，図形の記憶の場合には，指差し反応で長くなっていた。明らかに記憶内容と反応方法の相互作用が認められ，選択的干渉が認められた。同様の選択的干渉の結果がシーガルとフューセラ

(Segal, S. J., & Fusella, V., 1970)，ロギー（Logie, 1986），ロビンスら（Robbins, T. W. et al., 1996）など多くの研究で得られている。

最近，ブリューアーとスケルクイン（Bruyer, R., & Scailquin, J. C., 1998）が視空間スケッチパッドと音韻ループや中央実行系との関係を二重課題で検討する試みを行っている。第1課題として，視空間スケッチパッドの機能とされるイメージ生成（実験1），イメージ維持（実験2），イメージの回転（実験3）を行わせた。第2課題として，構音抑制（音韻ループに対する妨害），音源の左右位置の判断（視空間スケッチパッドに対する妨害），文字のランダム生成（中央実行系に対する妨害）を用い，第1課題を遂行中にこれらの干渉課題を行わせた。イメージの複雑さも操作して，プローブ刺激として「X」を提示し，「X」がイメージ上にあるか否かを判断させ，その反応時間を測定した。3つの実験の結果，構音抑制はイメージの生成，維持，回転に対して妨害効果をもたなかった。また，どの第2課題もイメージの維持に対して影響しなかった。一方，イメージの生成とイメージの回転は音源の左右位置の判断によって妨害され，文字のランダム生成によってさらに強く妨害された。

構音抑制がイメージの生成，維持，回転という第1課題に妨害的影響を示さないという結果は音韻ループが視空間スケッチパッドと分離されていることを示している。また，視空間スケッチパッドに対して妨害的影響を与えると予想された音源の左右位置の判断はイメージの維持に影響を与えなかったという結果は，音源の左右位置の判断は空間的成分であり，イメージ維持は視覚成分であると想定すると，視空間スケッチパッドが視覚成分と空間成分とに分離される可能性を示唆している。そして，イメージの生成と回転には，中央実行系が関与していることを示している。

3. 視覚直後記憶範囲

言語的な直後記憶範囲の代表的な課題はランダムな数字系列を提示順に再生させる**数字記憶範囲**（digit span）**課題**であろう。オルシーニら（Orsini, A. et al., 1987）は1,355人（20～99歳，平均年齢52.09歳）の実験参加者に数字を聴覚的に1秒に1つの割合で提示したところ，数字記憶範囲が平均5程度（男性5.4，女性5.2）であり，年齢とともに低下するが，とくに六十代後半か

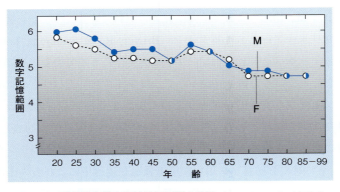

図 5.14　**聴覚的な数字記憶範囲課題の結果**（Orsini et al., 1987）

ら低下することを示した（図 5.14）。

　言語的な数字記憶範囲課題に相当する視覚的な記憶範囲課題は，コルシブロックタッピング課題や視覚パターン課題である。**コルシブロックタッピング課題**（Corsi block-tapping task；コルシ課題）とは 9 個のブロックをランダムに配置し，検査者がランダムに選んだブロックを 1 秒に 1 つのブロックの速度で順に指で触っていった後，被検査者に検査者が触ったブロックを同じ順番で触らせるものである。図 5.15 は検査者側から見たときのコルシ課題を示している（Berch et al., 1988）。ブロックに番号が付けられ，検査者が触るブロック系列を記録できるようになっている。テストの困難度は触るブロックの数をしだいに増加させることで変化する。同じ困難度で 3 回の試行がなされ，3 回中 2 回以上成功したならば触るブロックの数を増加させ何個まで正しい順番で触ることができるか調べる（コルシスパン，Corsi span）。オルシーニらは数字記憶範囲課題と同様に 1,355 人にコルシ課題を課して記憶範囲を測定しているが，平均で男性 4.7，女性 4.4 となり，男性の成績が有意に高い結果を得ている。コルシ記憶範囲は数字記憶範囲と同様に年齢とともに低下し，とくに六十代後半から低下する（図 5.16）。

　視覚パターン課題（visual patterns test；VPT）とは，マトリックス状のセルの半数を黒く塗りつぶしたパターンを実験参加者に 3 秒間提示した後に，同

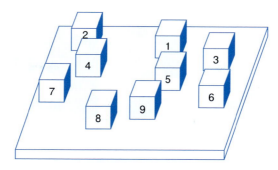

図 5.15　検査者側から見たコルシブロックタッピング課題装置

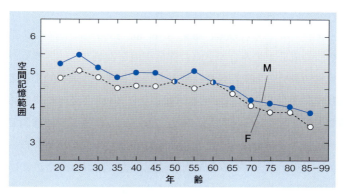

図 5.16　視覚的な記憶範囲課題（コルシブロックタッピング課題）の結果
(Orsini et al., 1987)

じサイズの空白マトリックスに黒いセルの位置を再生させて視覚記憶を調べる方法である（Della Sala et al., 1999）。この課題は，2×2 のマトリックス（黒いセル 2 個）から開始され，最大 5×6 のマトリックス（黒いセル 15 個）までマトリックスのサイズを拡大していき，再生が破綻するまで続けられる（図 5.17）。結果，視覚パターンスパンは 9 個程度（9.08）であった（13～90 歳の 345 人の平均）（Della Sala et al., 1999）。

4. 視覚的記憶と空間的記憶の分離

　コルシ課題と視覚パターン課題はともに視覚的な直後記憶範囲を測定しているが，2 つの課題の相関はそれほど高くはなく，0.35 程度である（Della Sala

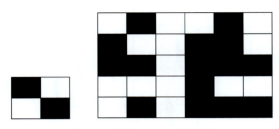

図 5.17　視覚パターン課題の例

et al., 1999)。コルシ課題には，視覚パターン課題にはない空間的な順序系列の記憶という要因が含まれているためである。

　そこで，デラ・サラら（Della Sala, S. et al., 1999）は，コルシ課題が視覚的成分と空間的成分が組み合わされた作業記憶を反映し，一方視覚パターン課題は主に視覚的成分の作業記憶を反映していると考え，選択的干渉実験を行った。両課題で刺激提示終了から再生開始までに10秒の保持時間を挿入し，この保持時間中に2種類の干渉課題を挿入した。一つは視覚干渉課題で，ポロックやカンディンスキーのような抽象絵画を観察させた。もう一つは，空間干渉課題で，4つの木片のランダムな配列を触運動的に探索させた。この木片配列はスクリーンで覆われ，視覚的に観察できないようにされていた。実験の結果，予想通りの選択的干渉パターンが得られた（図5.18）。視覚パターン課題の成績は，干渉課題が与えられない統制条件の成績（10.9）と比較すると，干渉課題により妨害を受け（視覚干渉課題7.1；空間干渉課題9.1），それぞれ65%と83%に低下した。一方，コルシ課題の成績は，統制条件（6.1）と比較すると，干渉課題での成績がそれぞれ4.9（視覚干渉課題）と4.0（空間干渉課題）となり，相対的に80%と66%に低下した。この結果は，作業記憶の視空間スケッチパッドがさらに視覚成分と空間成分という下位成分をもつことを示唆している。脳損傷患者の中にも，コルシ課題の成績は正常であるが視覚パターン課題の成績が極度に悪いタイプの患者とそれとはまったく逆のパターンを示す患者のタイプが存在することが知られている（Della Sala et al., 1999など）。

　クラウアとジャオ（Klauer, K. C., & Zhao, Z., 2004）は，さらに短期記憶

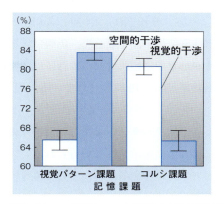

図 5.18 視覚パターン課題とコルシ課題での選択的干渉の結果
(Della Sala et al., 1999 より作成)

の固定化の影響，長期記憶と音韻ループの関与，二重課題間の類似性の影響，中央実行系の効果，資源配分のトレードオフなど，潜在的な解釈を排除するために6つの実験を行い，視空間的記憶が視覚成分と空間成分に分離されるという強力な実験的証拠を得た。クラウアとジャオの空間課題はドット位置の記憶である。ドットは8カ所のうちの1つの位置に225〜337 ms提示され，その後フラッシュマスクが500 ms続く。視覚課題は画面中央に提示される8種類の中国語漢字（表意文字）からランダムに選ばれた漢字1文字の記憶である。漢字の場合もドットの提示と同じ提示時間でフラッシュマスクが後続する。ドット位置と漢字の記憶テストは，10秒の保持時間後になされた。ドット位置のテストは，マウスのカーソルでドット位置を示すもので，漢字の記憶テストも同様に，マウスカーソルで8種類の漢字から提示された漢字を選択するものであった。干渉課題はこの10秒の保持時間中に遂行するように求められる。干渉課題は運動判断課題と色判断課題，あるいは何もしない統制条件があった。運動判断課題は，提示された12個のアスタリスクの中から運動しないで静止したままのアスタリスクを発見し，マウスのカーソルで静止アスタリスクを指示していく課題であった。色判断課題は，赤に分類される7色と青に分類される7色の計14色からランダムに選ばれた色系列を観察し，マウスボタンを押

して次々に赤または青と判断する課題であった。10秒の保持時間中に運動判断課題と色判断課題は平均でそれぞれ，4.4回と8.4回なされていた。運動判断課題は空間課題のドット位置の記憶成績を，色判断課題は視覚課題の漢字記憶成績を強く阻害するが，その逆の組合せの場合には強くは阻害しないと予想される。基本的な実験結果が図 5.19 に示されている。図 5.19 の上のグラフは1次課題の記憶成績を，中央のグラフは干渉の程度を，下のグラフは2次課題の成績を示している。この結果パターンは予想した通りの二重乖離を示している。この結果パターンは6つの実験すべてで得られた。

視空間スケッチパッドは，この命名が示しているように視の成分と空間の成分に分離されるようである。

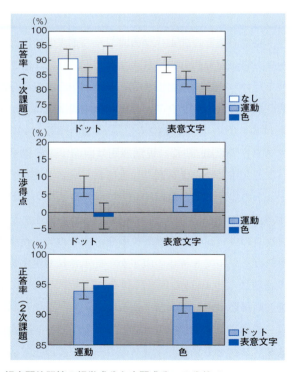

図 5.19　視空間的記憶の視覚成分と空間成分への分離 (Klauer & Zhao, 2004)

5.6.3 エピソードバッファー

　初期の作業記憶モデルでは，記憶貯蔵は音韻ループと視空間スケッチパッドに限定されており，それぞれが短期的に異なるタイプの情報を保持するとされていた（Baddeley, 1986）。そのため，初期のモデルには，言語的な情報と視覚的な情報というような複数の異なるタイプの情報を相互作用させて統合させる手段が備わっていなかった。また，初期の音韻ループは，互いに無関連な項目をより大きな単位にまとめる**チャンキング**の働きや有意味性を考慮していなかった。有意味な単語は非単語よりも明らかに記憶範囲は大きく，そして散文の記憶のような大きな意味的まとまりを扱うためには，長期記憶との頻繁な接触を提供する場が必要とされる。さらには，構音抑制を導入しリハーサルを禁止した場合でも高い再生成績を示すので，何らかのバックアップ的な貯蔵庫が必要とされる。

　このような問題を解決するためにバドリー（Baddeley, 2000）は**エピソードバッファー**（episodic buffer）を追加した。この付加的なシステムは中央実行系と他のサブシステムと長期記憶の間のインターフェイスの役割を果たす。このサブシステムは一時的な貯蔵システムであり，多様なタイプの情報を束ねるメカニズムとして機能し，視覚・聴覚などの感覚入力情報，音韻ループや視空間スケッチパッドのようなサブシステムや長期記憶からの情報を，限られた数の統一的なエピソードに統合させると仮定されている。さらには，エピソードバッファーは意識的気づきの基礎となると仮定されている。エピソードバッファーについては，まだ提案されたばかりであるので，今後実験的検討を受ける必要があろう。

5.6.4 中央実行系

　中央実行系（central executive）は，作業記憶の中心をなすサブシステムである。注意を制御すると同時に他のサブシステムの活動を調整する働きをする。バドリー（Baddeley, 1996）は中央実行系の重要な注意の制御機能として，注意を焦点化する機能，注意を分割する機能，注意を切り替える機能，作業記憶と長期記憶とのリンク機能の4つを挙げている。

5.7 長期記憶の活性化としての作業記憶

作業記憶を長期記憶の活性化とみる考え方では，直後記憶は現在活性化されている長期記憶のサブセットであるとされる（Cowan, 1988, 1995；Shiffrin, 1993；Schneider & Detweiler, 1987）。ここでは，作業記憶を長期記憶の活性化ととらえるモデルの一つであるカウアン（Cowan, N.）の**埋め込み処理モデル**（embedded-processes model）を紹介する（図 5.20）。カウアンによると，**作業記憶**とは，認知的活動を遂行するための，アクセスが著しく容易な状態に情報を維持する過程を意味する。この図では，**長期記憶**は大きな四角で表現されており，その中の円が一時的に**活性化された記憶**のサブセットを示す。さらに，この円の内部の小さな円は**注意の焦点**（focus of attention）が向けられている部分を示す。この部分には，以下のような 5 つの特徴がある。

1. 注意の焦点にある記憶情報はすべて活性化され，処理が促進され，検索が迅速になされる。
2. 注意の焦点にある記憶情報は意識的な気づき（conscious awareness）の部分でもある。

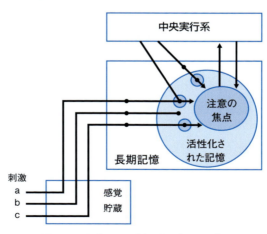

図 5.20　カウアンの埋め込み処理モデル

3. 注意の焦点は，中央実行系により随意的にコントロールされたり，外的な大きな刺激の変化や自分の名前などの非常に重要な刺激によって不随意的に方向づけされたりする。
4. 注意の焦点は容量に制限があり，ほぼ4つの項目を保持できる（Cowan, 2001）。
5. 注意の焦点にある項目はつねに検索に成功する。検索とは必要なときに必要な項目を注意の焦点に入れることである。

　図5.20において円の内部（活性化された記憶）にあるが小さな円（注意の焦点）の外にある記憶情報は活性化されてはいるが注意の焦点に含まれない情報を示す。この情報はやや時間はかかるかもしれないが，信頼できる検索をされうる。一時的に活性化された記憶情報は時間的な制約を受け，リハーサルなどの処理によって再活性化されなければ約10～20秒以内に減衰してしまい，類似情報による干渉も受けるようになる。活性化されていない長期記憶の情報は，適切な手がかりがあれば検索される可能性が高くなるが，活性の減衰や干渉のために検索が失敗におわることもある。現在活性化されてはいないが，注意の焦点にある情報ときわめて密接な連合をもつ長期記憶情報は容易にアクセス可能であり，あたかも活性化されているかのように機能する。このような長期記憶は**長期作業記憶**（long-term working memory）とよばれる（Ericsson & Kintsch, 1995）。このように，これら3つの記憶成分（長期記憶，活性化された記憶，注意の焦点）が作業記憶に関係している。

　カウアンの埋め込み処理モデルは，バドリーのモデルと同様に多くの記憶現象を説明し，バドリーのモデルとそれほど異なるものでもない。ただ，バドリーのモデルが言語的な情報と視空間的な情報のみを扱い，記憶構造を強調するのに対して，カウアンのモデルは非言語的な情報や触覚的な情報も扱い，長期記憶での処理過程を強調する。カウアンのモデルがバドリーのモデルよりもとくに有利な点は，直後記憶課題での長期記憶の効果に関するものであろう。カウアンのモデルでは，作業記憶は活性化された長期記憶であるので，直後記憶課題で有意味性が本質的な役割をなすと容易に想像できる。一方，両者のモデルには問題点も残る。バドリーはエピソードバッファーを追加して，長期記憶

との関係を強化させたが，まだエピソードバッファーの役割がわかっていない。カウアンのモデルの問題点は，活性化や活性の減衰が正確に定義されていないことであろう（Neath & Surprenant, 2003）。

5.8 容量としての作業記憶

　多くの研究者が作業記憶の容量に興味を抱いてきた。その理由は作業記憶の容量が認知的な課題解決にとってある種の基本的な能力を反映していると考えているからであろう。容量が多ければ，より記憶項目を活性化できたり，項目を注意の焦点に入れて維持できたり，妨害項目からの干渉を無視できたりと，効率的に認知的活動を遂行できるであろう。

　デーンマンとカーペンター（Daneman, M., & Carpenter, P. A., 1980）は，作業記憶は情報の貯蔵と処理が組み合わされて働くとするバドリーとヒッチ（Baddeley & Hitch, 1974）の提案をもとにして，貯蔵と処理を組み合わせた課題で作業記憶の容量を測定する試みを行った。この課題は**リーディングスパンテスト**（reading span test）として知られている。テストの参加者は13～16の単語からなる文の系列を声に出して読み，後に各文の最後の単語を再生するように求められる。リーディングスパンの測定は2文の文系列から開始し最大6文までしだいに文の数を増加させながら3試行ずつ繰り返して行われ，3試行中2試行以上で正しく再生された文末の単語の最大数で決定される（もし3試行中1試行正答の場合は0.5点が加算される）（Daneman & Carpenter, 1980：実験1）。リーディングスパンテストでは，文を読むという処理と文末単語の貯蔵が同時に課せられ，テスト参加者は処理と貯蔵のために作業記憶容量を配分することが要求される。たとえば，テスト参加者は，次のような2つの文を声に出して読み，文末単語の再生が求められる。

- When at last his eyes opened, there was no gleam of triumph, no shade of anger.
- The taxi turned up Michigan Avenue where they had a clear view of the lake.

（この例での再生の正答は，anger，lake となる。ちなみに日本語では，文末は動詞になることが多いので偏りを避けるために，下線で再生語を指示する手続きが用いられる（苧阪，2002）。）

デーンマンとカーペンターは，20名の大学生にリーディングスパンテスト，単語スパンテスト（word span test），読みの理解度テストを実施し，加えて彼らの言語 SAT（verbal scholastic aptitude test；アメリカの大学進学適性試験での言語性学力を測定するテスト）の得点を尋ねた（Daneman & Carpenter, 1980）。単語スパンテストとは，参加者が互いに無関連な単語系列を 1 秒ごとに聞き，聞いた単語系列を提示順に再生する課題である。単語系列は 2 個から最大 7 個まで，しだいに増加されていき，3 回中 2 回以上の正答が得られたときの最大個数でスパンが決定される。読みの理解度テストでは，12 種類の 140 語程度の長さの散文を読ませ，それぞれの散文につき 2 種類の質問を行う。一つは，読んだ内容に関する質問であり（内容理解），もう一つは最後の文に現れる代名詞が指示する名詞に関する質問（代名詞の理解）である。代名詞理解の質問では，指示されている名詞から代名詞までの間に挿入されている文の数が 2〜7 文に組織的に変えられていた。

実験の結果，20 名のリーディングスパンは 2〜5 の範囲で平均 3.15，単語スパンは 4〜6 の範囲で平均 5.15 であった。2 つのスパンの相関は .55 となった。表 5.1 はリーディングスパンや単語スパンと読みの理解度との相関を示している。処理と貯蔵を含むリーディングスパンは貯蔵だけの単語スパンと比較すると，読みの理解度との相関がかなり高いことがわかる。伝統的な短期記憶を反映すると考えられる単語スパンは読みの理解度との相関がそれほど高くなく，認知的操作を含む作業記憶を反映する指標としては不適切であり，リーディングスパンのほうがより好ましい指標であることがわかる。

図 5.21 は参加者のリーディングスパン得点ごとに，指示名詞と代名詞との間の挿入文の数の関数として正答率を示したものである。明らかにリーディングスパンの高得点者は，低得点者と比較すると，指示名詞と代名詞の間の挿入文の数が多くても影響を受けずに，指示名詞を長く保持できていることがわかる。つまり，リーディングスパンの高得点者は，次々と文を読みながらも，読

表5.1 リーディングスパン，単語スパンと読みの理解度との相関

	読みの理解度		
	内容理解	代名詞の理解	言語SAT
リーディングスパン	.72	.90	.59
単語スパン	.37	.33	.35

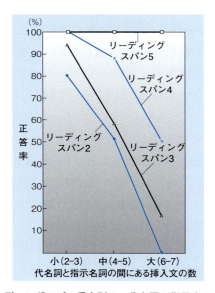

図5.21 リーディングスパン得点別の，代名詞が指示する名詞の正答率

んだ単語を相互に妨害させることなく，高い活性化を維持しつつ，必要なときにすぐさま関連情報を相互利用できるようにして文の理解度を高めているようである。リーディングスパン得点は作業記憶の容量を反映し，言語情報処理能力の個人差を示すよい指標のようである。

作業記憶の容量は，リーディングスパンの他に，**カウンティングスパン**（counting span）や**オペレーションスパン**（operation span）などでも測定されている。たとえば，オペレーションスパンテストでは，参加者は計算問題—単語の系列を提示される。まず計算結果の正誤を判定し（たとえば，(8/4)＋2＝4？），次に提示された単語（たとえば，BIRD）を読むように要求され，

5.8 容量としての作業記憶

そしてまた計算問題の正誤判断と単語の記憶を行う。このような計算問題―単語の系列を提示された後に，参加者は単語を順に再生するように要求される。リーディングスパンと同様に，計算問題―単語の系列は2個から6個までしだいに増加され，計算問題が85％以上の成績で，単語が順番に正しく再生された個数がスパンと定義される（Conway & Engle, 1996）。

　オペレーションスパンテストは計算問題を処理し，単語を貯蔵する。リーディングスパンテストのように言語情報処理を要求していない。しかし，ターナーとエングル（Turner, M. L., & Engle, R. W., 1989）は，このテストがリーディングスパンテストと同様に読みの理解度を予測することを見出し，作業記憶の容量は言語に限定される処理能力ではなく，より一般的な能力を反映していると主張している。

　デーンマンとカーペンター（Daneman & Carpenter, 1980）以降，ワーキングメモリスパンに関する研究が多数行われ，ワーキングメモリスパンが伝統的な短期記憶テストと比較すると相当広い範囲の認知活動を予測できることがわかってきた。また，ワーキングメモリスパンは先行知識にそれほど依存することもなく，検査方法も簡単であるため，実用的な価値が明らかになってきた。しかしながら，ワーキングメモリスパン測定は，現在のところ一般的に認められている正式な測定手続きも材料セットも存在してはいない。そしてまた，積極的な試みがなされてはいるが，ワーキングメモリスパンが実際に何を測定しているのかも必ずしもわかっていない。さらには，作業記憶には容量に制限のある処理資源が存在し，情報の貯蔵と処理にその資源が配分されるとする仮定がこの研究分野で共有されていたが，最近ではこの仮定が疑問視されている（たとえば，Duff & Logie, 2001；Towse & Hitch, 1995；Saito & Miyake, 2004）。なお，ワーキングメモリやリーディングスパンに関する詳細については苧阪（2002），齊藤と三宅（2000），三宅とシャー（編）（Miyake, A., & Shah, P. (Eds.), 1999）を参照していただきたい。

日常記憶

　ナイサー（Neisser, U., 1982）は"*Memory observed : Remembering in natural contexts*"（訳書：『観察された記憶――自然文脈での想起――』(1988)）のまえがきで「心理学は記憶の研究において2本の道をたどってきている。幹線道路を通る者は十分統制された実験で立証されうる基本的精神メカニズムを発見することを望んでいる。他方，生活道路を通るものは日常の人間経験における記憶の具体的表出を理解しようと欲している」「われわれは日常生活の過程で生ずるものとしての記憶に関する体系的な知識をほとんど持っていない」と述べた（ナイサー，1988）。第4章と第5章で紹介した記憶研究の大部分は，幹線道路にたとえられた実験室的な研究が主であった。エビングハウスの研究以来，100年以上も記憶研究が続けられてきたが，実験室的な研究は厳密な統制を可能にする一方で人工的な環境になりやすく，生態学的妥当性（ecological validity）に欠ける傾向がある。普通に生活する中で，ブラウン-ピーターソン・パラダイム（BOX 5.1参照）のように，765という3桁の数字から次々と3の引き算をしながらCHJという子音トリグラムを記憶するような事態が実際にあるのであろうか。ナイサーが指摘したように日常生活での記憶研究はなおざりにされてきた。この点を反省し，日々の生活の中での生態学的妥当性をもった記憶研究の重要性が認識され，実際的な側面に関する研究が本格的になされるようになってきた。本章では，ナイサーのいう生活道路をたどっていると思われる研究を紹介する。なお，日常の記憶に関して興味のある方は，井上と佐藤（編著）（2002）を参考にしていただきたい。

6.1　日常的なものの記憶

　いくつかの再認実験によると，視覚記憶の容量は非常に大きいことが示されている。たとえば，シェパード（Shepard, R. N., 1967）は大学生に日用品の

スライド写真612枚を1枚ずつ見せ，その後再認テストを行った。再認テストでは，実験で提示された68枚の写真が，実験で提示されなかった新しい写真と対にされて提示された。実験参加者はどちらが実際に提示された写真であるか選択しなければならない（強制選択）。スライド観察直後の再認成績は96.7％で，2時間後では，99.7％と信じられないほどの高率であった。さらに行われた1週間後の成績は87％，4カ月後では58％であった。

　スタンディングら（Standing, L. et al., 1970）の同様な実験では，2,560枚の風景のスライドが10秒に1枚の割合で提示された。再認テストの正答率は89％であった。スタンディング（Standing, 1973）による別の実験にいたっては，10,000枚のスライドを観察させ，正答率73％の成績を得ている。これらの画像の再認実験の結果をみると，記憶すべき画像の数が多くなるにつれて，成績が低下しているが，何日も続けてスライドを見続けていたため多少とも注意散漫にならざるをえなかったためでもあろう。画像記憶の素晴らしさは何も大人に限ったものではない。4歳の児童に絵本からとってきた100枚の絵を見せ，テストしたところ，直後では98％，1週間後では約90％，28日後では67％であった（Brown & Scott, 1971）。

　ところが，このような素晴らしい画像の記憶成績が実験室的状況で示されている一方で，日常的な状況では案外，私たちの視覚的な詳細の記憶が貧弱であることを示すデータもある。たとえば，10円硬貨の両面を正確に描きなさいという問題が与えられたとする。私たちは10円硬貨をほとんど毎日見たり触ったり使ったりしているはずである。表と裏の面にどんな絵が描かれ，金額はどの位置にどんな文字で描かれているのか試しに再生してみてほしい。実際に描こうとすると細部を正確に再生することが困難であることがわかるであろう。ニッカーソンとアダムス（Nickerson, R. S., & Adams, M. J., 1979）はアメリカ合衆国の1セント硬貨の表と裏がどのようなものであるか20名の成人に記憶にもとづいて描くように求めた。描画の際には，絵と文字・数字の詳細をできるだけ含むように教示した。1セント硬貨の表と裏には8つの要素が含まれている（たとえば，表には，リンカーンの横顔，IN GOD WE TRUST，LIBERTY，年号の4要素がある）が，再生の成績はきわめて貧弱であった。

ただ1人の熱心なコイン収集家だけが8要素すべてを正確に位置づけて再生できただけであり，ほとんどの人は8要素中の3要素だけしか正しく位置づけて再生できなかった。図6.1は記憶にもとづいて再生された1セント硬貨のサンプルを示している。

この実験では，再生が求められているが，再認の場合はどうなのであろうか。ニッカーソンとアダムスは，36名の学生に実際の1セント硬貨を含む15種類の1セント硬貨の表の図柄を見せ，①もっとも正しいと思う図柄，②次に正しいと思う図柄，③正しい可能性のある図柄，④絶対に正しくないと思われる図柄に分類させた。15種類の図柄は互いによく似ており，正しい図柄から1つの要素が脱落していたり，加えられたり，要素の位置が変えられたり，要素が入れ替えられたりしていた。正しい図柄をもっとも正しい図柄と判断したのは36人中15人であり，正しい図柄でも5名が正しくないと判断していた。約4分の1の図柄が次に正しいと判断され，約4分の1が正しい可能性があると判断され，約2分の1が絶対に正しくないと判断された。この再認の結果は，正しい図柄が他の図柄よりも正しいと判断される割合が約42％程度あったが，他の図柄を否定することもなかったことを示している。したがって，日常的に

図6.1 **記憶にもとづいて再生された1セント硬貨の例と実際の硬貨**
(硬貨の例は Nickerson & Adams, 1979 より)

接して見慣れているはずの図柄であっても詳細は必ずしも正確に保持されていない，あるいは検索されないことがわかる．再認テストの成績は，テストされる図柄同士の類似の程度によって大きく変化するので注意が必要である．

　日常的な環境での視覚的記憶に関しては，ブルワーとトレイエンズ（Brewer, W. F., & Treyens, J. C., 1981）の研究がある．彼らの実験参加者は，実験の順番がくるまで心理学の大学院生の部屋に1人で待機させられた．35秒後に隣の実験室に連れて行かれ，予期せぬ記憶テストが課せられた．課題は，先ほど待機させられていた部屋にあった61個の項目に関する言語再生，描画再生，言語再認であった．部屋には，大学院生の勉強部屋にふさわしいもの（たとえば，机，椅子，タイプライターなど）の他に，勉強部屋にはふさわしくないもの（たとえば，道路標識，コマ，頭蓋骨，真空管など）が置かれていた．30名の実験参加者は，大学院生の勉強部屋にふさわしいもの（机，椅子など）と特異的で部屋にふさわしくないもの（頭蓋骨など）を正しく再生したが，大学院生の部屋にはふさわしいが実際にはなかったもの（たとえば，本，戸棚，コーヒーカップなど）も誤って報告した．つまり，ブルワーとトレイエンズの研究は，記憶がスキーマの影響を受けることを示している．**スキーマ**（schema；**BOX 7.2**参照）とは，個人の知識，経験，期待を反映する構造化された知識をいう．大学院生の勉強部屋というスキーマに適合する対象は想起されやすく，また適合しているが実際には部屋にない対象も誤って報告されやすい傾向がある．その一方で，勉強部屋スキーマに適合しない非典型的な対象は注意を引きつけ，より深く分析され想起されやすいようである．

　記憶とスキーマとの関連について，ブルワーとトレイエンズと同じような研究がペズデックら（Pezdek, K. et al., 1989）によってなされている．心理学の大学院生の部屋と幼稚園の部屋の2カ所が使用された．同じ16個の項目がそれぞれの部屋に置かれ，半数がそれぞれの部屋にふさわしく，半数がそれぞれの部屋にふさわしくないものであった（たとえば，教科書，灰皿，タイプライターなど；クマのぬいぐるみ，おもちゃのトラック，積み木など）．61名の大学生が実験に参加した．大学生は，後でテストするので部屋を注意深く観察するようにと教示され，部屋を1分間自由に歩きまわった．記憶テストが直後

または1日後になされた。再生テストがなされている間に，部屋の中の半数の項目が交換された。交換項目は同じ名称の項目であるが見かけが異なるものであった。大学生は再生テスト後に再び部屋に入り各項目の再認テストを行った。ペズデックらの主な結果は次のようなものであった。再生数は部屋にふさわしい項目よりもふさわしくない項目で多く（4.14対5.29），幼稚園よりも院生の部屋で多く（4.41対5.0），1日後よりも直後で多かった（4.21対5.2）。d'（ディー・プライム；BOX 2.3参照）で評価された再認テストの結果は再生成績と同じ傾向を示した。ヒット率は項目の部屋への適合性に関係なく一定であったが，フォルスアラーム率はふさわしくない項目よりもふさわしい項目で高く，直後よりも1日後で高くなった。ペズデックらの研究とブルワーとトレイエンズの研究は実験方法に関して，部屋にふさわしい項目とふさわしくない項目の比率，テストされる項目の数，テストの事前通知の有無，観察時間，テストの方法などで異なっている。しかし，ともに記憶がスキーマの影響を強く受けやすいことを示している。

6.2 自伝的記憶

自伝的記憶（autobiographical memory）とは，個人が日常生活で経験するさまざまな出来事についての記憶の総体である。老年になってから自分の人生を振り返り，経験した出来事を思い出すとき，どの年代での出来事が想起されやすく，どのような形の記憶分布が得られるのであろうか。自伝的記憶の研究者は，調査対象者に自分にとって重要な出来事，鮮明に記憶している出来事，ある言葉を見たときに最初に想起される出来事，ある特定の事件や話題に関連した出来事などについて想起させ，想起した出来事と経験した年齢を調べることで，**ライフスパン検索分布**（lifespan retrieval curve）を求めてきた（Rubin et al., 1986；Conway & Pleydell-Pearce, 2000）。その結果，図6.2のような分布が得られている。この分布から次の3つの現象がうかがえる。それは①幼児期健忘，②レミニッセンスバンプ，③新近性である。

第1の**幼児期健忘**（childhood amnesia あるいは infantile amnesia）とは，

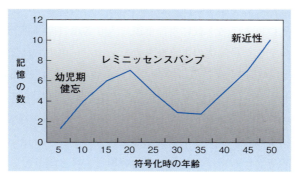

図 6.2 典型的なライフスパン検索分布（仮想モデル）
(Conway & Holmes, 2005)

幼児期（誕生から約 5 歳程度まで）に経験した出来事を想起する割合が少ないという現象である。しかし，幼児は再認記憶を形成できることがわかっている（Rovee-Collier, C., 1999；Rovee-Collier et al., 1999；Hartshorn et al., 1998）。ロビー＝コリアーらは，幼児（2 カ月〜18 カ月）にベビーベッドの上に釣り下げられているベビー用モビールを見たとき，足でキックするように教えた。月齢が若いほどこの反応の学習に時間がかかり，かつ忘れるのも早かった。たとえば，2 カ月の幼児は 1〜2 日間しかこの反応を保持できなかったが，6 カ月の幼児は 2 週間保持できた。月齢が 2 カ月から 18 カ月になるにつれて，反応の保持期間は直線的に増加していった。また，フィヴュッシュら（Fivush, R. et al., 1996）によると 5 歳以下の幼児は多様な自伝的記憶を想起できるという。では，幼児期には想起できた記憶を大人になると想起できなくなるのはなぜであろうか。その理由として，フロイト流の幼児期の抑圧の他にも，幼児は知能や言語能力が未発達なのでコード化が適切にできない，言葉を介して母親などの他人と記憶を共有しにくい，幼児期のコード化は成人期でのコード化と異なっているため検索過程が一致しない，幼児は現在のみに意識が向けられており時間的に一貫性のある自分史が未発達であるため過去の出来事を自分史に組み込むことができない，などが挙げられているが，幼児期健忘が生じる理由は定

かではない。

　第2の**レミニッセンスバンプ**（reminiscence bump）は，10〜30歳頃の出来事の想起の割合が増加するという現象である。このバンプ（増加）は個人的体験の記憶にとどまらず，自伝的な知識（たとえば，この年代で見聞きした映画，音楽，社会的出来事など）でも認められる。この時期の記憶は正確で，個人的にも重要な出来事であると判断される傾向があるといわれる。バンプが生じる原因としては，この年代では新しい経験が多く新奇性が高い，情報処理能力がもっとも優れているため効率的なコード化がなされ記憶痕跡が鮮明になる，さらにはこの時期は楽しい経験が多いので想起されやすい，などの説明がなされてきているが，これらの説明に対しては必ずしも肯定的な結果が得られていない（たとえば，Rubin & Schulkind, 1997）。この10〜30歳頃の年代は人生における移行期であり，個人的にも社会的にもアイデンティティが確立され，人生の長期的な目標を決定する時期に相当するため，この時期の出来事が重要になり，繰返し想起されるという指摘もある（Conway & Pleydell-Pearce, 2000）。

　ライフスパン検索分布からみられる第3の現象は新近性である。**新近性**（recency）とは，実験室的研究でも頻繁に観察される現象である。この現象は，最近コード化された記憶はアクセスされやすい状態にあるが，保持期間が長くなるにつれて減衰や干渉を受けてアクセスされにくくなると説明されるであろう。以上の3つの現象のうち，幼児期健忘と新近性は若年者でも生じるが，レミニッセンスバンプは高齢者（60歳以上）で顕著に生じる。

　自伝的記憶を研究する際の大きな問題は，想起内容の検証が困難になることである。たとえば，あなたがある出来事をありありと覚えていると断言したとしても，客観的な外的証拠がなければ，その想起内容が正しいか正しくないかを区別できない。また，その出来事を経験したとする年齢が誤っているかもしれない。出来事の再生報告は，時間の経過とともにもとのエピソードに含まれていない情報や細部が付け加えられるという顕著な特徴がある。記憶はスキーマの影響を受け，再構成される傾向があるからである。そこで，自伝的記憶を研究しようとする場合，出来事の正確な記録が残されているとデータの客観性が増す。

バーリックら (Bahrick, H. P. et al., 1975) は高校の卒業記念アルバムを利用して，長期間の記憶を調査することにした。392人の高校卒業生を対象として，クラスメートの顔と名前の記憶を調査したのである。彼らが卒業してから3.3カ月から47年7カ月の範囲の期間が経過していた。この研究では，6つの課題が与えられた。まずはじめに，課題1として，卒業時のクラスメートの名前を再生するように求められた。次に，課題2として，顔写真の再認課題が与えられ，他の学校の卒業生の写真と一緒にクラスメートの写真を見せられた。課題3は名前の再認課題であった。課題4と5は，写真に名前を合わせる課題と名前に写真を合わせる課題であった。課題6は写真を手がかりとして，クラスメートの名前を再生することであった。卒業記念アルバムがあるので回答の正誤が判断可能となる。高校時代はライフスパン検索分布におけるレミニッセンスバンプで想起の対象となる時期に相当するので，かなりよい成績が期待できそうである。

図6.3がその結果である。図からわかるように，クラスメートの名前の再認は卒業から14年までほとんど低下しない。クラスメートの顔写真の再認にいたっては34年まで低下していない。高校卒業から47年後でも約70%の再認成績である。高度に学習された材料についての再認記憶は受動的に減衰するとしても，その程度はささやかなものであり，完全には消失してしまわないようである。ところが，再生課題の成績は再認課題と比較すると低い。写真を手がかりとして与えられても，名前の再生成績が低いレベルにとどまっているのは顔から名前への連合にアクセスできなくなってしまったからのようである。

もちろん，このような長期にわたる再認記憶の好成績はコード化の段階の影響もあるに違いない。クラスメートとは少なくとも1年以上付き合っていたはずである。それだけ，個人的に関係のない対象を記憶する実験室場面とは異なり，個人的にも重要ないろいろな出来事に遭遇しており，豊富な手がかりがクラスメートの顔と同時にコード化されているのであろう。

長期の自伝的な記憶を研究するには，やはり正確な証拠があることが望ましい。一つの方法は，日誌を利用することであろう。リントン (Linton, M., 1975) とワーゲナー (Wagenaar, W. A., 1986) は研究のために自身の日常の

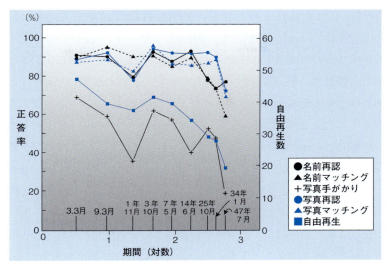

図 6.3　クラスメートの顔と名前の記憶 (Bahrick et al., 1975)
再生課題の結果を示す，写真が手がかり（＋）と自由再生（■）は右軸に対応しており，再認課題の結果を示す，上方の4つの曲線は左軸に対応している。

出来事について長期にわたって詳細な日誌記録を書き続け，後に経験を想起できるかどうか調べた。リントンは6年間にわたって毎日体験した出来事を少なくとも2つカードに記録してファイルに残し，月に一度ファイルから何枚かランダムに抽出して，日付の推定や記述内容の確認を行った。6年間で記録項目は5,500項目以上になり，検査（あるいは再検査）された項目は11,000項目に達した。検査で忘却したと判断された記録項目はファイルから排除された。忘却の原因は，示差性の喪失であった。つまり，日常の生活で類似した出来事が反復されるにつれて個々の出来事のユニークさが失われて，類似体験が構造化されていったのだ。時には，内容の意味をつかめない項目も出てきた。結果をみると，6年間に30%の項目が忘れられていた。項目の忘却は毎年5〜6%と比較的安定しており，ほぼ線形関数となり，エビングハウスの忘却曲線とは異なる形を示した。また，検査された項目は忘れにくい傾向があった。この結果はリハーサルあるいは再学習の効果を示している。

ワーゲナーも6年間，日誌法で記録をつけ続けた。彼の場合は，後の検査で想起手がかりの有効性を検討するために，日誌に記録する際に，①誰が（who），②何を（what），③どこで（where），④いつ（when），を区別して1つあるいは2つの出来事を毎日記入するようにした。また同時に出来事について示差性，情動性，快−不快度の評価も行った。記録の総数は2,400件となり，記憶検査は1年の間隔を置いてなされた。記憶検査は，ランダムに選んだ1つの手がかり，たとえば，who項目（例：Leonardo da Vinci）を提示して，他の3つの項目（what, where, when）を再生し，次にさらに1つの手がかりを加えwhoとwhere項目（例：Leonardo da VinciとthｅChurch in Milan）を提示して，残りのwhatとwhenを再生するという方法でなされた。このように手がかりを1つずつ追加させながら再生を行い，とくに4つのすべての手がかりが提示された場合には，出来事の詳細をさらに再生した。

図6.4がその結果である。手がかりが増えるにつれて再生が可能になり，5年経過しても80％程度は記憶できていることがわかる。whatは単独の手がかりとしてもっとも有効性が高く，whenは単独ではほとんど役に立たなかった。また，whatの後でwhenが続く場合にはよい成績が得られたが，whenの後にwhoあるいはwhereが来る場合にはよい成績が得られなかった。彼は手がかりとしての有効性は，what, where, who, whenの順であると結論している。また，目立つ出来事と情動を喚起する出来事は，その程度が高いほど記銘されやすく，また保持されやすい傾向が示された。快−不快度に関しては，示差性と情動性とは異なるパターンを示してはいたが，快い出来事は不快な出来事よりも再生成績が高かった。

一般的に，ワーゲナーの結果はリントンの結果と比較すると，記憶成績が高い。おそらく，その理由はワーゲナーが，リントンよりもより詳細な再生手がかりを利用していたからであろう。

リントン，ワーゲナーや他の日誌記録の研究は，無視されていた日常生活における記憶研究の分野を開拓し，疑いもなく大きな貢献を行っている。ただ，このような単一事例の研究には限界もある。日誌的な研究はただ1人の個人的な事例の記録であり，データ収集に長い年月が必要である。忘れている出来事

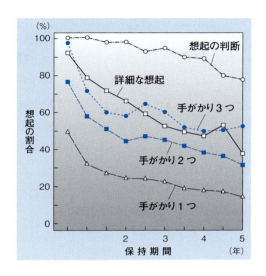

図 6.4 　ワーゲナー (1989) の自伝的記憶の想起の割合
(Baddeley, 1990)

を再生しようとする試みは辛抱強い忍耐を必要とし，精神的に疲れる作業である。たとえば，リントンは，記録項目の作成には毎日数分で済むが，記憶検査には 6〜12 時間かかり，極端に骨の折れる作業であると述べている。また，ただ 1 人の結果であるので，他の人々にこの結果を当てはめることができるのかという疑問も生じてくる。さらには，このようなデータは基本的には観察法のデータであり，仮説を検証しようとする真の実験的研究ではない。

6.3 　フラッシュバルブ記憶

　リントンやワーゲナーの研究でも，忘却の最大の原因は，示差性の喪失であった。逆にいえば，尋常ではない，非常に目立つ，強い情動を喚起する出来事は，忘却されにくいといえる。ブラウンとキューリック（Brown, R., & Kulik, J., 1977）は，80 名にケネディ大統領の暗殺事件や，その他の衝撃的な出来事

についてはじめて知ったときの状況を再生させた。ほとんどの人が，14年経過した後も，そのときどこにいて，何をしていたか，誰がそのニュースを教えてくれたか，また，そのときの自分の感情などを鮮明に記憶していた。それはあたかもフラッシュをたいて写真に撮るかのように記憶に焼きつけ，写真を見るかのようにありありと想起される。ブラウンとキューリックはこのような重大事件をはじめて知らされたときの状況について，写真を見るかのように正確で鮮明かつ詳細に永続的に想起できる現象を**フラッシュバルブ記憶**（flashbulb memory）と名づけた。彼らはフラッシュバルブ記憶が通常の記憶システムとは異なる特殊な神経メカニズムによっていると提唱した。なお，この種の記憶については，すでにコールグローヴ（Colegrove, F. W., 1899）が，33年経過した時点でも，リンカーン大統領の暗殺を知らされたときどこにいたか，何をしていたかを詳細に記憶できていたことを報告している。

　フラッシュバルブ記憶については多くの研究がなされてきた（Conway, 1995；Winograd & Neisser（Eds.），1992参照）。その中には，1986年のスペースシャトル・チャレンジャー号爆発事故，1997年のダイアナ元妃の事故死，1993年のニューヨーク世界貿易センター爆破事件など多くの事件が含まれている。興味の焦点はフラッシュバルブ記憶が他の記憶と根本的に異なっているか否かである。この点を検証するには，調査を繰り返して，想起の一致度を調べることが肝要であろう。フラッシュバルブ記憶も他の記憶と同様に再構成がなされている可能性がある。重大事件は多くの人と話題にしがちで，何度も語り合い，時間経過の中で記憶に組織的な変化が起こる可能性が高い。フラッシュバルブ記憶研究は，いつ重大事件が突発するのか予測できないので，研究を開始するための準備期間が長くなる傾向がある。もし最初の調査が事件発生の何日か後になってしまうならば，すでに調査対象者の中で再構成された情報の細部が記憶に組み入れられてしまい，再度調査したときも想起内容が一貫して，見かけ上永続的な記憶になってしまうであろう。

　ウィニングハムら（Winningham, R. G. et al., 2000）は1994年当時元プロフットボール選手・映画俳優として有名であったO・J・シンプソンが，彼の元妻とその友人の殺害事件についての刑事裁判で無罪判決を下されたことがア

ナウンスされた5時間後に35名の学生に，判決のニュースを知った場所，時間，そのとき行っていた活動，そのニュースを何で知ったのかなどについて，最初の質問紙調査を行った。他の30名の学生には1週間後に最初の調査を行った。8週間後に2度目の調査を両グループに対して行い，1度目と2度目の回答の一致度を調べた。高い一致度（7以上；最大8）と判断された回答者の割合は1週間後グループで53.3％，5時間後グループで22.85％であった。つまり，直後に調査された回答者に多くの記憶の変容が生じていた。

ナイサーとハーシュ（Neisser, U., & Harsch, N., 1992）はチャレンジャー号の惨事が発生した翌日，106名にどこで，何を行っていたか，いつ知ったのかなどの調査を行った。3年後に再び44名に対して同じ調査を行ったところ，回答の平均一致度は2.95（最大7）であった。しかしながら，回答者は自分の記憶の正しさを確信していた（4.17；最大5）。

事件発生直後に最初の調査がなされた2つの研究では，フラッシュバルブ記憶が他の記憶とは異なるという積極的な証拠が得られず，他の記憶と同様の記憶の再構成をこうむると示唆した。ただ，記憶内容についての主観的確信度や鮮明さは，他の記憶と比較して特殊のようである。

ウィーバー（Weaver, C. A., III, 1993）はコントロール群を導入した。フラッシュバルブ記憶研究の方法論上の弱点の一つはコントロール群が存在しないことである。彼は日常の出来事にフラッシュバルブ記憶が形成されるか否かに興味をもち，1991年1月16日の授業に出席していた学生に，フラッシュバルブ記憶に関する質問紙を手渡し，その後クラスメートに出会ったら，そのときの状況をできるだけ詳しく記憶するように，そして配付した質問紙に，出会った後できるだけ早く回答するようにと依頼した。偶然にその晩，ブッシュ（第41代）大統領がイラク空爆命令を出し，湾岸戦争が勃発した。次の授業がなされた2日後の1月18日に最初の質問紙が回収され，そして学生は新たに配付されたイラク空爆に関する質問紙に記入した。約3カ月後の4月にクラスメートとの出会いとイラク空爆の2つの出来事について2度目の調査がなされ，3度目の調査が約1年後になされた。分析の結果，記憶に対する確信度はクラスメートとの出会いよりもイラク空爆で高いことがわかった。しかし，この確

信度の違いは回答の一致度を反映しておらず，回答の一致度は2つの出来事に基本的には相違がなかった。ただ緩い基準判断で，8項目の質問中の日時と最初の考えという2項目でイラク空爆のほうが一致度の成績が高いという相違はあった。回答の一致度は，直後から3カ月後にかけて大きな低下が認められ，3カ月から1年後では大きな変化がなく，エビングハウスの忘却曲線に従っていた。

まったく同じ傾向の結果が2001年9月11日にニューヨークで起こった世界貿易センタービルテロ事件に関しても得られている（Talarico & Rubin, 2003）。彼らは翌日の9月12日に学生を対象に最初の調査を行った。2度目以降の調査のために，学生は3つのグループに分けられ，それぞれ1週間後，6週間後，32週間後に調査された。学生はテロ事件の他に日常的な出来事についても質問された。再生の一致度は時間経過につれて低下したが，2つの出来事にまったく相違はなかった。しかし回想の新鮮さ，鮮明さ，確信度に関しては，テロ事件のほうが高かった。

これらの研究を含む大部分の研究は，フラッシュバルブ記憶の特殊メカニズム説を支持していないようである。ただ，どんな事例をフラッシュバルブ記憶とするかという問題も残っている。フラッシュバルブ記憶の定義は，循環論的である。つまり，フラッシュバルブ記憶は写真を見るかのように正確で，鮮明かつ詳細に，永続的に想起できるという特徴をもつが，これらの特徴をもたない出来事の記憶はフラッシュバルブ記憶とはいえないのである。

6.4 目撃証言

フラッシュバルブ記憶の場合，研究の対象となるのは，上述のニューヨークでのテロ事件のような重大な出来事が発生したときの自分自身の状況について，たとえば，そのとき何をしていたのか，いつ知ったのか，どのように知ったのか，などの記憶であった。ところが**目撃証言**（eyewitness testimony）の場合には，自分自身の状況に関する記憶ではなく，周りの出来事そのものが対象となる。目撃した出来事の記憶，たとえば，誰が何を行ったのか，いつ起きたの

6.4 目撃証言

か，周囲に存在した物体は何だったか，誰がそばにいたのか，などが対象になる。時には事件や犯罪が起こり，強い驚きや恐怖のような感情を喚起され，それが研究対象となる場合もある。また時にはまったくありふれた日常の出来事での記憶が対象となることもある。たとえば 1 週間前，近所の公園で見かけた人はどんな顔でどんな服装をしていたかとか，駐車していた自動車の形と色は何かとか，人物の写真を提示し，この写真の人はコンビニで何を買ったのかというように問うこともあるであろう。

事件や犯罪は十分統制された観察条件で起こるとは限らない。現実社会の場面は，よく統制された実験室場面とは大きく異なっている。実験室実験では，実験参加者はスライドについて後ほどテストされることをわきまえて観察している。ところが，事件や犯罪の目撃者にとって，観察した現象が興味を引くものでなかったり，重要な意義をもっていなかったりする。あるいは逆に，身の安全や生命が脅かされる事態のような，覚醒レベルが極端に高い場合もありうる。身の安全や生命が脅かされる事態では，自分自身の安全に多くの注意を払うために，周りの出来事を冷静に観察できず，出来事の記憶は曖昧となる可能性が高い。

一方で演出された「事件」の目撃者の証言はきわめて不正確であり，質問で使用する言葉が記憶しているとされる回答に強く影響することが立証されている。目撃者の証言に関する研究はとくにロフタス（Loftus, E. F.）と共同研究者によってなされてきた。

ある研究で，ロフタスとパーマー（Loftus, E. F., & Palmer, J. C., 1974）は実験参加者に映画で自動車事故の場面を見せた後，事故に関していくつかの質問をした。その中に自動車の速度に関する質問があり，参加者群それぞれに「2 台の自動車が〇〇のときどれくらいのスピードで走っていましたか？」と質問した。この〇〇には，自動車事故が起きたときの衝突の強度を示す動詞（激突した（smashed），衝突した（collided），ぶつかった（bumped），当たった（hit），接触した（contacted））が使われた。スピードの評価の結果は「激突した」ときが一番速く時速 40.8 マイルであった。そして「衝突した」は 39.3 マイルで，「ぶつかった」は 38.1 マイル，「当たった」は 34.0 マイル，「接

触した」は一番遅く31.8マイルであった。このように質問の1つの単語を変えるだけで自動車の速度に関する回答に大きな影響を与えたのである。さらに，1週間後に，実際には割れていなかった自動車の窓ガラスに関して「壊れた窓ガラスを見ましたか？」という質問をしたところ，前回の質問において「激突した」で質問された群は32％が"見た"という回答を行った。一方「当たった」で質問された群は14％が見たと答えた。明らかに外部から与えられた言語情報が暗黙のうちに示唆を与え，出来事の記憶を歪めたのである。

　目撃した出来事の記憶は，事後に与えられた情報によっても歪められる（**誤情報効果**，misinformation effect）。そのことを示す有名な研究はロフタスら（Loftus et al., 1978）の赤いダットサン研究であろう（ダットサンとは，自動車のブランド名である）。実験参加者は赤い自動車が歩行者をはねるまでの出来事を示したスライドの系列を見た。2つの参加者群がつくられ，一方の群は「止まれ（stop）」の標識で赤い自動車が止まっているスライドを含む系列を観察し，もう一方の群は「先を譲れ（yield）」の標識で赤い自動車が止まっているスライド系列を観察した。参加者は質問に答えたが，各群の半数にはスライドと一致した情報の質問がなされ，残りの半数には一致しない誤った情報を含んだ質問がされた。つまり各群の半数には，「『止まれ』の標識のところで赤い自動車が止まっている間に別の車が通り過ぎましたか」，また半数には，「『先を譲れ』の標識のところで赤い自動車が止まっている間に別の車が通り過ぎましたか」という質問がなされたのであった。20分後に，対のスライドが提示され，参加者は観察したスライドを選ぶ再認テスト課題が与えられた。スライドの一つは「止まれ」の標識のもので，他は「先を譲れ」の標識のものであった。一致した情報を受け取った参加者の75％は正しいスライドを選んだが，誤った情報を与えられた参加者が正しいスライドを選んだ率は41％であった。1週間後に再認テストされた場合には，誤った情報を与えられた参加者の成績は20％になった。つまり，質問で誤った標識について言及された参加者は，もとの情報よりも事後の情報を報告する傾向が強くなった。また，事後に与えられた誤った情報を報告した実験参加者はそれが正しいと確信しており，正答に対して金銭的な報酬を提供するとしたときにも正答率が改善されることはな

かった（Loftus, 1979）。

　記憶のエラーには内容エラーと帰属エラーが考えられる。上述の2つの研究結果でみられるのは内容エラーである。一方，帰属エラーとは，いつ，どこで，どのように，その記憶を覚えたのかという情報源についての判断（**ソース・モニタリング**，source monitoring）を誤ってしまうことである。ある記憶の情報源を異なる情報源に帰属してしまい，誤った判断をしてしまうこともあろう。目撃者にとっての問題は，その顔は再認できるが，遭遇状況というエピソードを忘れてしまい，新聞やテレビの報道で見たのか，見せられた写真で見たのか，それとも実際の犯罪場面だったのか混同してしまい，帰属エラー（ソース・モニタリング・エラー）を犯してしまうことである。

　バドリーは目撃者の記憶を研究しているオーストラリアのトムソン（Thomson, D.）の事例を紹介している（Baddeley, 1982, 1990）。トムソンは犯人と同じ服装をした人が犯人として誤認された事例から，事件の関係者に容疑者を見せて犯人かどうか確かめる面通しなどのときに服装が強く影響することを示す一連の研究を行い，目撃証言の信憑性が低いことを主張していた。あるとき，彼はこのテーマに関するテレビ討論に参加したが，その2～3週間後に警察に逮捕され，面通しに並ばせられ，被害者によって強姦の犯人であると指摘された。やがて，被害者は，トムソンがテレビに出演していた番組を見ていたときに被害にあっていたことがわかった。被害者はトムソンの顔を正しく記憶していたが，誤って犯人の顔に帰属してしまったのである。

　ブラウンら（Brown, E., et al., 1977）は学生にある部屋で25枚の顔写真を見せ，2時間後に他の部屋で25枚の顔写真を見せた。2日後に，異なる部屋でそれら50枚と，新たな50枚を合わせた100枚の顔写真を対にして見せ，以前に見た写真はどちらの写真かということと，それを見た部屋はどこかを指摘させた。その結果，顔写真についての正答率は96％であったが，正しく再認された写真を見た部屋に関しては58％のみであった。この結果から顔写真だけを見た者を現実に犯罪現場で見たと勘違いする可能性があるとブラウンらは指摘している。また，正確さと確信度の間に相関が認められないことも報告している。

目撃者の証言に関する研究は，証言の信憑性の欠如に注目しがちであるが，一方で記憶研究の成果を活用して，目撃者の事実に沿った想起を促進するための手法がガイセルマン（Geiselman, R. E.）と共同研究者によって開発されてきている（Geiselman et al., 1985；Geiselman & Fisher, 1997）。この**認知面接法**（cognitive interview）とよばれる手法の基本は次の4つの検索方法から構成されている。それは，①文脈の心的再構成，②すべての出来事の報告，③異なる順序での想起，④異なる視点での想起，である。①の方法は，目撃したときの周囲の状況をできるだけ思い出して，文脈を利用することである。②の方法は，目撃者が重要と思う，思わないに関係なく，部分的に不完全であれ，想起した事柄をすべて報告することである。③の方法は，順序正しく時間に沿って報告しようとすると，しばしばスキーマに影響されて，一般的にありそうな事柄を構成してしまいがちであるので，逆の順番などで再生させるようにすることであり，時系列順とは再生手がかりが異なるために，思い出せなかった事柄が想起される場合がある。④の方法は，さまざまな視点から出来事を想起させるようにすることである。人は出来事の想起を行うとき特定の視点を採用しがちである。そこで他の視点から想起を求めると，検索の方向性が変わり以前アクセスできなかった情報を検索できるようになる可能性が高まる。一方，

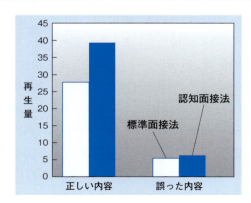

図6.5 **認知面接法と標準的な面接法の再生量の比較**
(Geiselman, et al., 1985)

伝統的な警察の面接では出来事を話させた後，質問が続くが，記憶検索の仕方についてはとくにガイダンスはなされない。

　ガイセルマンらは，認知面接法は警察の面接のような標準的な面接法よりも正しい情報をより多く再生させるという結果を得ている（Geiselman et al., 1985；図 6.5）。42 の研究についてメタ分析を行ったケーンケンら（Köhnken, G. et al., 1999）によると，認知面接法が標準的な面接法よりも正再生量において，大人でも子供でも，優れているという結果を示した。認知面接法は明らかに記憶研究の知見にもとづいているため標準的な面接よりはよいが，誤った再生も引き出すという欠点もあるようである。今後，認知面接法はさらに記憶の知見が集積されるにつれ洗練されるであろう。

知識表象と言語理解

　人間は何らかの形で知識を蓄えており，それを利用できるはずである。たとえば，「徳川幕府を開いたのは誰か」「3×4の答はいくつか」などと尋ねられたときに正しい答を返すことができるのは，回答した人が歴史上の事実やかけ算のしくみについての知識をもっているからだろう。それでは，知識はどのような形で蓄えられており，どのようにして利用されているのだろうか。本章では，まず，人間の意味記憶の構造に関する研究を概観する。次に，知識構造が実際の行為にどのように関わるのかという話題を取り上げる。さらに，既存の知識を活用して新たな知識を獲得していく過程としての言語理解のメカニズムについて論じる。最後に，言語的な知識と非言語的な知識の関係について考える。

7.1　意味記憶の構造

　知識表象や意味記憶の研究は認知心理学の中でもわかりづらい，実感がわきにくいという意見を聞くが，その一因には，これらの研究がモデルベース，理論ベースで進んできたことにあるのかもしれない。つまり，知識表象の構造についての主張は，何らかの具体的な事実の発見にもとづいてなされたというよりは，人間はこのような形で知識を蓄え利用しているのではないかという理論やモデルを立てたうえで，それらを実証的に検討するという演繹的なアプローチから行われてきた。以下で紹介するモデルについても，そのことを念頭に置いておくと理解しやすいだろう。

7.1.1 意味ネットワークモデル

　知識にはさまざまな種類があるが，直感的にもっとも単純であると思える種類の知識として，言葉（単語）の意味についての知識があるだろう．ある単語の意味はそれと関係のある別の単語との結びつきによって説明できる．たとえば，"鳥"とは何かを説明するように求められたら何と答えるだろうか．「羽が生えていて空を飛ぶ動物です」というのも答であるし，「そこにいるカラスやスズメのことです」というのも答になりうる．これらの例では，「鳥」という単語がその他の「羽」「生える」「空」「飛ぶ」「動物」といった単語，また，「カラス」や「スズメ」といった単語と結びつけられている．そうすると，「鳥」という単語の意味がわかるということは，これらの他の単語との関係を理解していることだといえるのではないだろうか．ここから，単語に表されるような単純な概念についての意味は，概念同士の結びつき（連合）によって表現し，説明できるのではないかという発想が生まれてくる．

　こうした概念間の関係性をもう少し詳細にみてみよう．もっとも単純な関係性は2つの単語間の関係である．「鳥」は「動物」である，「カラス」は「鳥」であるといった関係性は，いずれも2つの概念を直接的に結びつけるものである．すなわち，2つの単語を同じ対象を指すものとして扱っている．他の関係性はもう少し複雑である．たとえば，「鳥」と「羽」は先ほどと同じような形では結びつけられない．「鳥」には「羽」が「生えている」という形ならこれらの概念を結びつけることが可能である．「鳥」と「空」も同じように直接的には結びつかない．

　このように考えていくと，概念間の関係性には少なくとも2つの種類がありそうである．一つは，"である (isa)"関係，すなわち，「である」という言葉を挟んで「鳥」と結びつけることのできるような関係である．より厳密には，である関係はカテゴリ関係を表している（「鳥」は「動物」というカテゴリの一員であり，「カラス」は「鳥」というカテゴリの一員である）．もう一つの関係は，"属性"関係であり，ある概念が他の概念で表される属性をもっているという形で連合をつくる．「鳥」は「（羽が）生えている」「（空を）飛ぶ」という属性をもっているが，これらは"である"関係とは違う．

7.1 意味記憶の構造

こうした考え方をもとに人間の意味記憶のモデルをつくったのがコリンズとキリアンである (Collins, A. M., & Quillian, M. R., 1969)。彼らのモデルは，**意味ネットワークモデル** (semantic network model；9.3.3 参照) とよばれる。図7.1 にこのモデルの概念図を示した。この図では，それぞれの太字の単語が1つの概念を表す (**ノード** (node) とよばれる)。概念間の連合は，**リンク** (link) とよばれる線分で表している。さらに，"である" 関係なのか，"属性" 関係なのかを添え字で表している。このモデルは，"である" 関係 (カテゴリ関係) によって上下の階層が明確に分かれる階層構造をもっている。"属性" 関係については，カテゴリの各階層のノードからリンクが延びる形でネットワークが形成される。

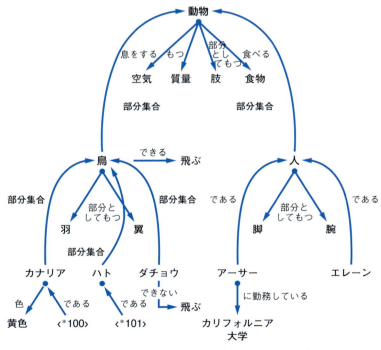

図 7.1　コリンズとキリアンの意味ネットワークモデル
(Rumelhart & Norman, 1988)

それでは，このようなモデルは，人間の実際の意味記憶または知識利用と合致しているのだろうか。コリンズとキリアンは人間の実験参加者を対象として真偽判断課題を用いた実験研究を行った。真偽判断課題とは，「カナリアは鳥である」「カナリアには羽がある」などの文を提示して，その内容が事実として正しいか否かをできるだけ速く判断して回答する課題である。意味ネットワークモデルにもとづくと，真偽判断課題の成績はどのように予測できるだろうか。ここで，モデルのふるまいを説明するために**活性化**（activation）という概念を使う。活性化とは，それぞれのノードがもつエネルギーの強さのようなものと考えるとよい。活性化の強いノードほど後ですばやく，より確実に検索される。ノードは各概念に対応する刺激を受け取ると活性化する。また，あるノードの活性化はリンクを通して近隣のノードに伝わっていく。

「カナリアは鳥である」という文が正しい事実を述べているかどうか判断する場合を考えてみよう。この場合，文中に"カナリア"と"鳥"という概念が含まれているので，"カナリア"と"鳥"のノードが活性化する。"カナリア"のノードからはリンクしている3つのノード（"鳥"，"黄色"，"*100"）に活性化が伝わる。また，"鳥"のノードからはリンクしている5つのノード（"カナリア"，"動物"他）に活性化が伝わる。このプロセスの結果として，"カナリア"と"鳥"は刺激を受け取ったときと他方のノードから活性化を伝えられたときの2回活性化を受け取るので，他のノードよりも活性化が強くなっている。このような場合，ネットワークは"文の述べる事実は正しい"と判断する。

意味ネットワークにおける活性化の伝播には，さらに，距離が離れるほど活性化は小さくなる，ある程度の時間が経過すると活性化は弱まるという特性がある。これらの特性のため，たとえば，「カナリアには羽がある」という文が正しいか判断するときには，「カナリアは鳥である」という文について判断するときよりも時間がかかることがわかる。具体的には，"カナリア"と"羽がある"の間に活性化が伝わるには"鳥"のノードを経由する必要がある。そのため，一方のノードから他方に伝わるまでにある程度活性化は弱まることになる。

人間を対象とした実験の結果は，この予測を支持するものだった。実験では，

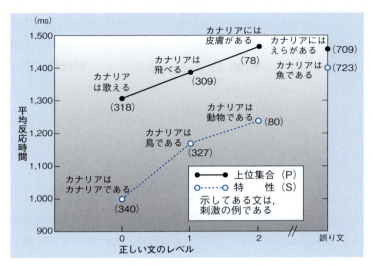

図 7.2　図 7.1 のような仮説的意味ネットワークにもとづくレベルの関数として文の真偽判断課題における反応時間をプロットした図
(Collins & Quillian, 1969)
誤り文に対しての反応時間はこの図の一番右に示されている。

ノード間の距離のレベルが操作された（レベルが高いほどノード間の距離が大きい）。図 7.2 には，各種の文が正しいか否か判断してボタンを押すのにかかった時間が示されている。モデルの予測に合致して，レベルが高いほど反応時間が長くなっていることがわかる。また，"である"関係のほうが"属性"関係よりもすばやく判断ができることから，これら 2 種類の関係に違いがあることがうかがえる。

7.1.2　特徴比較モデル

　コリンズとキリアンの意味ネットワークモデルは，人間の意味記憶の基本的なモデルを提示したという点でいまも重要な意義をもつ。しかし，この初期のモデルからは説明のつかない事実があることが明らかになっている。その一つが**典型性効果**（typicality effect）である。真偽判断課題では，カテゴリにおける典型的な事例については，そうでない事例よりもすばやく正確に判断がなさ

れる。たとえば,「コマドリは鳥である」という文のほうが「ニワトリは鳥である」という文よりも反応時間が短いといった結果が得られる（Rips et al., 1973）。この実験とは別のデータにおいて,「鳥」と言われて思いつく例を挙げてもらった場合には（Battig & Montague, 1969），コマドリは85％の人が挙げたのに対して，ニワトリは9％の人しか挙げなかったので，コマドリはニワトリよりも鳥としての典型性が高いと考えられる。意味ネットワークモデルにもとづいて考えると，"コマドリ"も"ニワトリ"も同じように"鳥"のノードにリンクしているはずなので，これら2つの概念を扱った文の反応時間に違いがあることは予想されない。

　スミスら（Smith, E. E. et al., 1974）は，このような典型性効果を説明することのできる，別の意味記憶のモデルを提案した。スミスらの**特徴比較モデル**（feature comparison model）では，意味記憶における表象とは概念ごとに特徴を列挙したリストである。リストには定義的特徴（その概念を定義するうえでなくてはならない特徴）と性格的特徴（その他の特徴）があり，その概念を定義するうえで重要な特徴ほどリストの上位に挙がる。たとえば，"カナリア"であれば，"物理的対象である""生物である""羽がある""黄色い"などの特徴が並んだリストによってその意味が表される。同じように，"鳥"といったカテゴリの意味も，"物理的対象である""生物である""羽がある"……などのリストによって表現される。

　特徴比較モデルでは，どのようにして文の真偽判断を行うのだろうか。**図7.3**に示したように，大きく2段階の判断過程が生じる。段階1では，概念間のおおまかな類似性によって判断が下される。「カナリアは鳥である」という文であれば，"カナリア"と"鳥"のリストが高速で比較される。ここで，リストに含まれる特徴の一致度がある程度以上に高ければ，十分に類似性が高いということで，この文は正しいと判断される。しかし，「ダチョウは鳥である」などの文を扱った場合には，一致度は"カナリア"のときほど高くないので（ダチョウは"飛ぶ""大きな翼をもつ"などの特徴をもたないし，典型的な鳥よりもサイズが大きい），類似性はそれほど高くならない。そこで，この場合は段階2に進み，定義的特徴のみにしぼって入念に検討する。この段階2の処

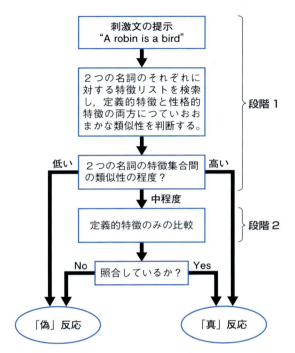

図 7.3 "A robin is a bird" のような文が真か偽かを判断する過程を説明する**特徴比較モデル**（Smith et al., 1974 より作成）

理は段階1よりも時間がかかる。結果として，"ダチョウ"は"鳥"の定義的特徴を備えているので，正しい事実を述べる文として判断されることになるが，"カナリア"のときよりも判断に時間がかかることになる。

このように，特徴比較モデルでは，2段階の判断過程を設けることで典型性効果を説明する。その他にも，「コウモリは鳥である」などの類似性の高い偽の文が「イヌは鳥である」などの類似性が低い偽の文よりも反応時間が遅れることもうまく説明できる。しかし，特徴比較モデルにもいくつか批判はある。このモデルでは，定義的特徴と性格的特徴の区別にあいまいなところがあり，場合によってはどちらかに決められないことがある。また，類似性が高いのにすぐに"正しくない"と判断できる例もある（「果物は野菜である」など）。

7.1.3 活性化拡散理論

　特徴比較モデルは，意味ネットワークモデルとはまったく異なる構造を想定したが，ネットワーク型のモデルでも典型性効果を説明できないわけではない。コリンズとロフタス（Collins, A. M., & Loftus, E. F., 1975）は，**活性化拡散理論**（spreading activation theory）という修正版のネットワークモデルを提案した（現在では，こちらのモデルを意味ネットワークとよぶこともある）。このモデルでは，"である"関係と"属性"関係の階層構造を区別しない。どのノードも他のあらゆるノードと直接リンクすることができる。その代わり，リンクの強度は意味的関連性によって違ってくる。意味的関連性は，概念間の相互結合の多さによって決まる。つまり，2つの概念が共通してリンクしている概念が多いほど意味的関連性が高くなり，より多くの活性化を受け取ることができるようになっている。図7.4では，リンクの長さが意味的関連性の強さを反映している。すなわち，リンクが短いほど意味的関連性が強く，長いほど弱くなる関係を示している。

　活性化拡散理論では，典型性効果は，典型的な事例のほうがカテゴリ概念との意味的関連性が強いことによって説明される。つまり，"カナリア"のほうが"ダチョウ"よりも，"鳥"というカテゴリ概念との相互結合が多く，結果として，より強く活性化するために速く回答に達すると考える。活性化拡散理論は柔軟性が高く，他にもさまざまな現象を説明できる。たとえば，真偽判断課題では，「イヌは哺乳類である」などの文よりも「イヌは動物である」といった文のほうが速く判断がなされる（Rips et al., 1973）。これは意味ネットワークモデルや特徴比較モデルのような厳格な階層構造を想定するモデルでは説明しにくい現象である（基本レベル効果）。しかし，活性化拡散理論では，"イヌ"と"動物"のほうが"イヌ"と"哺乳類"の間よりも意味的関連性が高いことを仮定すれば容易に説明できる。一方で，活性化拡散理論には，意味的関連性を恣意的に決定することによってアドホックな説明に利用される危険性もある。また，階層構造にもとづく属性関係の継承（上位概念の属性は下位概念にも適用される）といった特性も失われることになる。階層構造の有無やリンクによって表される関係の区別が人間の意味記憶のモデルにとって本質的であ

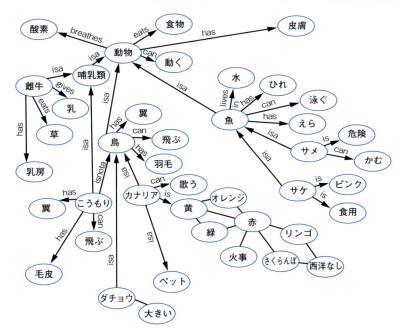

図 7.4 概念や属性の意味関係と意味的関連性を描いたコリンズとロフタス (1975) のネットワーク構造 (ラックマンら, 1988 より作成)

るか否かはいまなお結論が出ていない (BOX 7.1)。

7.1.4 意味的活性化というアイデアの活用

　意味的活性化という考え方は，真偽判断以外の知識利用の過程を説明する際にも有効である。そのような例の一つとして，**意味的プライミング効果**（semantic priming effect) がある。一般に，事前に意味的に関係のある単語を処理していると単語の処理は促進される。たとえば，語彙判断課題（提示された文字列が実在の単語であるか，単語を形成しない文字の組合せであるかをできるだけ速く判断する）で，「看護師」という単語に対して判断を行うときのことを考えてみよう。この場合，意味的に関係のある「医者」について判断した後のほうが，あまり関係のない「バター」について判断した後よりも，「看護

BOX 7.1　意味的関係は連想関係と区別されるか

　活性化拡散理論のように意味的関連性を概念間の相互結合によって決定するのであれば，意味的に関係があるということと連想的に関係がある（ネットワーク上で連合が形成されている）ということをとくに区別する必要はないかもしれない。しかし，人間は"属性"関係の継承にもとづく推論ができるし，連想関係は弱いが意味的に関係のある概念の対について意味的な判断を下すことができる（たとえば，「哺乳類」と「ビーバー」の連想関係はそれほど強くないが，「ビーバーは哺乳類である」かどうかは判断できる）。意味記憶のモデルにおいて意味的関係を連想関係と区別する必要はあるのだろうか。

　一般には，意味的に関係のある単語の対は連想的にも関係があることが多い。そのため，意味的プライミングの効果として報告されている研究結果には連想プライミングの効果が混入している可能性が高い。問題はその効果の度合いである。意味的プライミングの効果はまったく存在せず本当は連想プライミングしかないのか，それとも，どちらもある程度の効果があるのか。"純粋"な意味的プライミングを見出すために，連想関係がない，あるいは，連想強度がきわめて低い単語対を刺激として用いることが考えられる。実際にこのような手続きを用いた研究についてのメタ分析が行われている（メタ分析とは，複数の異なる研究の結果を統計的に統合し，効果の大きさや安定性を評価する手法である）。ルーカス（Lucas, M., 2000）は，26の研究（116の実験）の結果を統合したうえで，連想関係なしの意味的プライミングは小さな効果であるものの，たしかに存在すると結論した。データ全体を通しての効果量 d は，意味的プライミングについて.26，連想プライミングについて.51であった。この結果からすると，連想強度を統制していない意味的プライミング効果にはやはり連想プライミングの効果が相当に混入していると考えられる。

　一方で，"純粋"な連想プライミングを見出すこともまた困難である。連想関係が生じる単語対の間には，何らかの意味的関係も見出せることが多い。同じカテゴリに含まれなくとも，同時に経験することが多いなどのスクリプト的関係が成立する場合もある（「スコップ」と「砂場」など）。"純粋"な連想プライミングを検討する方法はさまざまに試みられているが（レビューとして，Hutchison, 2003），ここでは，単語間にどんな種類の関係があるときにプライミング効果が生じるのかという観点から議論しよう。ルーカスのメタ分析における，カテゴリ関係，同義語，対義語，スクリプト関係では，プライミング効果の効果量はほとんど変わらなかった（それぞれ，d = .23, .21, .20, .27）。機能的関係（「ほうき」と「掃く」などの道具関係を含む）では，他の場合に比べて大きな効果量が見出された（d = .55）。知覚的関連性（形状の似た「ヘビ」と「川」など）では効果量はかなり小さかった（d = .05）。ハチソン（Hutchison, K. A., 2003）は，より詳細に個別の研究をレビューし直した結果，"純粋"な意味的関係性による効果が認められるのは，このうち機能的関係（とくに，道具関係）のみであると結論している。

　以上のことから考えると，意味記憶のモデルにおいても連想関係とは別に特定の意味的関係を仮定する意義はあるかもしれない。ただし，意味的関係の種類を操作して意味的プライミングを検証した研究はそれほど多くはないので，最終的な結論を下すにはさらなる研究が必要であろう。

師」についての判断は速く正確になる（Meyer et al., 1975）。この現象は，活性化拡散理論によって容易に説明できる。"医者"と"看護師"は意味的関連性が強いので，より多くの相互結合をもっている。そのため，「医者」という単語を処理した時点で"看護師"の概念にはある程度の活性化が伝わっている。一方，「バター」の場合には関連性が弱いので，活性化はほとんど伝わらないだろう。そこで，実際に「看護師」という単語を受け取ってから処理するまでの時間に差が生じるのである。

意味的プライミング効果に関しては，その後，意味処理の自動性への興味からさまざまな研究が行われた。これらの意味的プライミング研究は，人間の知識利用の性質についても示唆を与えてくれる。たとえば，単語の意味的処理そのものが妨害される場合（個々の文字に注目させて単語として処理させないなど）を除くと，他の刺激や課題によって注意を逸したり注意資源を奪ったりしても意味的プライミングが起こることから，意味的活性化は自動的に生じるという主張がなされている（Neely & Kahan, 2001）。

活性化拡散理論とその発展・修正版のネットワークモデルは，意味記憶のモデルにとどまらず，認知心理学のさまざまな分野で応用されている。意味ネットワークモデルはもともとコンピュータ上に実装される計算モデルとして考案されたが，その後の計算モデルの進展にも広く影響を及ぼしている。たとえば，人間の高次認知機能全般を扱うACTモデル（Anderson, 1976）や，神経系のふるまいや学習過程のシミュレーションなどに用いられるコネクショニスト・モデルも，ネットワーク型の表現と活性化拡散の概念にもとづいている（意味記憶とそのモデルについては，9.3.3も参照）。ここから考えると，ネットワーク構造と活性化の伝播という発想は，単純な概念的知識だけでなく，より多くの種類の知識表象の構造と知識利用の過程を表現し説明することに有用であるかもしれない。

7.2 知識表象の運用

7.1では，単語で表せるような単純な概念的知識についてのモデルを概観し

た。もっと複雑な，現実的な状況で用いられる知識についてはどのようにとらえられるのだろうか。ここでは，日常的な行動に関わる知識について取り上げる（こうした知識が論理的・形式的推論にも関わることについては，8.2.2 を参照）。

7.2.1 スクリプト

　ある程度の時間的，空間的な広がりをもつ行動は，複数の行為の連鎖としてとらえることができる。たとえば，「レストランで食事をする」という行動であれば，「レストランの中に入る」「空いている席を探す」「席に着く」「メニューを見る」等々の複数のより小さな行為に分解できる。私たちがレストランに行って食事ができるのは，こうした行為の連鎖についての知識があるからである。もし「レストランで食事をする」という行動にどのような行為が含まれるのかをまったく知らないとしたら，レストランの入口で戸惑うしかないだろう。また，これらの行為の適切な順序についても知っておく必要がある。そうでなければ，代金を支払う前に店を出てしまうかもしれない。また，自分の行為に加えて，レストランには一般にどんなものがあるのか（メニューやテーブルなど），どんな人がいて（ウェイトレスやコックなど）どんな行為をするのかも知っておいたほうがよい。多くの人がレストランで食事できているからには，人間はこれらの条件を満たすような，ある場面での行動を成立させるための共通の知識をもっているに違いない。

　このような，特定の場面に現れる典型的な人，物，出来事に関する知識を**スクリプト**（script）とよぶ（Schank & Abelson, 1977）。スクリプトとは，演劇の台本を意味する言葉である。このスクリプトには，まさに台本と同じように，登場人物，小道具，場面設定，出来事の推移や結末などの情報が含まれると考えられている。表 7.1 には，「レストランで食事をする」という行動についてのスクリプトを示している。この例では，行為の系列は場面ごとに整理され，出来事は起こる順番に並べられている。

　以上のように考えていくと，スクリプトの存在を理論的に想定することは十分に可能である。では，人間は実際にこのような知識を備えているのだろうか。

表7.1 シャンクとエイブルソンのレストラン・スクリプト (Bower et al., 1979)

名　　前：レストラン
道　　具：テーブル，メニュー，料理，勘定書，金，チップ
登場人物：客，ウェイトレス，コック，会計係，経営者
入場条件：客は空腹，客は金がある。
結　　果：客の金が減る，経営者はもうかる，客は満足する。

場面1：入場
客がレストランに入る。
客がテーブルを探す。
客がどこに座るかを決める。
客がテーブルのところまで行く。
客が座る。

場面2：注文
客がメニューを取り上げる。
客がメニューを見る。
客が料理を決める。
客がウェイトレスに合図する。
ウェイトレスがテーブルに来る。
客が料理を注文する。
ウェイトレスがコックの所に行く。
ウェイトレスがコックに注文の料理を伝える。
コックが料理を用意する。

場面3：食事
コックが料理をウェイトレスに渡す。
ウェイトレスが客に料理を運ぶ。
客が料理を食べる。

場面4：退場
ウェイトレスが勘定書を書く。
ウェイトレスが客に読みあげる。
ウェイトレスが勘定書を客に渡す。
客がチップをウェイトレスに渡す。
客が会計係のところへ行く。
客が会計係に金を渡す。
客がレストランを出る。

このことを確かめるため，バウアーら（Bower, G. H. et al., 1979）は，「レストランで食事をする」「大学で講義に出席する」「医者に行く」などのさまざまな場面について，その場面にいたら普通どんな行為をするのかを20個ずつ挙げさせる課題を行った。その結果を**表7.2**にまとめてある。回答の一致度は高く，90％以上の行為は複数の回答者によって挙げられたものだった。また，それぞれの行為を場面ごとに分けるように求めると，場面分けの仕方についても実験参加者の間で高い一致がみられた。さらに，バウアーらは，こうして得られたスクリプトにもとづいて文章をつくり，その文章の記憶を調べた。再生・再認実験の結果によると，文章では述べていないがスクリプトに含まれる行為が，誤って再生されたり，スクリプトとは無関連な行為よりも誤って再認されやすいなどのスクリプトからの侵入反応がみられた。また，スクリプトに含まれる行為を実際に起こる順序とは違った順序で提示して，提示した順序を思い出すように求めると，提示した順序よりもスクリプト中の順序に近づけて想

表7.2 調査から得られた標準的スクリプト（Bower et al., 1979）

レストランに行く	講義に出席する	医者に行く
ドアを開ける	教室に入る	医院に入る
入る	友人を探す	**受け付けに申し出る**
予約名を告げる	**席を見つける**	**座る**
座席の決まるのを待つ	着席する	待つ
テーブルまで行く	もち物を整理する	他の人々をながめる
座る	**ノートを取り出す**	雑誌を読む
飲物を注文する	他の学生を見る	名前が呼ばれる
ナプキンをひざにおく	おしゃべりをする	看護師の後に続く
メニューを見る	教授のほうを見る	診察室に入る
何を食べるか話し合う	**教授の話を聞く**	服を脱ぐ
注文する	**ノートをとる**	診察台に座る
談笑する	**時間を見る**	看護師と話す
水を飲む	質問をする	**看護師が検査をする**
スープやサラダを食べる	座りなおす	待つ
主食が来る	空想にふける	医師が入室
食べる	他の学生のほうを見る	医師とあいさつをかわす
食べ終わる	さらにノートをとる	医師に病状を話す
デザートを注文する	ノートを閉じる	医師が質問する
デザートを食べる	もち物を集める	**医師が診察する**
勘定書を頼む	立ち上る	服を着る
勘定書が来る	おしゃべりをする	薬をもらう
お金を払う	**教室を出る**	予約をする
チップをおく		**医院を出る**
コートをとる		
店を出る		

太字のゴシック体はもっとも多く見られたもの，明朝体はあまり見られなかったもの，細いゴシック体はその中間に相当するものを示す。

起されやすかった。これらのことから，日常的によく出会う場面で典型的に起こりそうな事柄についての知識は人々の間でかなりの程度共有されているといえる。また，そうした知識は，およそ共通の分け方で場面ごとに分かれており，出来事の起こる順序についての情報も含むことがわかった。

7.2.2 スクリプトの活用

スクリプトがどのように利用されるのかについて説明を加える。表7.1を見て気がついたかもしれないが，実際にはスクリプトに存在するすべての出来事

がつねに同じように起こるとは限らない。メニューを見ることなくいつものランチを注文するかもしれないし，ウェイトレスと会計係の区別がないレストランも少なくないだろう。スクリプト内の一部の要素は**変数**（variable）となっている。つまり，状況に応じて具体的な値が決まる。たとえば，「客」は自分のことで，「料理」はいま注文したハンバーグのことを指すなどである。もちろん，「客」が自分以外のこともあるし，別の「料理」を注文することもあるだろう。もし具体的な値を決める情報がなかった場合には，**デフォルト値**（default value）として典型的な値が用いられる。「コック」が誰であるかは知らなくても，多くの人は従業員が料理しているのだろうと考えて食事を済ませるだろう。このようなデフォルト値にもとづく推論はさまざまな状況で役に立つ。ある人の「レストランに入る」（レストラン・スクリプトの最初の行為）という行為を見ただけでその人が食事をするであろうことが予測できる。また，レストランに行ってきた人が「すっかりお金がなくなってしまった」と言ったら，それがなぜなのかいちいち説明されなくとも理解できる。さらに，スクリプトの中に別のスクリプトを埋め込んで用いることもできる。「町で買い物をする」という大きなスクリプトの中に「洋品店に行く」や「レストランで食事をする」などのスクリプトを組み込むといったやり方である。このように，スクリプトはある程度の柔軟性をもって利用することができる。

しかし，これらのしくみがあっても，実際の行動の多様性にはまだ対応しきれないかもしれない。表7.1の例はアメリカで行われた研究にもとづいているので「チップを渡す」という行為が含まれている。しかし，日本のレストランにはそのような習慣はないし，アメリカでもチップが食事代金に含まれている店もある。また，同じ食事をする場所でも，ファストフード店の場合には，起こる出来事やその順序はずいぶん違ったものになるだろう。こうした場合に逐一新たなスクリプトをつくっていたのでは人間が日常生活を送るためにもつべきスクリプトの数が膨大になってしまう。そこで，より発展したスクリプトのモデルでは，より柔軟でダイナミックな変化を可能にするメカニズムが考えられている（Schank, 1982）。発展版のモデルでは，多くのスクリプトに共通して現れる要素は高次の一般化した表象にまとまっていると考える。この高次の

表象は MOP（memory organization packet）とよばれる。このモデルでは，各スクリプトには特有の行為のみを含めて，必要なときに MOP を集めてスクリプトに結びつけて利用する。レストラン・スクリプトであれば，「メニューを見る」「料理を食べる」などの特有の行為のみ含め，「建物に入る」「席に着く」など，他のスクリプト（「映画を見る」「医者に行く」など）でも共通して現れる情報を MOP が提供する。これらの構造は経験に伴って絶えず再体制化される。こうしたメカニズムによって，さまざまな状況に対応可能な知識構造を作り上げることができるのではないだろうか。

7.2.3 アクション・スリップ

　日常行動は関連する知識によって成り立っているが，それらの知識をうまく利用できない場合にはかえって混乱をきたすことになる。そのような知識による誤りの実例を示すものとして，意図しない行動のエラーがある。買い物をして帰ろうと思っていたはずなのにいつもの帰り道を進んでいたらそのまま家に帰ってしまったとか，ゴミを捨てようと表に出たはずなのに玄関を出たら自分がゴミ袋を持っていないことに気づくといった経験は誰しもあるのではないだろうか。こうしたいわゆるうっかりミス，行為の失策のことを行為制御の研究では**アクション・スリップ**（action slip）とよぶ。リーズン（Reason, J. T., 1979）は日誌法を用いて，日常生活で起こるさまざまなアクション・スリップを収集し，4つの種類に分類している（**表 7.3**）。

　これらのスリップは，日常的によく行う行動，とくに，決まりきった定型的な行動に起こりやすい。慣れているはずの行動でエラーが起こりやすいというのは直感に反するかもしれない。しかし，いくつかの要因のために十分に習熟した行動のほうがアクション・スリップを起こしやすい。まず，いつも同じパターンの行動を繰り返していると行為系列の自動化が生じる。自動化が進んだ結果，目の前にカップがあり手にやかんを持った状態だと，何も考えないうちについお湯を注ぎそうになるといったことが起こるかもしれない。また，何度も行うことによって強力な習慣が形成されることもスリップの原因となる。友人の家に向かうはずだったのに，途中までの道がいつも職場に通うルートと同

7.2 知識表象の運用

表7.3 アクション・スリップの分類 (コーエン, 1992)

スリップの種類	説明	例
反復エラー (repetition error)	すでに実行したのにまた同じ行為をする。	カップにやかんのお湯を入れたことを忘れて，もう一度入れてしまう。
目標のすり替わり (goal switch)	もとの目標を忘れて，別の目標に取り組む。	友人の家に行こうとして車を走らせていたのに，職場に向かってしまう。
脱落と逆転 (omission and reversal)	行為の系列の要素が抜けたり，順序が入れ替わったりする。	やかんに水を入れたが火を点けるのを忘れてしまう／容器のフタを閉じた後で物を入れようとしてしまう。
混同と混合 (confusion and blend)	ある行為の系列に含まれている要素を他の行為の系列の要素と間違える。	花を摘もうとして，ハサミの代わりに缶切りを持ってきてしまう。

じだったために，より強力な通勤の習慣に引きずられてしまうのである。さらに，こうしたスリップの傾向に拍車をかけるのが，定型的な行動に何らかの変化が加わる場合である。カップにお湯を注ぐ途中で電話が鳴ったのでいったん中座してからキッチンに戻ってきたとか，いつもは職場から直接帰宅するのに今日は特売があるのでスーパーマーケットに寄り道することにしたというように，いつもの行動パターンに何らかの変化が加わると，手順を間違えたり特定の行為系列をまるごと忘れたりしやすい。

　こうしたアクション・スリップの背景には，スクリプトによく似た知識構造が関係している。ノーマン（Norman, D. A., 1981）は，アクション・スリップを行為スキーマの観点から説明している（スキーマとスクリプトの関係については，BOX 7.2 を参照）。**行為スキーマ**（action schema）とは，行為系列を制御する感覚運動知識である。具体的には，たとえば，「紅茶を入れる」という行動であれば，図 7.5 のような形で表せる。もっとも上位の「紅茶を飲む」というスキーマは"親スキーマ"とよばれ，行動全体の意図や目標を表す。親スキーマよりも下位の"子スキーマ"は，この意図や目標を実現するための行為群に対応している。上位のスキーマの活性化は下位のスキーマを活性化させ，発動条件が満たされていれば行為が実行される。たとえば，"紅茶を飲む"

BOX 7.2　スキーマのスキーマ

　スキーマ（schema；6.1参照）という用語は，はじめバートレット（Bartlett, F. C., 1932）の実験の結果を説明するために導入された。バートレットの有名な実験では，実験参加者にとって文化的になじみが薄く，脈絡がとらえにくい物語を提示し，保持期間を置いて再生を求める手続きを繰り返した。すると，再生された物語はしだいに理解しやすい内容のものに変容していった。このことは，典型的な物語の構造についての知識が文化内で共有されており，この知識が想起に影響した結果であると解釈された。同様の意味合いをもつのが，解釈のあいまいな線画刺激の系列再生実験である（Bartlett, 1932）。この実験では，ある参加者が記憶にもとづいて描いた線画を別の参加者に覚えさせ，同じく記憶にもとづいて絵にするという手続きを繰り返した。あいまいな，どちらともいえない線画（ネコにもフクロウにも見える線画）は，人から人へ伝えられるにつれて1つの解釈が優勢な絵（ネコに見える線画）に変わっていった。このこともまた，人々の間で共有される知識によって記憶の報告がより慣習的な方向へ引きずられたものと解釈できる。バートレットはこのような慣習的な知識のことを広くスキーマとよんだ。

　後の研究で"スキーマ"という語が用いられる場合，バートレットと同様に慣習化された共有知識を広く指すこともあるが，より限定的な意味合いで用いられることも少なくない。人工知能や自然言語処理の文脈では，デフォルト値と変数をもつとか，階層性や埋め込み構造をもつというように，スキーマの構造がある程度指定されている。この路線でのスキーマと近い意味をもつ用語がフレームやスクリプトである（とくに，スクリプトは具体的で直感的に理解しやすく言語理解との連続性が高いので，本章ではスクリプトを中心に取り上げた）。

　一般に"○○スキーマ"という用語が用いられる場合には，広く慣習的な共有知識を指すこともあれば，より具体的な情報処理メカニズムを想定することもあるが，冠語が加えられたことによって具体性，領域固有性が強められていることが普通である。たとえば，ノーマンの行為スキーマ（7.2.3参照）は，アクションスリップとその背後にある行為の制御のしくみを説明することに特化し，知識構造の階層性や活性化と抑制にもとづく選択の重要性を強調している。一方，推論研究（8.2参照）における実用的推論スキーマは，純粋に論理的にのみ情報を処理するのではなく，許可や義務といった，ある程度の具体性を伴う知識を付与することによって人間の推論パフォーマンスを広く説明しようとする点で行為スキーマとは好対照である。

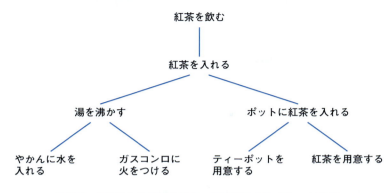

図7.5 お茶を入れる行為スキーマの階層（コーエン，1992）

という意図が確定したらこの目標に関連するすべてのスキーマが活性化する。まだお湯が沸いていなければ"お湯を沸かす"というスキーマ（とその子スキーマ）が実行される。すでにお湯が沸いているならば"ポットに紅茶を入れる"というスキーマ（とその子スキーマ）が実行される。何の問題もなく行動を実現できる場合はこのようにして次々に行為スキーマが実行されていく。このプロセスは**プロダクション・システム**（production system）の一種として理解できる。

　アクション・スリップの原因は，これらのプロセスのいくつかの段階で生じる。まず，全体的な意図の形成を誤る場合である。状況認識が不十分なために，そうしようと意図することそのものが適切でないことがある。たとえば，テレビ番組を見ているときにビデオを操作しているつもりになって早送りをしようとしてしまう場合などである。この例はそもそもできないことをしようとしているので状況の分類の誤りである（モードエラー）。また，同じ意図段階での誤りでも，自分が望む行為の内容を十分に特定できていないために記憶からの情報選択があいまいになり混乱を生じるということもある（砂糖入れのフタをコーヒーカップに乗せてしまう，など）。次の段階として，間違ったスキーマを活性化してしまう場合がある。このことは意図形成の失敗の結果としても起こりうるし，強力な習慣に引きずられることによっても起こる（捕捉エラー）。

目の前に特定の行為を促す強力な手がかりがあるために間違ったスキーマが活性化してしまうこともある（データ駆動エラー）。また，活性化が十分でなかったりすぐに消えてしまったりすると，行為スキーマの実行が適切になされなくなる。最後に，発動条件の不適切さによってスリップが生じる場合がある。2つ以上のスキーマが同時に発動条件を満たしたときなどには，混同や混合が起こりやすくなると思われる。また，自分の思考と実際の行動を取り違えた場合も発動条件に由来するスリップを起こすことがある（もうしてしまった行為を繰り返したり，まだしていない行為をしたと思い込む，など）。

　以上のように，アクション・スリップは，行為スキーマの制御の失敗によって起こると考えられる。逆にいえば，日常行動がうまくいくには，行為を支える知識構造とともにこれらの知識を適切に制御する必要がある。

7.3 言語の理解

　人間の知識の特徴はダイナミックに変化するところにある。新しい情報を学習することによって既存の構造を書き換え，さらに多様な状況に適応できるように変化していく。そのような知識獲得の手段となりうるのが言語による情報の理解である。また，言語理解の過程はそれ自体が，知識を活用し，情報を統合していく過程についての理論化・モデル化を考えるうえでのよい例となる。

　文章の理解を扱う場合，意味記憶やスクリプトの場合とは違って，新しく獲得した知識構造の位置づけについて考える必要がある。意味記憶やスクリプトの場合は，すでに獲得した知識がどのようにして利用できるようになり，どのように利用されるかということが主な関心の的であった。しかし，文章の理解の場合には，既存の知識を利用する過程のみを扱うのでは不十分である。つまり，いま読んでいるこの物語に特有の記憶表象をつくる必要がある。

　たとえば，『桃太郎』という物語を読んだときに，おじいさんやおばあさんに男の子，桃といった概念が活性化したり，語られた出来事に関係するスクリプトやスキーマが呼び出されれば済むわけではない。読んだ後に『桃太郎』がどんな物語であったかをおよそ説明したり，感想を述べたりできてこそ"理解

した"といえるのではないだろうか。また,『桃太郎』を読む経験と似たような知識を活性化する他の物語(『一寸法師』など)を読む経験を区別するのにも,読んだ後に何らかの記憶表象が残ることが必要だろう。さらに,1つの文章を読んでいる途中でも前の場面の記憶が必要になることがある。そうでなければ,桃太郎がお供を見つけるくだりで,なぜきびだんごを持っているのかわからないだろう。

　本節では,まず文章を読み解くことに特有な知識である物語文法について述べる。その後で,文章の記憶表象の問題について論じる。

7.3.1　物 語 文 法

　文章を理解するには,さまざまなレベルの知識が必要になる。文字の読み取り方,単語の表す概念,文法規則についての知識など,特定の言語を読み解くために必要なコードの知識をすべて身につけていたとしても,それだけでは文章や会話などの散文情報を適切に理解することはできない。文章を読んで理解するときにも,スクリプトやスキーマによく似た階層構造をもつ知識が利用されると考えられる(実際,スクリプトの理論は文章理解をモデル化する試みとしてはじまった)。それが**物語文法**(story grammar)である。

　ここで,文法とは何であるかを確認しておこう。通常の文法(文文法)は,有意味な文を組み立てる規則を明らかにしようとするものである。そのために,まず,多くの文に共通して現れる構成要素を特定する。具体的には,名詞や動詞,形容詞などである。それから,これらの構成要素の結合規則を特定する。たとえば,日本語の場合,「太郎は焦った」のように,名詞と補語(後置詞)と動詞をこの順に並べれば最小限の文をつくることができる。動詞,名詞,補語の順に並べたり,動詞一語だけにした場合には普通に意味が通る文にはならない。このように,有意味な文になるかそうでないかを決めている規則は,構成要素の組合せとその順序として表現できる可能性がある。さらに,特定の文がどのような規則を用いてつくられているのかを明示することによって文の構造を記述することができる。これと同じように,物語文法とは,さまざまな物語の間で共通する構成要素を見出し,それらの結合規則を記述しようとするも

表7.4 ソーンダイクの物語文法 (Thorndyke, 1977)

規則番号	規則
1	物　語 → 設定＋テーマ＋プロット＋解決
2	設　定 → 登場人物＋場所＋時間
3	テーマ → (イベント)*＋目標
4	プロット → エピソード*
5	エピソード → 下位目標＋試み*＋結果
6	試　み → { イベント* / エピソード }
7	結　果 → { イベント* / 状態 }
8	解　決 → { イベント / 状態 }
9	下位目標／目標 → 理想状態
10	登場人物／場所／時間 → 状態

（　）：任意の要素。／＊：繰返し可能な要素。

のである。もちろん，物語以外の文章にもこのような文法が存在する可能性はある。物語に限定して議論するのは，他のジャンルに比べて文章間の共通性が高く，比較的に規則性が見出しやすいために，研究が進んでいるからである。

　物語文法は複数の研究者によって異なるものが提案されているが，ここでは，代表的なものとしてソーンダイク（Thorndyke, P. W., 1977）の物語文法を紹介する。表7.4にソーンダイクによる物語文法をまとめた。物語文法における分析の単位は命題である。命題は，1つの述部（動詞，形容詞，形容動詞）と複数の項（名詞）からなる意味の単位である。規則1を参照すると，物語とは，設定，テーマ，プロット，解決から構成されるものである。規則2を参照すると，設定は登場人物，場所，時間から構成される。さらに，登場人物は何らかの状態にあるものとして記述される（規則10）。このようにして，物語をさまざまな構成要素に分解し，さらに，それらの結合の仕方を明示することによって物語の構造を記述することができる。実際に，ソーンダイクは，『サークル島』という短い物語を具体例として，物語文法にもとづく構造の記述を行っている。表7.5に物語を，図7.6に物語構造を表した図を示している。このよう

な分析により，特定の物語の具体的な階層構造が明らかになる。

　ここまで，物語文法にもとづいて物語構造を理論的に記述できることを確認した。それでは，このような構造記述は人間のもつ知識構造に対応しているの

表7.5　物語『サークル島』(Thorndyke, 1977；川﨑, 1991)

(1) サークル島は大西洋の中央にあり，(2) ロナルド島の北に位置する。(3) 島の主な産業は農業と牧畜である。(4) 島の土壌や肥沃だが，(5) 川が少ないので，(6) 水が不足している。(7) 島は民主的に治められている。(8) すべては島民の多数決で決定される。(9) 統治体は議会であるが，(10) 議会の役割は多数の意志を実行することにある。(11) 最近，島の科学者は安上がりな方法を発見した。(12) その方法では海水を真水に変えられる。(13) そのため島を横切る運河を建設することを，(14) 島民たちは切望した。(15) そうすれば，運河から水を引いて，(16) 島の中央部を耕すことができる。(17) 農民たちは運河建設同盟を結成し，(18) 同盟に加わるように，(19) 何人かの議員を説きふせた。(20) 同盟は運河建設案を投票にもち込んだ。(21) 全島民は投票した。(22) 多数の意見は建設に賛成であった。(23) しかし，農民案の運河は生態学的に好ましいものではないと，(24) 議会は決めつけた。(25) そのかわり，幅2フィート，深さ1フィートの，(26) 小さな運河の建設を，(27) 議会は認めた。(28) しかし小さな運河の建設が始まると，(29) 水がまったく流れないことに，(30) 島民は気づいた。(31) こうしてプロジェクトは放棄された。(32) 運河建設計画が失敗したことで，(33) 農民たちは怒った。(34) 内戦は避けられそうになかった。

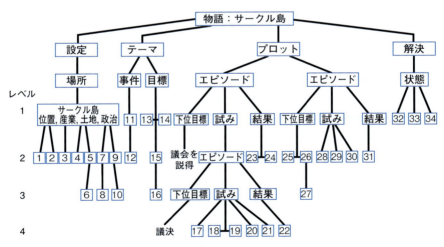

図7.6　『サークル島』の物語構造 (Thorndyke, 1977；川﨑, 1991)
数字は表7.5中の命題に対応する。

だろうか。人間が物語文法に近い知識構造を利用して物語を理解しているとすれば，物語文法に沿った物語ほど理解しやすく，記憶に残りやすいことが予想される。ソーンダイクは，もともとの物語と物語構造がわかりにくいように順序を変更したり，物語文法上重要な最上位の目標を抜いたりした文章を実験参加者に読んでもらい，理解度の評定と再生を求める実験を行った。予想通り，もとの文章がもっとも理解度が高く，再生成績も高かった。さらに，物語が上で分析したような階層構造をなすものとして理解されているとすると，階層において上位に位置づけられる命題ほど重要であると判断され，記憶にも残りやすいことが予想される。もとの物語を読んだ群は，上位の命題ほど多く再生した。また，再生課題後に短い要約を書かせると，上位の命題が多く含まれたことから，これらの命題は物語を構成するうえでより重要なものとして認識されていたと考えられる。構造が不明確になるように変更した物語を読んだ群では，これらの階層レベルにもとづく違いはみられなかった。したがって，人間は階層構造にもとづいて物語を理解したり記憶したりしている可能性がある。

7.3.2 因果ネットワークモデル

物語文法は物語そのものがもつ構造を明らかにするうえで有用だったが，文章の読み手は解析済みの構造をあらかじめ知っているわけではない。むしろ，読み進めるうちに自分で物語中のイベントの関係性を見出し，探索的に物語構造を作り上げていかなければならない。このような視点から，トラバッソとスペリー（Trabasso, T., & Sperry, L. L., 1985）は**因果的ネットワークモデル**（causal network model）を提唱した。読み手が物語構造を作り上げていくには，物語中で出会うイベントの因果連鎖を特定することが重要であると彼らは考えた。そこで，イベント間の因果関係の有無を判断するための基準を考案した。この基準は，論理的な必要性にもとづいている。2つのイベントA，Bについて"If not A, then not B（もしAが起こらなかったなら，Bは起こらなかっただろう）"といえるなら，AはBにとって必要である，すなわち，AはBという結果に対する原因であると判定する。たとえば，「コップを床に落とした」と「コップは割れた」という2つのイベントが述べられたとする。物語

7.3 言語の理解

で描かれた場面や条件を参照したうえで，もしこのコップを床に落とさなかったならコップは割れなかっただろうと判断できるなら，「コップを床に落とした」ことが「コップは割れた」ことの原因であるといえる（拡張版のモデルとその他の基準の詳細については，van den Broek, 1990 を参照）。読み手はこのような判断を繰り返すことによって少しずつ物語構造を明らかにしていくことができる。ある因果連鎖は次々に後のイベントに結びついていくが，別の因果連鎖は途中で行き止まりに終わるかもしれない。このような追跡を繰り返していくと，結果的に，因果連鎖にもとづくネットワーク構造が現れてくる。

因果ネットワークの例として，表 7.6 には『エパミノンダス』という物語を，図 7.7 にはこの物語に因果連鎖の分析を行って因果ネットワークに書き直した

表 7.6 『エパミノンダス』物語
(Stein & Glenn, 1979；川崎, 1991)

1. 昔々，1 人の少年がいた。
2. 彼は暑い国に住んでいた。
3. ある日，彼はおばあさんのところへケーキをもって行くよう，お母さんから言いつけられた。
4. お母さんは大事にもって行くよう注意した。
5. ケーキが粉々にならないように。
6. 少年はケーキを木の葉に包んで抱え，
7. おばあさんのところまで運んだ。
8. 彼が着いたとき，
9. ケーキは粉々にこわれていた。
10. おばあさんはおばかさんだねと言った。
11. ケーキは頭の上にのせて運べばよかったのに。
12. そうすれば，こわれなかったと言った。
13. それから，おばあさんはお母さんのところにもって行くようにとバターをくれた。
14. 少年はバターを大事にもって行きたいと思った。
15. そこで，それを頭の上にのせ，
16. 家まで運んだ。
17. 太陽が激しく照りつけ，
18. 少年が家に着いたとき，
19. バターはすっかり溶けてしまった。
20. お母さんは少年におばかさんねと言った。
21. バターは木の葉に包めばよかったのに。
22. そうすれば，間違いなく運んでこられたと言った。

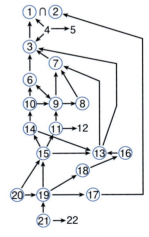

図 7.7 『エパミノンダス』の因果ネットワーク
(Trabasso et al., 1984)

図を示した．表 7.6 の番号は図 7.7 の番号に対応している．図では結果から原因に向けて矢印が引かれている．因果連鎖の上に乗っているイベントは丸で囲んであるが，他のイベントにつながらない行き止まりのイベントは囲んでいない．∩は2つのイベントが同時進行または同じイベントの言い換えであることを表す．

このモデルによれば，読み手は基本的に因果連鎖を追いかけながら文章を読む．そのため，因果連鎖上にあるイベントは，行き止まりのイベントよりも重点的に処理されるはずである．実際に，因果連鎖上のイベントは行き止まりのイベントよりも重要であると評定され，再生もされやすい（Trabasso & van den Broek, 1985）．このように，読み手が文章を読みながら見出す物語構造もまたネットワーク型のモデルとして表すことができる．

7.3.3 文章からつくられる記憶表象のレベル

物語文法や因果ネットワークの形成によって物語文章の構造を解析したとして，人間はそれらの情報をどのように蓄えているのだろうか．散文情報からつくられる記憶表象には複数のレベルが存在すると仮定されることが多い（Fletcher, 1994；Zwaan & Radvansky, 1998）．表象のレベルの区別の仕方は研究者によって異なることもあるが，ここでは，代表的なものとしてキンチ（Kintsch, W.）による区分を紹介しよう．キンチの枠組みにもとづくと，文章からつくられる表象は3つのレベルに分けられる（Kintsch, 1994, 1998）．具体的には，表層形式，テキストベース，状況モデルの3つである．「カエルが虫を食べた」という文を例にしてこれらの表象レベルの違いについて説明する（図 7.8）．

まず，**表層形式**（surface form）は，視覚・聴覚などを通して経験した文そのものの記憶表象である．このレベルの表象は，文の構成要素と構造についての情報を含む．すなわち，"カエル" は名詞でありこの文の主語である，"食べる" は動詞でありこの文の述語として機能しているといった文の形式的特徴の記憶に相当する．

次に，**テキストベース**（textbase）は，文章の意味についての記憶表象であ

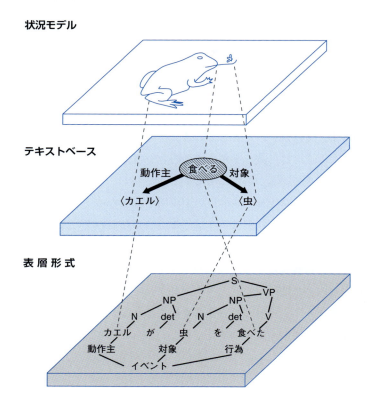

図 7.8 「カエルが虫を食べた」という文の表層形式,テキストベース,状況モデルを図示したもの(Fletcher, 1994 を参考に作成)
表層形式中のアルファベットは生成文法で一般的に用いられる略号に従った(S=文, NP=名詞句, VP=動詞句, N=名詞, V=動詞, det=限定詞)。

る．このレベルでは，文の特定の形式に関わらず，そこに表現された意味内容のみが表象される．たとえば，「カエルが虫を食べた」のテキストベースは，「虫をカエルが食べた」や「虫がカエルに食べられた」のテキストベースとほぼ同じものになる．また，このレベルでは，複数の文の内容が統合されて表象される．そこで，「カエルが虫を食べた．そのカエルは赤かった」という2文からなる表象と「赤いカエルが虫を食べた」という1文からなる表象は，テキストベースレベルではほぼ同じものになる（Bransford & Franks, 1971）．

　最後に，**状況モデル**（situation model）は，文章そのものではなく，文章の述べている状況についての記憶表象である．ここでいう"状況"は，現実・架空に関わらず，文章がいわんとしている具体的状況のことを指している．テキストベースとの違いは，読み手が文章の内容を自分の知識と結びつけて状況を有機的に理解できているか否かにある．

　テキストベースと状況モデルの違いを説明するために，テキストベースは完璧に構築できているが，状況モデルはうまくつくれていない人の例を考えてみよう．文の内容に即して「カエルが食べたのは何ですか？」や「カエルは何をしましたか？」と尋ねたとしたらこの人は正しく回答できるだろう．しかし，文に書かれた内容に関係なく「カエルは耳が長いですか？」とか「カエルに翼は生えていますか？」と尋ねたら正しく回答できないだろう．なぜならこの人は"カエル"が何を表すかを理解していないからである．テキストベースレベルの情報があれば，"カエル"とよばれるものが虫を食べたことは理解できる．しかし，"カエル"が何であるかはこの文のどこにも書いていないので後のほうの質問には正しく答えられない．「カエルの絵を描いてください」と求められれば想像で描くしかないだろう．この例は極端なものだが，外国語を学習したり，専門書の難しい内容を理解しようとするときには似たような経験をするかもしれない．

　これらの例が示すように，適切な状況モデルを構築するには，読み手が自身の知識を文章の内容と適切に関連づけることが必要である．文章理解の文脈では，このような形での知識の利用を**推論**（inference）とよぶ．3つのレベルの表象については，既有知識との関連づけが必要な程度に応じて，表層形式がも

っとも浅いレベル，テキストベースがその次に深いレベル，状況モデルがもっとも深いレベルの表象であるといわれる。

それぞれのレベルの表象が構築できているかどうかは，テスト文の種類を操作した再認テストによって評価されることが多い（Kintsch et al., 1990）。典型的には，逐語文（もとの文章からそのまま抜き出した文），パラフレーズ文（内容はもとの文章と同じだが表現を変えた文），推論文（文章には直接書かれていないが，述べられた状況と一致する文）を用いる。表層形式のみが構築できている場合，逐語文には正答できるがパラフレーズ文，推論文には正しい判断ができないだろう。テキストベースまでを構築している場合，逐語文に加えてパラフレーズ文に対しても正しい判断ができるが，推論文には正答できないだろう。状況モデルまで正しく構築できていれば，いずれの文に対しても正しく判断できるはずである。このような論理にもとづいて，さまざまな条件下で文章を読んだときにどのレベルの表象が構築されているかを評価する研究が行われてきた。

以上のような，テキストベースと状況モデルもまたネットワーク型のモデルとして表すことができる（Kintsch, 1998）。テキストベースは，命題を単位として，構成要素のリンクを繰り返すことによって，命題ネットワークの形にまとめることができる。状況モデルは，この命題ネットワークに読み手の既有知識にもとづく情報を知識にもとづく命題群の形で付け加えることによって表現できる。このモデルは単に記述的なものではなく，計算機上で実装して人間の読解過程をシミュレーションできる。キンチはこれを**構築—統合モデル**（construction-integration model）とよんでいる（Kintsch, 1998）。このモデルは2つの段階をもつ。構築段階ではテキスト情報にもとづき命題ネットワークをつくり，統合段階ではネットワーク内で活性化を伝播させ，活性化が収束するまでこの過程を繰り返す。新たな情報が入力されるたびにこの2つの段階を経るというサイクルを繰り返し，最終的には文章全体を読み終えた状態の表象を作り上げる。構築—統合モデルは，プロダクション・システムとコネクショニスト・モデルのハイブリッドモデルであり，これまでに紹介してきた意味記憶のモデルや行為スキーマなどの延長上にあるものとしてとらえることができる。

7.4 言語的知識と非言語的知識

　ここまでの節では，基本的に言語で表すことのできるような種類の知識（宣言的知識）を扱ってきた。プロダクション・システムで表されるような行為や目標構造に関わる知識は，手続き的知識にも関係するかもしれない。しかし，これらの種類の知識とは大きく異なる，知覚的，運動的な情報もまた言語的，概念的な知識と切り離して考えることはできないとの指摘がなされるようになってきた。

7.4.1 知覚的，イメージ的表象

　概念的，意味的知識は，抽象的な記述としてのみ理解すればよいものではない。とくに，状況モデルのような高次の表象をつくるには，言語情報をさまざまなモダリティの情報と関連づけることが重要になる。そこで，文章を読んで理解しようとする際には，単に文字列に対する演算処理を行っているのではなく，文章に描かれた場面を実際に目にしているかのようにイメージする，**心的シミュレーション**（mental simulation）が行われているのではないかとの考えが提案されている（Zwaan, 2004）。

　心的シミュレーションを支持する証拠の一つとして，文章理解しようとする際には視覚的イメージが形成されていることを示唆する研究がある。ズワーンら（Zwaan, R. A. et al., 2002）は，次のような文を用いて実験を行った。
(a) 森林監視員は空にワシがいるのを見かけた。
(b) 森林監視員は巣にワシがいるのを見かけた。
実験参加者はいずれかの文を読んだ後に，図 7.9 の a，b いずれかの画像を見て，この画像が直前に読んだ文の中に出てきた対象を表しているかどうかを判断した。文 a，b と画像 a，b のいずれの組合せでもワシが表されているので，正答は"出てきた"である。しかし，実験の結果によると，羽を広げたワシの画像に対しては，文 a を読んだときのほうが文 b を読んだときよりも判断が速かった。また，羽を閉じたワシの画像に対しては，逆に文 b を読んだときの判断が速かった。このことは，文 a を読んだときには羽を広げて空を飛ぶワシ

図7.9　形態の異なる2つのワシの画像（Kaup et al., 2007）

の視覚的イメージがつくられ，文bを読んだときには羽を閉じて巣で休むワシのイメージがつくられていたために，それらのイメージと合致する画像にはイメージと合致しない画像よりもすばやく判断が行えたためであると解釈された。ズワーンらは同様の方法を用いて，対象の形態だけでなく，向きについても同じような現象がみられることを報告している（Stanfield & Zwaan, 2001）。たとえば，「ジョンは鉛筆をカップの中に入れた」と「ジョンは鉛筆を引き出しの中に入れた」では，鉛筆が縦向きにイメージされるか，横向きにイメージされるかが異なるだろう。

　心的シミュレーションの存在を示唆する知見は，文章を理解する際に心的シミュレーションが行われていることの証拠ではなく，深い理解を行おうとするときに生じる付随的現象であるととらえることもできる。しかし，よりラディカルな立場の研究者らは，心的シミュレーションは理解にとって欠くことのできない過程であると主張している。ズワーンら（Zwaan et al., 2002）の実験と同様の方法を用いて，対象の存在を否定した場合でも（「空にワシはいなかった」）文と画像の適合性の効果がみられることが見出されている（Kaup et al., 2007）。その対象が記述された状況にいないのなら知覚的イメージをつくる必要はないように思える。それにも関わらず効果がみられるのは，心的シミュレーションが精緻化などの努力に付随する現象ではなく，理解のための必須の過程だからであると主張された。文章の理解にとって心的シミュレーションが必須であるのか，どの程度の具体性のレベルでシミュレーションがなされる

のかなど，なお結論の出ていない問題は残っている．しかし，これらの研究は知識の多次元的性質と柔軟性を示しており，知識のモデルを考えるうえでも無視できないものであろう．

7.4.2 運動表象との関わり

　心的シミュレーションにもとづいて文章の理解がなされるという見解は，神経科学的な証拠によっても支持されている．たとえば，行為を表す単語を見たときに，実際に身体を使って運動をするときに働く運動野や前運動野が活動する（Hauk et al., 2004）．また，行為を表す単語を処理するときと実際にその行為を見たときの活動領域に共通性があるとの報告もある（Aziz-Zadeh et al., 2006）．これらの証拠から考えると，心的シミュレーションには知覚的表象だけではなく，実際の行為の際に働く運動表象も関わっていそうである．

　ズワーンとテイラー（Zwaan, R. A., & Taylor, L. J., 2006）は，ドアノブのような，左右に回転する反応装置を用いた実験を行った．実験参加者の行う課題そのものは，聴覚提示された文が意味のある文かどうかを判断して，意味のある文ならノブを右回転，無意味な文であれば左回転させるといったものであった．このとき提示した一部の文は，「デイブは壁からネジを抜いた」「ジムはナットを締めた」のように，特定方向への手の回転を述べるものであった．実験参加者は意味のある文か否かだけを判断すればよかったのだが，文の述べる回転方向と実験参加者の回すべき方向が一致するときのほうが一致しないときよりも反応時間が速かった．つまり，実際には必要がなかったにも関わらず，実験参加者は文を聞いて手の回転方向をイメージし，さらにそのイメージを自分自身の運動表象と関連づけたのである．同様に，「引き出しを開けた」「引き出しを閉めた」などの運動方向を示唆する文と，実際にボタン押し反応をする際の運動方向が一致する場合のほうが一致しない場合よりも反応時間が速いという報告もある（Glenberg & Kaschak, 2002）．

　これらの結果は，知覚的イメージに関する研究と同様に心的シミュレーションによる文章理解を支持する．同時に，知識と行為が密接な関係にあることを示す証拠でもある．文章を読んだだけで行動に結果が反映されてしまうことは，

アクション・スリップの一種ともいえるかもしれない。このような観点からすると，適合性の効果には，知識構造だけでなく，知識の制御の問題も関わっているといえるだろう。

7.4.3 モーダルな表象とアモーダルな表象

心的シミュレーションの見解は，認知神経科学の発展と合流して，**身体化認知**（embodied cognition）とよばれる潮流を形成している。身体化という用語はさまざまなニュアンスを込めて用いられているが，共通項は以下のようなところであろう（Knoeferle et al., 2010；Marmolejo-Ramos et al., 2009）。まず，言語と概念表象は知覚と行為に用いられるのと同じシステムによって運用される。ここでいうシステムとは，ラディカルな研究者では脳メカニズムを直接的に指すこともあるが，もう少し幅広く表象システム全般を指すこともある。次に，言語および概念処理を行う際には，複数の知覚・運動モダリティに分散した記憶痕跡が活性化するというアイデアがある。これは，意味処理の実態は各モダリティに分散した記憶痕跡の処理そのものであるという発想である。これらの記憶痕跡はモダリティに依存した特徴（視覚的，聴覚的，運動的など）を備えているという意味でモーダルな表象である。これとは対照的に，特定の知覚・運動特徴をもたない表象をアモーダルな表象とよぶことがある。意味処理に必要な情報をモーダルな表象に分散させて蓄えているのであれば，抽象的なアモーダルな表象を独立に貯蔵する必要はないかもしれない。アモーダルな表象（とくに，命題表象）は理論的に仮定する必要はないのではないかというのが身体化認知を推進する一部の研究者の主張である（Zwaan & Taylor, 2006）。

しかし，神経心理学的，認知科学的な意味記憶研究の成果から，アモーダルな表象の必要性を唱える動きも現れている。近年の意味記憶研究で話題になったトピックに意味性認知症がある。**意味性認知症**（semantic dementia；**BOX 9.4** 参照）とは，両側前部側頭葉の萎縮や代謝低下から起こり，意味記憶の機能に特化した進行性の障害である（Lambon Ralph & Patterson, 2008）。意味に関する障害は他の神経学的障害でも起こることがあるが，意味性認知症の場合には，他の場合に比べ意味障害が広汎であり，エピソード記憶や注意などの

他の認知機能の障害を伴わない。

　意味性認知症では，概念同士の結びつきがおぼろげになり，しだいにその境界があいまいになるといわれる。ものの名前や定義を尋ねたり，絵に描くよう求めても正しく回答できなくなるし，行動のレパートリー（料理の仕方，芝生の刈り方，ヒューズの交換の仕方など）も減っていく。反応の仕方には概念の過剰一般化と過少一般化がみられる。たとえば，過剰一般化の例としては，動物の写真を見せて何の動物か尋ねると，同じカテゴリの，より典型的な事例で答えるなどである。また，名前を言えない対象や場所の代わりに「もの（thing）」「ところ（place）」といった一般的な名詞がよく用いられる。過少一般化としては，患者本人が使った語について後から意味を尋ねると説明できない，自分のチーズおろし器は正しく使えるのに他のチーズおろし器はそれが何であるかもわからないといった事例などがある。

　意味性認知症の理論的な重要性は，脳の局所的な変性によって広汎かつ選択的な意味記憶の障害が生じる点にある。ラディカルな身体化認知の理論のように，モーダルな表象のみが分散的に貯蔵されているのであれば，両側前部側頭葉のみの変性によって意味記憶全般の障害が生じるはずはない。しかし，意味性認知症における意味障害はモダリティを超えて起こる。言語刺激でも画像刺激でも障害が現れるし，道具の使い方や意味記憶が要求されるような（スクリプト的な）行動にも問題が生じる。そこで，ランボン=ラルフ（Lambon Ralph, M. A.）と共同研究者らは，意味性認知症はアモーダルな概念表象の障害であると主張している（Lambon Ralph & Patterson, 2008）。コネクショニスト・モデルを用いたシミュレーション研究においても，複数のモダリティ特定的なユニット層をつなぐ，アモーダルな概念表象層を仮定したモデルが有効であることが検証されている（Rogers et al., 2004）。このモデルは，アモーダルな概念表象層を損傷させることで意味性認知症における障害のパターンを再現した（9.3.3で詳しく論じる）。したがって，モーダルな表象に加えてアモーダルな表象の存在も仮定することには理論的な意義がありそうである。

BOX 7.3　言語相対性仮説について

　言語が人間の認識や思考を規定するという考え方は，**言語相対性仮説**（linguistic relativity hypothesis）とよばれている。このような主張を行った人として言語学者・人類学者のウォーフ（Whorf, B. L.）がとくに有名であるため，**ウォーフ主義仮説**（Whorfian hypothesis）とよばれることも多い。さまざまな実験的検証の結果によれば，強い意味での言語相対性仮説は成立しないというのが現在の主流の見解であると思われる。たとえば，色を表す語彙が少ない言語の使用者であっても，色を表す語彙を多くもつ言語の使用者に比べて，色そのものの弁別能力が劣ることはない（Heider, 1972）。

　しかし，特定の語彙の存在が人間の認識にまったく影響を及ぼさないわけではない。語彙がないことによって特定の対象が認識されなくなるということはなさそうだが，語彙があることによって対象を言語的なカテゴリのほうに引きつけて認識させる働きはありそうなのである（今井，2010）。緑と青の中間色を判断基準として色の類似性判断を求めると，緑と青を区別しない言語の話者は，マンセルのカラーシステム上で等距離の色については選択率が同じだった。しかし，緑と青を区別する言語の話者は，基準色と等距離の色でも同じラベルでよばれる色のほうをより多く選択した。つまり，物理的な特性は同じでも，「青」（または「緑」）とよばれる色同士はそうでない色に比べてより似ていると判断したのである（Kay & Kempton, 1984）。この研究の例では，2つの色を別のカテゴリとして区別する語彙の存在が色の類似性の判断を歪める手がかりとして働いていた。

　同様に，語の存在が認識を方向づけることを示す研究として，名詞によるラベルづけが赤ちゃんの物体概念の獲得に役立つことが示唆されている（Xu, 2002）。これらの知見から考えると，言語が思考を一方的に規定するというよりも，言語は人間の認識や思考を方向づける道具として役立つと考えるのが妥当かもしれない。

8 思　考

　私たちは誰もが，毎日，思考をしている。しかし，思考のしくみについては，ほとんど意識することはない。私たちは，時には大きく誤った推論をしたり，非合理的な決定をしてしまうことがある。なぜそのようなことが起こるのか，どうしたらそのようなことを防ぐことができるかといったことを探究するのが，思考の認知心理学である。思考について考えるうえで，まずは，問題解決のしくみからみていこう。

8.1 問題解決

　私たちは，ただ何となくボーっと考え事をすることもあるが，何らかの目標があるときは，ごく自然に「考える」ことをすることになるだろう。そのように，目標があるがそれをすぐに達成できないとき，その状態を「問題」が発生しているという (Duncker, 1945)。つまり，**問題解決** (problem solving) とは，目標達成のための認知活動を指す。日常生活における問題は多種多様であるが，たとえば次のようなものが考えられるだろう。

- 家に財布を忘れたが，今日の昼食はどうしよう。
- どうしたら A さんに好かれるだろうか。
- よい人生を送るためにはどうしたらよいか。

　問題の中には，解決が容易なものも，著しく困難なものもある。問題の困難さを決める要因は何なのだろうか。また，解けないと思っていた問題が，突然，解けることがあるのはなぜなのだろうか。問題をすぐに解ける人と，時間をかけても解けない人がいるのはなぜだろうか。こういったことを探るのが，問題解決の認知心理学である。

8.1.1 状態空間探索

問題解決の研究は，認知心理学という学問がはじまった頃から盛んに行われてきた。当初よく用いられたのは，図8.1に示す「**ハノイの塔**（tower of Hanoi）」のようなパズル問題である。このようなタイプの問題については，状態

中央に穴のあいた大・中・小の3つの円盤と，3本の棒があります。円盤は必ずどれかの棒の位置に置かなければなりません。今3つの円盤は（a）のように棒1に置かれています。これを(b)のようにすべて棒3に移動してください。ただし，以下の規則を守って移動しなければなりません。

1．1回に1つの円盤しか移動できない。
2．棒の一番上にある円盤しか移動できない。
3．すでにある円盤の上に，それより大きい円盤を置くことはできない。

どのようにしたらよいでしょうか？

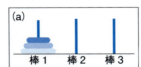
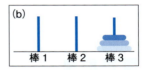

図8.1 「ハノイの塔」問題

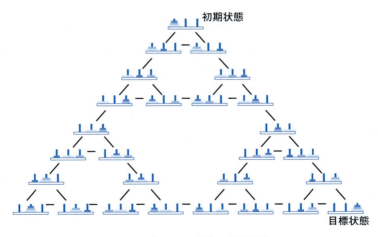

図8.2 「ハノイの塔」の問題空間

空間を描くことができる（図 8.2）。**状態空間**（state space；または**問題空間**，problem space）とは，初期状態（問題が与えられた状態）から移動することができるすべての中間状態と目標状態（問題が解けた状態）を書き出したものである。

　状態空間が明確に定義されれば，問題解決過程は状態空間内の移動ととらえることができる。つまり，問題解決は状態空間内における目標状態の探索に還元できることになる。こうして，問題解決過程の客観的な分析が可能になる。そこで発生する認知心理学的な問題は，状態空間が同じでも，解決過程が大きく異なる場合があるという事実である。形式的には同じ問題でも，解き方が異なるとすれば，そこには何らかの認知要因が関係していると考えられる。

　サイモンとヘイズ（Simon, H. A., & Hayes, J. R., 1976）は，この問題に取り組むため，いくつもの同型問題を使って実験的研究を行った。**同型問題**（isomorphic problem）とは，状態空間が等しい問題を指す。図 8.3 の茶会問題は，見かけはハノイの塔問題とまったく異なるが，構造はまったく同じ同型問題である。ところが，茶会問題は，ハノイの塔問題に比べるとかなり難しい。したがって，私たちは，この 2 つの問題について，それぞれ異なる表象を構成していると考えられる。私たちの問題表象の形成のされ方は，問題の提示のさ

ヒマラヤの山奥のある村の庵では，もっとも上品で洗練された茶会が行われています。この茶会には，主人 1 人と客 2 人だけしか出席できません。客が到着して席につくと，主人は 3 つのふるまいをします。3 つのふるまいは，「火をたく」「茶をつぐ」「詩を吟ずる」で，この順番にヒマラヤの人々は高貴さを認めています。茶会の間，誰でも別の人に「あなたのされている動作を私が代わりに行ってもよろしいでしょうか」と尋ねることができます。ただし，相手に尋ねることができるのは，相手のしている動作の中で高貴さのもっとも低い動作についてだけです。しかも，すでに自分が何か動作を行っている場合には，自分がすでにしている動作の中で高貴さのもっとも低い動作より高いものを受け継ぐことはできません。慣例により，茶会が終わるまでに，主人から年長の客に 3 つすべての動作が移行されなければなりません。どのように達成したらよいでしょうか。

図 8.3　**茶会問題**（Simon & Hayes, 1976 を一部修正）

れ方によって大きく変化するということである。

　問題表象の違いは，問題を規定する外的手がかりにも大きく影響される。チャンとノーマン（Zhang, J., & Norman, D. A., 1994）の実験2では，図8.4に示すように円盤の大小を逆にした問題と，コーヒーカップ問題（（ウェイトレスが）コーヒーの入ったカップを円盤の代わりに動かす問題）を比較した。これらもハノイの塔の同型問題であり，問題の規則は次の3つであった。

1. 一度に1枚の円盤（カップ）だけを動かすことができる。
2. 円盤は，棒にささっている円盤の中で，それが最大になる場所にだけ移動できる（大きいカップだけが上に積み重ねられる）。
3. 棒にささっている円盤の中で，最大の円盤だけを別の棒に移動できる（最大のカップだけを移動できる）。

　コーヒーカップ問題では，規則2が，物理的制約によって問題の中に自然に組み込まれている。すなわち，規則2に抵触する行為は，大きいカップの中に小さいカップを沈めてコーヒーをこぼしてしまうため，避けるべき行為であることが自然にわかる。つまり，規則2が，解決者の内部ではなく問題の中に分散表象されている。このような表象を**外的表象**（external representation）という。それに対して，通常の円盤を使った問題の場合は，規則2を心の中に内的に保持しておく必要があるため，**内的表象**（internal representation）とよばれる。

　使える外的表象が多ければ多いほど，規則を内化する必要がないため，解決が容易になると考えられる。チャンとノーマンの実験結果は，解決時間でも誤り数でも，この予想を裏づけるものであった。

図8.4　「円盤逆転ハノイの塔問題」と「コーヒーカップ問題」
（Zhang & Norman, 1994 より）

8.1.2 さまざまな問題

上で紹介したハノイの塔のような問題を良定義問題という。**良定義問題**（well-defined problem）とは，初期状態，目標状態，その間のすべての中間状態が明確に定義されており，さらに，各状態において使うことができる手段（たとえば「最小の円盤を左から真ん中の棒に動かす」といった行為のことを指し，状態を遷移させる**オペレータ**（operator）ともよばれる）も明示されている問題である。

良定義問題については，状態空間を構成することが可能である。また，状態空間をくまなく探索すれば，すなわち，一定の決められた手続きをとれば，解決への到達は一般に保証される。こうした操作，すなわち，目標への到達が保証される一連の形式的操作を**アルゴリズム**（algorithm）という。アルゴリズムの例としてわかりやすいのは，コンピュータ・プログラムである。

しかし，実生活において，良定義問題はむしろまれである。良定義問題が満たすべき要素のうちのいずれか，あるいはほとんどすべてが与えられていない問題を，**不良定義問題**（ill-defined problem）という。本章の冒頭に挙げたような日常的な問題のほとんどは不良定義問題である。不良定義問題の中には，次項で紹介する洞察問題も含まれる。洞察問題の場合，ハノイの塔などとは異なり，どのようなオペレータが使えるのかが明確ではないため，自分で考え出さなければならない。

さらに，人間は，アルゴリズムで解ける問題ですら直感的に解こうとする強い傾向がある。たとえば，1996年に，チェスの世界チャンピオンがチェス専用コンピュータ，ディープ・ブルーに負けたが，ディープ・ブルーは1秒間に数億手の先読みをし，十数手先までの全局面を評価して最良の一手を決めていたとされる。人間のやり方は，それとはまったく異なる。豊富な知識と経験に裏づけされた直感によって一手を決める。

アルゴリズムと対比的に用いられる言葉が，ヒューリスティックである。**ヒューリスティック**（heuristic）とは，解決は保証されないが，使用が容易で，たいていの場合うまくいく方法を指す。人間の直感は，ヒューリスティックに支えられている。つまり，ヒューリスティックの詳細を明らかにするのが，思

考の認知心理学の課題であり，「問題」というのは，ヒューリスティックがうまく働かないときに発生するということもできるだろう。以下では，そういった状況の典型例と考えられる洞察問題解決の場面についてみていこう。

8.1.3 洞察問題解決

いま，たとえば，図 8.5 のような問題（ロウソク問題；Duncker, 1945）を考えてみよう。これは非常にシンプルな問題であるが，よい解を思いつくのは容易ではない。この問題は，状態空間を描くのが困難であることに気づくだろう。つまり，良定義問題ではない。この問題では，目標状態があらかじめ明確に定められているわけではなく，また，どのようなオペレータが存在するかも不明確である。むしろ，適切なオペレータの発見が「問題」になっている。こうした，いわば「ひらめき」タイプの問題を洞察問題（insight problem）という。

洞察問題解決の研究は古く，認知心理学の成立以前にさかのぼる。たとえば，行動主義心理学者のソーンダイク（Thorndike, E. L., 1898）は，「問題箱（puzzle box）」とよばれる装置を使って，ネコが問題の解を発見する様子を観察し，問題解決行動を試行錯誤学習という概念で説明した。行動主義心理学者にとっての問題解決は，連合学習である。すなわち，私たちは，習慣（habit）

図 8.5 **ロウソク問題**（Duncker, 1945 を参考に筆者撮影）
ロウが垂れないようにロウソクを壁に取り付けるにはどうしたらよいでしょうか？

8.1 問題解決

とよばれる反応のレパートリーを複数もっており，試行を繰り返すうちに有効な反応ほど強度が増加するため，反応レパートリーの中の「よい」反応の出現確率がしだいに高まっていくと考える。

こうした行動主義の考えと正面から対立する考えを提唱したのが，ゲシュタルト心理学者のケーラーである。ケーラー（Köhler, W., 1925）は，船の難破によって偶然たどり着いたカナリア諸島のテネリフェ島で，数年間チンパンジーの洞察研究を行った。チンパンジーが，手を伸ばしても届かないところにある餌を取るための解決方法を発見する際，彼が観察したものは，単なる試行錯誤ではなく，突然解を得た後に明確な目的をもってなされるように見えるチンパンジーの様子であった（図 8.6）。つまり，連続的で漸次的な学習ではなく，非連続的で突然訪れる洞察こそが，問題解決の重要な要素であると考えた。

ゲシュタルト学派によれば，問題解決を妨げる要因の一つに，**機能的固着**（functional fixedness）がある。箱には「物を入れる」という本来の機能があるが，それは箱の唯一の機能ではない。しかし，本来の機能にとらわれるために解決できないということが起こる。解決に行き詰まる状態を**インパス**（impasse）というが，インパスから脱するためには，問題を新しい見方でみて（再構造化して），箱の別の機能に気づく必要がある。このような非連続的な解決過程は，行動主義心理学者のいう反復学習からは程遠いようにみえる。また，箱についてもっている知識（すでに学習したこと）が，かえって解決を妨げる

図 8.6　**チンパンジーの洞察**（Köhler, 1925）

という意味でも，漸次的学習による行動の出現確率の変化という概念とは整合性が低い。しかし，ゲシュタルト学派の主張にも問題がある。それは，概念の定義があいまいで直感的であることである。

　認知心理学は，こうしたゲシュタルト学派の直感的な言葉を，情報処理の言葉で再定義しようとしてきた。たとえば，機能的固着は，「解決に結びつかない不適切なオペレータの過度の活性化」ととらえることができる（Ohlsson, 1992）。オペレータは，見かけ上，解に結びつきそうなものが自動的に活性化され，優先的に探索される。活性化は自動的に起こり，意識的なコントロールが関与しにくいため，なかなかインパスから抜け出すことが難しい（活性化については，7.1.1参照）。また，洞察が突然訪れるように感じられるという事実は，解決中の認知過程に対する意識的なモニタリングが難しいことを示唆している（Ohlsson, 1992）。

　しかし，行動主義とゲシュタルト学派の観点の違い，すなわち，試行錯誤か洞察かという論点は，認知心理学の中でも装いを替えて議論が続いている。それは，洞察問題の特殊性についての論点である。一方では，「再構造化」を神聖化したゲシュタルト学派の考えを受け継いで，「洞察問題の解決には，非洞察問題とは質的に異なる過程が関与している」とする見方がある。たしかに，ロウソク問題のようにひらめきを必要とする洞察問題は，非洞察問題，すなわち，算数のかけ算のように一定の手続きをとれば解ける問題や，ハノイの塔のように段階を追って解決に至る問題とは異なるように思われる。したがって，この考えは直感的に納得できる。しかし，洞察問題の解決過程のモニタリングが十分でないのは確かであるとしても，非洞察問題の解決過程についても，私たちは，果たして十分モニタリングできているのであろうか。洞察問題と非洞察問題の違いは，実は，見かけほど自明ではない。したがって，「洞察問題と非洞察問題の解決過程の間に本質的な違いを認めない」という考えがもう一方にある。こうした議論の決着のためには，今後の研究を待つ必要があるが，同じ説明がより単純で統合的な理論で可能であれば，そちらのほうが望ましいのは間違いない。

8.1.4 転移と類推

　現実場面で問題が解けないとき，私たちはどのように対処するであろうか。有効と思われる一つの方法は，過去に成功した事例の中から似たような問題を探して，参考にすることであろう。先に経験した問題解決行動が，後続する類似の問題解決を促進することを**転移**（transfer）という。たとえば，ハノイの塔問題を解いた後で，その同型問題の茶会問題を解く場合（あるいは，その逆順で解く場合）には，所要時間や手数が減少する（Luger & Bauer, 1978）。

　こうした転移は，実はそれほど起こりやすいわけではない（BOX 8.1）。しかし，もし私たちにとって，このような転移が一切不可能なら，すべてのことをその都度一から覚えるしかないことになってしまう。そうなれば，たとえば学校での教育などは，ほとんど意味のないものになってしまうだろう。なぜなら，卒業後の人生で，教室で学んだ問題とまったく同じものに出くわすことは，ほとんど期待できないからである。そこで，どのような場合に転移が起こりやすいか，どうすれば見かけの似ていない問題にも転移が起こるか，といったことが問題になる。

　ダンバーとブランシェット（Dunbar, K., & Blanchette, I., 2001）は，目標が類推の方法を変えることを指摘している。現実世界では，深い構造的類似性にもとづく抽象的な**類推**（analogy）が実際にはよくみられるのに，BOX 8.1のような実験室実験においては，表面的類似性に影響されて深い類推を行うことができないという結果が繰返し示されてきた。こうした矛盾が発生する原因の一つに，類推の材料を実験者に与えられたものの中から探すだけなのか，類推を自分で生成する必要があるのかの違いがあると，ダンバーとブランシェットは主張している。実際，参加者に，ある考えを正当化するための類推を生成するように求めた場合には，表面的特徴に依存したものが生成されることは少なかった（Blanchette & Dunbar, 2000）。つまり，その状況で何が必要とされているかによって，推論の抽象度が変わるといえる。こうした具体的な事例からの抽象化や，あるいは逆に，一般的な規則を具体的事例に適用すること，すなわち，推論の働きについて次節で詳しくみていこう。

BOX 8.1　類推による問題解決

　ジックとホリオーク（Gick, M. L., & Holyoak, K. J., 1980）は，創造的問題解決における類推の効果を明らかにするため，次のようなドゥンカー（Duncker, K., 1945）の放射線問題（radiation problem；図8.7（a））を使って実験を行った。

> 　あなたは医者で，胃に悪性の腫瘍をもった患者を担当しています。患者を手術することは不可能ですが，腫瘍を破壊しないと患者は死亡します。いま，腫瘍を破壊するため使えるある種の放射線があります。もし，この放射線が十分な強度で一度に腫瘍に当たれば，腫瘍は破壊されます。ところが残念なことに，この強度だと，腫瘍に到達するまでの放射線の通り道にある健康な組織まで損傷させてしまいます。もっと低い強度だと，健康な組織には無害ですが，腫瘍に対しても影響がなくなってしまいます。この放射線で腫瘍を破壊し，同時に，健康な組織が損傷しないようにするには，どのような手続きを使ったらよいでしょうか。

　この問題は易しくない。ドゥンカーは，42人中2人しか解けなかったとしている。ジックとホリオークは，放射線問題に取り組む前に，参加者に以下の物語を声に出して読ませ，内容を要約するように求めた（実験1；図8.7（b））。

> 　ある小国が独裁者の冷酷な支配を受けていました。独裁者は強固な要塞から国を支配していました。独裁者の要塞は国の中央に位置し，周りを農場や村々に囲まれていました。多くの道路が，車輪のスポークのように，要塞から放射状に伸びていました。一人の偉大な将軍が，要塞を攻め落として国を独裁者から解放するため，辺境の地で兵を挙げました。将軍は，もし彼の軍隊が一度に攻めれば，要塞を攻略することができることを知っていました。彼の軍隊は，要塞へ向かう1本の道の先で待機していました。しかし，スパイが将軍に気がかりな報告をもってきました。冷酷な独裁者は，各道路に地雷を埋めたといいます。独裁者は，自分の軍や労働者が要塞から出入りできるようにする必要があったので，この地雷は少数の人間が通っても爆発しないように設置されていました。しかし，大勢の力がかかると爆発するようになっていました。爆発すれば，道路が吹き飛ばされて通れなくなるだけでなく，独裁者は報復のために多くの村を破壊します。よって，全軍による要塞の直接攻撃は不可能に思われました。

> しかし，将軍は屈しませんでした。彼は軍を小隊に分け，各小隊を異なる道の先に配置しました。すべての準備が整ったところで彼は合図を送り，各小隊は別々の道を通って進軍しました。小隊はすべて安全に地雷を通過し，全軍で要塞を攻撃することができました。こうして，将軍は要塞を攻め落とし，独裁者を倒すことができました。

その後，放射線問題を与えたが，その際，この物語を放射線問題のヒントとして使ってみるように教示した。ただし，必ずしもこの物語を使う必要ないことも伝えた。その結果，10人全員が正解した。

この結果から，表面的には大きく異なっていても構造が類似していれば，類推をうまく使って問題解決に利用できることが明らかになった。しかし，現実の場面では，ヒントであると明示的に教えられることは少なく，自発的に関連性に気づく必要がある。そこで，ジックとホリオークはこの点を確認するため，上の物語を含む3つの物語を「物語記憶課題」として実験参加者に課した後，まったく別の実験として，放射線問題を課した。その結果，ヒントであると教示した条件では92%（12人中11人）が正解したのに対して，何も教示しなかった条件の正答率は20%（15人中3人）にとどまった。

以上より，類推のベースとターゲットの関係（関連性）に気づかなければ類推は働かないこと，しかも，関連性は自発的には気づきにくいことが示された。

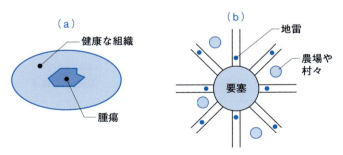

図8.7 放射線問題（a）とそのヒントとなる物語（b）のイメージ

8.2 推　論

推論(reasoning)とは，既存の知識（事実や規則）から，新しい知識を導くことである．その過程が，論理学で規定される正しい方法に従ってなされるものを**演繹**(deduction)といい，それ以外の方法によってなされるものを**帰納**(induction)という．まずは，演繹の代表的な例をみていこう．

8.2.1 定言三段論法の推論

演繹的推論は，心理学の研究テーマの中でもっとも古いものの一つである．演繹的推論の最初の実験論文が出版されたのは1908年とされるが(Polizer, 2004)，そこで使われた材料が，アリストテレスが体系化したとされる**定言三段論法**(categorical syllogism)で，次のような形式のものである．

　　すべての調停者は哲学者である（前提1）
　　すべての開業医は調停者である（前提2）
　　∴すべての開業医は哲学者である（結論）

ここで，定言三段論法（以下では単に三段論法とよぶ）の形式について説明しておく必要があるだろう．三段論法は，2つの前提と1つの結論からなる．前提と結論の文は，次のうちの1つの形式（式(mood)とよばれる）をとる．

- **全称肯定**……すべてのXはYである（All X are Y）．
- **特称肯定**……いくらかのXはYである（Some X are Y）．
- **全称否定**……どのXもYでない（No X are Y）．
- **特称否定**……いくらかのXはYでない（Some X are not Y）．

前提にも結論にもそれぞれ，主語（X）と述語（Y）に相当する2つの名辞が含まれる．結論に含まれる2つの名辞は端名辞とよばれ，端名辞は各前提に1つずつ含まれる．2つの前提に共通に含まれる名辞は中名辞とよばれ，中名辞は結論には含まれない．名辞の位置関係（格(figure)とよばれる）は，図8.8に示す4種類がある．前提文1と2，結論文にそれぞれ4つの式が可能で，格が4つあるので，三段論法の形式は全部で$4 \times 4 \times 4 \times 4 = 256$個ある．もちろ

第1格	第2格	第3格	第4格
M—P	P—M	M—P	P—M
S—M	S—M	M—S	M—S
S—P	S—P	S—P	S—P

図 8.8 三段論法の格

ん，これらのすべてが論理的に正しいわけではない。論理的に妥当（valid）なものは，19個しかない。

また，すべての三段論法が同じように難しいわけではない。格によって難しさが異なり，一般に第1格がもっとも易しく，第4格がもっとも難しいとされている。また，格が同じでも，式の組合せによって難しさが異なる。したがって，ある三段論法が難しく（正答率が低く）別の三段論法がそうでないのはなぜかを説明する心理学的な理論が必要になる。

三段論法の実験でよく用いられるのは，2つの前提文が与えられ，その前提から論理的に導かれる結論を選択肢の中から選ぶという課題である。選択肢は，上記の全称肯定，特称肯定，全称否定，特称否定に加えて，「論理的に妥当な結論はない」が用意される。他には，2つの前提文だけを与えて，結論を実験参加者に生成させる場合もある。

雰囲気理論（atmosphere theory；Woodworth & Sells, 1935）は，もっとも初期の理論である。2つの前提文のうち，少なくとも一方が特称（「いくらかの～」）であれば特称の結論が正しいと思われやすく（導かれやすく），少なくとも一方が否定（「～でない」）であれば否定の結論が正しいと思われやすい（導かれやすい）とする。それ以外の場合は，全称および肯定が支持される（導かれる）。この説は，単純ながらも，実際の実験データによく合うという意味で説明力が高い。しかし，なぜそのような出力がなされるかについては何も説明していないため，心理学の理論としては不十分である。

現在，三段論法の有力な理論は複数あるが，ここでは，代表的なものとして**メンタルモデル理論**（mental model theory；Johnson-Laird, 1983）を紹介する。この理論は，最初に提唱されてから30年以上経ち，実は批判も少なくはないが，いまでも影響力をもち続けている。メンタルモデル理論の最大の特徴

は,心の中にメンタルモデルとよばれる心的表象を仮定していることである。表象とは,この場合,与えられた三段論法の前提文に対応する具体的なイメージ（図 8.9）のようなものを指す。

　　　いくらかのタバコは安い
　　　どの常習品も安くない
　　―――――――――――――――――――
　　　∴いくらかの常習品はタバコでない

たとえば,上の三段論法が与えられたとき,第1前提文から図 8.9（1）のようなメンタルモデルが形成されると仮定する。このモデルは,1行が1つの個体を表し,安くないタバコ,安いタバコ,タバコでない安いものが,それぞれ1つずつあることを示している。ここで,個体の数は問題ではなく,存在するかしないかだけが重要である。括弧がついている個体は,それが存在してもしなくてもよいことを表している。第2前提文からは,図 8.9（2）のメンタルモデルが形成される。安いものと常習品の間の線は,両者が排他的であるこ

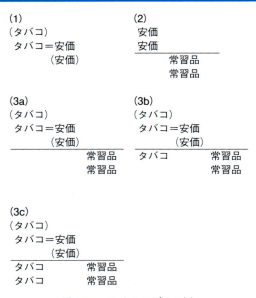

図 8.9　メンタルモデルの例

とをわかりやすくしているだけである。タバコと常習品の関係についての結論を導くためには，両モデルを統合する必要がある。

図8.9（3a）は，統合モデルの一つである。このモデルから，常習品とタバコが排他的であることがわかる。そこで暫定的な結論として，「どの常習品もタバコでない」（結論a）が導かれる。しかし，この結論は正しくない。なぜなら，統合モデルには，(3b) の可能性もあるからである。(3a) と (3b) の2つのモデルの可能性を考えると，「いくらかの常習品はタバコでない」（結論b）を導くかもしれない。これは，上に示した結論であり，実際，この結論が正しいかどうか判断させた実験では，71％が正しいと答えた（Evans et al., 1983）。ところが，この結論も正しくない。なぜなら，(3c) の可能性もあるからである。この場合，正しい結論は「いくらかのタバコは常習品でない」（結論c）である。つまり，3つの可能性をすべて考慮しないと，正しい結論を導くことはできない。

正しい結論を導くために考える必要のあるモデルの数は，三段論法の形式によって異なり，最小は1個，最大は3個である。メンタルモデル理論によれば，必要なモデルの数が多いほど，三段論法の正答率は低下する。実際，おおむねその傾向がみられることを，ジョンソン=レアードとバラ（Johnson-Laird, P. N., & Bara, B. G., 1984）は実験によって示した。

8.2.2　条件文推論とウェイソン選択課題

ウェイソン選択課題（Wason selection task；Wason, P. C., 1966）は，**4枚カード問題**ともよばれ，推論の研究の中でもっとも重要な課題である。なぜなら，この課題は，これまでに非常に多くの研究を生んできたからである。図8.10にこの課題を示すので，ここで少し読むのを中断して，自分自身の答を出してみてほしい。

この課題で問われていることは，「もし p ならば q である（$p \rightarrow q$）」という規則の真偽を確かめるために，「p」「not-p」「q」「not-q」のうち，どのカードを裏返すかということである。「もし〜ならば〜」という形式の文は**条件文**（conditional）とよばれ，図8.11に示す4つが代表的な条件文推論である。こ

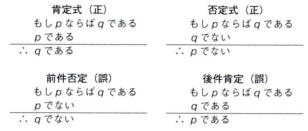

図 8.10 ウェイソン選択課題（Wason, 1966 より作成）

肯定式（正）
もし p ならば q である
p である
∴ q である

否定式（正）
もし p ならば q である
q でない
∴ p でない

前件否定（誤）
もし p ならば q である
p でない
∴ q でない

後件肯定（誤）
もし p ならば q である
q である
∴ p である

図 8.11 代表的な条件文推論

の中で正しいのは，肯定式（modus ponens）と否定式（modus tollens）の2つだけである。肯定式から，「p（母音）」の裏に「q（偶数）」がなければならないことがわかる。したがって，「p」カードは裏返す必要がある。また，否定式から，「not-q（奇数）」の裏に「not-p（子音）」がなければならないため，「not-q」カードも裏返す必要がある。一方，後件肯定は誤りであるため，「q」の裏は「p」であるとは限らない。したがって，「q」を裏返す必要はない。同様に，前件否定は誤りであるため「not-p」も裏返す必要はない。以上より，裏返すべきカードは，p と not-q（母音と奇数）である。しかし，多くの参加者は，p と q（母音と偶数），または p（母音）のみを裏返す。この課題の正答率は一般に非常に低く，大学生で10%程度とされている（Wason & Johnson-Laird, 1972）。

この課題が非常に多くの研究を生んだ一つの理由は，このような結果を説明することが容易ではないからである。一つの説明として，条件文（$p \rightarrow q$）が

双条件文（$p \leftrightarrow q$）として解釈されるという考えがある。一般に，「p ならば q」と聞けば，「q ならば p」でもあると解釈されることが多い。たとえば，「合格したら電話する」と聞けば，普通は「電話があれば合格した」と考える。ウェイソン選択課題でも，多くの参加者が規則を「母音ならば偶数であり，かつ偶数ならば母音」と解釈したのかもしれない。しかし，これは説明にならない。なぜなら，もし規則が双条件文なら，図 8.11 の推論はすべて正しいものとなり，カードは 4 枚とも裏返さなければならないことになるからである。実際には，4 枚とも裏返すと答える参加者はほとんどいない

　その後，論理的に同型でありながら，正答率が劇的に高くなる課題（図 8.12）が発見された。こうしたことも，ウェイソン選択課題が人々の関心を集めることに貢献した。この飲酒年齢版（Griggs & Cox, 1982）では，72.5％（40 人中 29 人）の参加者が正解した。この結果についてのよくある誤解は，オリジナル課題（図 8.10）のような抽象的な材料の場合は推論が難しいが，材料が具体的になれば推論が容易になるという解釈である。この解釈が誤りであるというのは，具体的な材料でも正答率がまったく上昇しない実験結果が繰返し得られているからである（たとえば，Manktelow & Evans, 1979）。つまり，おそらく具体性だけが正答率を左右する要因というわけではないからである。

　オリジナル版と飲酒年齢版の違いを注意深く見ると，いくつかの違いがあることに気づく。それは，①主題性，②経験との結びつき，③義務論的規則の使用と違反者検出の文脈，④シナリオの提示，などである。飲酒年齢版は，単に

あなたは勤務中の警官で，「もしある人がビールを飲んでいるならば，その人は 20 歳以上でなければならない」という規則が守られているか，確かめなければなりません。カードにはテーブルについている 4 人の人々の情報が書かれています。人々が規則に違反しているかどうか確かめるために，裏返すべきカードはどれでしょうか。

| ビール | コーラ | 22 歳 | 16 歳 |

図 8.12　**飲酒年齢版ウェイソン選択課題**（Griggs & Cox, 1982）

主題的（具体的）である（①）だけでなく，現実の世界で運用されている規則を使っている。したがって，規則は実験参加者の経験に密接に結びついたものである（②）。しかし，もっとも重要な相違点は，規則の形式の違いである（③）。上では「論理的に同型」と述べたが，実際は同型ではない。オリジナル版の規則は「～ならば～である」であるが，飲酒年齢版は「～ならば～でなければならない」である。こうした義務や許可に関する規則を義務論的規則という。また，このことに対応して，オリジナル版は規則の「真偽」を確認する課題であるが，飲酒年齢版では規則の真偽は問われていない。飲酒年齢版で問われているのは人々が規則に「従っているかどうか」であり，求められているのは違反者の検出である。最後に，飲酒年齢版には「勤務中の警官」といったシナリオが付加されている（④）。

チェンとホリオーク（Cheng, P. W., & Holyoak, K. J., 1985）が注目したのは，上記の③であった。彼女らはまず，①に代わって当時重要と考えられていた②の考えを否定した。②は，ある特定の経験をもつことが推論を促進するということである。すなわち，規則の反例，たとえば飲酒年齢版の場合，「ビールを飲んでいる未成年者（p かつ not-q）」という事例を記憶していることが重要とする考え方である。しかし，反例を知っていても促進が起こらない場合（Manktelow & Evans, 1979）や，反例を体験していなくても促進が起こる場合（D'Andrade, 1982, 引用元は Cheng & Holyoak, 1985）があるため，彼女らは②の考えを否定した。

チェンとホリオークによれば，私たちは，論理学のように形式的で文脈独立的な規則ではなく，許可，義務，因果といった抽象的な知識構造にもとづいて推論することが多い。そういった知識の枠組みを**実用的推論スキーマ**（pragmatic reasoning schema）という。それは，日常生活の経験から引き出された一般的かつ文脈依存的な知識である。推論のパフォーマンスは，スキーマ（**BOX 7.2** 参照）が起動されるか否か，またどのようなタイプのスキーマが起動されるかによって決まる。反例を知っているといった経験が推論を促進するのは，経験そのものの効果というよりは，経験がスキーマを起動するためと考える。もし，この考えが正しければ，同じ主題的課題でも経験の有無によって

成績が変わるだけでなく，たとえ経験がなくても，別の方法でスキーマを起動させることができれば，やはり成績がよくなることが予測される。そして，彼女らはその予測通りの実験結果を示した。

飲酒年齢版（**図 8.12**）で使用されたのは，「もしある人がビールを飲んでいるならば，その人は 20 歳以上でなければならない」という規則であった。この規則は，「もし行為がなされるならば，前提条件が満たされなければならない」という形式である。この規則は，実用的推論スキーマの一つとされる**許可スキーマ**（permission schema）を起動すると考えられる。許可スキーマは，次のような 4 つの規則によって表現される。

1. もし前提条件が満たされるならば，行為がなされてもよい。
2. もし前提条件が満たされないならば，行為がなされてはならない。
3. もし行為がなされるならば，前提条件が満たされなければならない。
4. もし行為がなされないならば，前提条件が満たされる必要はない。

許可スキーマが起動すると，これらすべての規則が活性化する。このうち，裏返すべきカードを決めるのは 2 と 3 である。3 が「ビール（p）」カード，2 が「16 歳（not-q）」カードを裏返すべきであることを示唆する。

チェンらは，図 8.13 に示す封筒版課題を用いて，実際に類似の規則を経験していた香港の参加者と，そういった経験のないアメリカの参加者の成績を比較した。また，経験によらず実用的推論スキーマを起動させるため，次のように規則の根拠を与えた。それは「この規則の根拠は，個人的な手紙から利益を

規則に違反しているかどうか見つけるためには，どの封筒を裏返すべきでしょうか。
規則：「手紙に封がしてあれば，15 セント切手が貼ってなければならない」
理由づけ：「個人的な手紙に対しては高い料金を課して利益を上げる」

図 8.13　封筒版ウェイソン選択課題（Cheng & Holyoak, 1985）

上げることにあります。個人的手紙にはたいてい封がしてあります。そこで，封のしてある手紙は個人的手紙とみなし，封のしていない手紙よりも高い郵便料金を課します」というものである。実験の結果，経験がある場合（香港の参加者）または根拠が与えられた場合（アメリカの実験群）は正答率が85％を超えたが，どちらもない場合（アメリカの統制群）は60％に満たなかった。以上の結果は，実用的推論スキーマ理論を支持するものであり，同時に，主題性や経験に関するそれまでの実験結果が安定しない理由を統一的に説明するものであった（ただし，BOX 8.2も参照のこと）。

8.2.3 推論のバイアス

実用的推論スキーマ理論は，材料の意味内容が推論を促進することを説明したが，逆に，意味内容が推論を非論理的にする場合もある。また，このような**内容効果**（content effect）は，許可スキーマとは別にみられる場合もある。次の三段論法について考えてみてほしい。

　　いくらかの常習品は安い
　　どのタバコも安くない
　　∴いくらかのタバコは常習品でない

この三段論法には，8.2.1で示したものと同じ名辞が使われており，論理構造も同じである。しかし，名辞が入れ替わっているため，結論部分が常識に合うかどうかが異なっている。すなわち，8.2.1の三段論法の「いくらかの常習品はタバコでない」という結論は（正しい結論ではないが）常識的知識に合う（信念に一致する）が，上の「いくらかのタバコは常習品でない」という結論は常識的知識に合わない（信念に一致しない）。

結論が信念に一致すると，論理的に非妥当な（誤った）結論も受容されやすく，逆に，結論が信念に一致しないと，論理的に非妥当な結論を正しく棄却しやすい。エヴァンズら（Evans, J. St. B. T. et al., 1983）の実験では，「信じられる」結論の三段論法（8.2.1のタイプ）を誤って正しいと考えた参加者が71％もいたが，「信じられない」結論（上のタイプ）では10％にすぎなかっ

BOX 8.2　社会契約理論と社会的視点効果

　義務論的規則を用いたウェイソン選択課題（たとえば図 8.12 の飲酒年齢版）においては，「違反者」の検出が求められる。違反にはさまざまな種類が考えられるが，ズルをして利益を得る違反者に対して私たちがもっている高い感受性に着目したのが，コスミデイズ（Cosmides, L., 1989）の社会契約理論（social contract theory）である。

　この理論は，互恵的利他行動（reciprocal altruistic behavior）の進化生物学的基盤にもとづいている。他者のためになるが自分の利益には一切ならない行動は，なぜ進化の中で消えていかないのであろうか。他者の遺伝子の繁栄を助けるだけで，自分の遺伝子の拡散に寄与しない行動をする個体は，長い進化の流れの中で淘汰されるはずである。しかし，「お返し」が期待できる場合はそうではない。もし互いに助け合うことができるなら，そうでない場合よりずっと互いの生存に有利になる場合がある。そのときに問題となるのは，相手がお返しをする個体かどうかである（そのつど損得計算をするという意味ではない）。そこで，社会の成員は，費用便益規則，すなわち「もし便益を得るならば，費用を払う」という一種の社会契約を守ることが前提となる。問題は，この規則を守らない裏切り者（cheater）が一番得をすることである。したがって，こうした裏切り者を検出する能力をもった成員によって構成された社会だけが，裏切り者を排除して互恵的利他行動を実現する心を進化させることができる。つまり，私たちは，生まれながらにして費用便益規則を身につけているはずである。

　コスミデイズは，ウェイソン選択課題の内容効果が社会契約理論で解釈できることを示した。たとえば，封筒版課題（図 8.13 参照）は，「封をして送るという便益を得るならば，高額の切手を貼るという費用を払う」という社会契約規則を扱っていることになる。

　社会契約理論は，抽象的かつ文脈依存的な構造を問題にしている点で実用的推論スキーマ理論と似ているが，その枠組みが学習ではなく生得的に獲得されるとしている点で決定的に異なる。いずれの理論にも共通するのは，ウェイソン選択課題における正答率の上昇は，論理的推論の促進によるものではないという見解である。つまり，スキーマや費用便益構造によって促される選択が，単に論理的正解に一致したために正答率が高くなっただけである。それならば，裏を返せば，課題構造が変われば正答率が下がることもあるはずである。この点を明確にしたのが，社会的視点効果（social perspective effect；Gigerenzer & Hug, 1992）である。この効果を実用的推論スキーマ理論に則って説明すると，以下のようになる（Cheng et al., 1986）。

　たとえば，「もし平日に休む（p）ならば，週末に働く（q）」という規則があるとき，この規則を雇用者の視点からみれば，「もし（従業員が）平日に休むなら，（従業員は）週末に働かなければならない」と解釈される。すると，許可スキーマが起動するため，平日に休んでいながら（p），週末にも休んでいる（not-q）事態が起きていないかをチェックする動機が生まれる。しかし，この規則を従業員の視点からみると，まったく違ったものになる。「もし（自分が）平日に休むなら，週末に働いてもよい」と解釈される。これは，「もし平日に休まないなら，週末に働いてはならない」ことを意味し，許可スキーマとは別のスキーマ（義務スキーマという）で解釈されていることになる。この場合，平日に出勤していながら（not-p），週末にも出勤させられている（q）事態が起きていないかをチェックする動機が従業員に生じる。これは，論理解とは完全に対照的な選択である。

た。このように，結論の信じやすさが推論のパフォーマンスに影響を与えることを，**信念バイアス**（belief bias）という。

信念バイアスは，メンタルモデルにもとづいて説明することができる（Evans et al., 2001）。人々は，信念が正しいことを確かめようとする傾向がある。したがって，結論が信念に一致する場合は，論理性のチェックが甘くなる。しかし，結論が信念に一致しない場合はチェックが厳しくなる。すなわち，結論を支持するメンタルモデルだけでなく，結論を否定するメンタルモデルを探そうとするため，論理的に非妥当な場合には正しく棄却できる可能性が高まることになる。

信念が正しいことを確かめようとする傾向は，**確証バイアス**（confirmation bias）として知られている。選択課題を考案したウェイソン（Wason, 1960）は，**2-4-6 課題**とよばれる巧妙な課題（図 8.14）によってこの傾向を浮き彫りにした。

この課題においてよくみられる反応は，1-3-5 や 10-12-14 といった数個の事例を提示した後，「2 ずつ増える数」や「偶数列」といった規則を報告することである。しかし，いずれも正解ではない。仮にあなたが偶数列という仮説をもったとしよう。そのとき，あなたは，5-2-10 といった仮説に合わない事例を提示することをするだろうか。通常，仮説（信念）が正しいことを確かめる（確証する）ことはしようとするが，仮説（信念）が誤っていることを確かめる（反証する）ことはしない。この課題の正解は，単に「上昇する数列」であるので，仮説に合う事例を提示している限り，つねに正のフィードバックが得られるため，なかなか正解にたどり着くことができないことになる。

> いま私の頭の中にある「3 つ組整数」に関する規則を当ててください。「2-4-6」という組合せは，その規則に合っています。その規則について直接答えることはできませんが，その代わりに，任意の整数列がその規則に合っているかどうかについてお答えします。自分が作った整数列が規則に合っているかどうか，何度でも問うことができます。その答えを聞いて，考えた規則が正しいと確信を持った時点で規則を報告してください。

図 8.14 2-4-6 課題（Wason, 1960 にもとづいて服部，2012 が作成）

以上のように，私たちは論理的な推論が苦手であることがわかる。しかし，実際には私たちは，論理学のように0と1だけからなる世界で生活しているわけではない。したがって，純粋な論理が必要になる場面は，それほど多くないのかもしれない。あいまい性や不確実性を含む事象は，論理ではなく確率によって定式化できる。そこで，以下では，私たちが正しく確率推論をできるのかどうかについてみていこう。

8.3 判断と意思決定

たとえば，出がけに傘を持っていくかどうかを決めるような場合，雨がどれくらい降りそうかについての判断が行動に重要な影響を与える。もし，雨が降ることがほぼ確実であるとわかっていれば，誰もが傘を持っていくであろう。反対に，雨の降る確率が低いと推論すれば，傘を持っていかないという決断をする人が多くなるであろう。このように，確率判断の結果は私たちの意思決定を大きく左右するので，確率判断の正確さが「よい意思決定」の前提になる。そこで以下では，私たちの確率判断の特性についてみていこう。

8.3.1 確率判断

調子が乗ってくると，さらによいことが続きやすいと思ったことはないだろうか。バスケットボールで，一度シュートを決めると，その後シュートが成功しやすくなるという現象は「**ホットハンド**（hot hand）」といわれている。ギロヴィッチら（Gilovich, T. et al., 1985）は，アメリカのプロのバスケットボールの試合を詳細に調べ，この「ホットハンド」が実際に起こっているかどうかを検証した。その結果，シュート成功と失敗の次のシュート成功率に違いがあることを示す証拠はなく，ホットハンドが人々の誤った信念にすぎないことが明らかになった。

私たちは，何も規則性がない状態というのを極端に嫌う。そこで，ランダムに生起する事象系列の中にも，意味や規則性を「発見」する傾向がある。この傾向が，ジンクスや迷信の起源でもあり，ホットハンドの信念を強める後押し

にもなる。逆に「ランダムである」と思っている対象には，必要以上に「規則性のなさ」を期待する。これが**ギャンブラーの錯誤**（gambler's fallacy）とよばれる誤りを生む。たとえば，コイントスで3回連続で裏が出ると，次こそは表が出ると思ってしまう。しかし，「コインに記憶はない」ので，次に表が出る確率は，つねに2分の1である。図8.15は，コンピュータの擬似乱数を使って生成したランダムな系列であるが，これを見ると，表（あるいは裏）が7，8回続くことはそれほど珍しくないことがわかる。

　十分に長い系列をとれば，表と裏の出現回数はほぼ半々になるが，私たちは，短い系列でも半々になることを過度に期待する。これを**少数の法則**（the law of small numbers）という（Tversky & Kahneman, 1971）。紛らわしいが，「少数の法則」というのは法則ではない。これは，私たちの認知的な「誤り」につけられた名称で，統計学で知られる「大数の法則」(the law of large numbers) という原理（たとえば，サンプルが大きくなるほどサンプルの平均値は母集団の真の平均に近づくことを指す）が，小さなサンプルでも成立すると考えてしまう誤りのことを指す。

　こうした誤りは，私たちが認知的な「手抜き」をするために起こると考えられている。この手抜きは，**ヒューリスティック**とよばれており，問題解決の項（8.1.2）で紹介したものと同じである。私たちが確率判断で利用するヒューリスティックがどのようなものか，次のような簡単なデモンストレーションで知ることができる。英語の話者に，Kではじまる単語と3番目にKがくる単語のどちらが多いと思うかを尋ねると，多くはKではじまる単語と答える（Tversky & Kahneman, 1973）。しかし，実際には，Kが3番目にくる単語のほうがKではじまる単語より多い（3倍ほどある）といわれている。私たちがこの問題で間違えるのは，単語の数を単語の思い出しやすさで判断するという

```
0010111011101001111100011001011000001100100000000010111100100 01...
```

図8.15　0と1のランダム数列

8.3 判断と意思決定

ヒューリスティックを使ったためである。これは，**利用可能性ヒューリスティック**（availability heuristic）とよばれる。たしかに，よく起こることは思い出しやすいが，思い出しやすいからといってそれがよく起こるとは限らない。地震が報道された後には地震保険に入る人が増えるという調査結果もあるが（Johnson et al., 1993），マスコミで取り上げられると「目立つ」ため，間違えて「よく起こる」と判断されがちである。

　私たちの頭は計算機ではないので，確率の正確な値を計算できないのは当然である。しかし，誰もが知っているような確率の制約に明らかに反する回答をしてしまうことがあるとすると，それは認知的な誤りとして見過ごすことができない。図 8.16 のリンダ問題は，そのような例である。ある実験（Tversky & Kahneman, 1983）では，85％ の参加者が，リンダはフェミニストの銀行窓口係である可能性が高いと答えた。しかし，フェミニストの銀行窓口係の人々は，銀行窓口係の中の一部である。したがって，リンダがフェミニストの銀行窓口係である確率は，リンダが銀行窓口係である確率を超えることは原理的にない。つまり，「A かつ B（かつ＝連言）の確率」は，必ず「A の確率」以下である。こうした誤りを**連言錯誤**（conjunction fallacy）というが，これも，やはり私たちがヒューリスティックに頼って判断を行うために発生すると考えられる。

　カーネマンとトヴァスキー（Kahneman, D., & Tversky, A., 1972）は，**代表性ヒューリスティック**（representativeness heuristic）の考え方を提唱した。私たちは，たとえばリンダという人物が銀行窓口係である確率を考えるとき，

リンダは 31 歳で独身，歯に衣着せずにものを言うほうで，非常に頭が切れます。大学では哲学科を専攻しました。学生時代は，差別や社会正義の問題に強い関心をもっており，反核デモにも参加しました。さて，現在の彼女について次の記述のどちらがよく当てはまりそうですか。
　a．リンダは銀行窓口係である。
　b．リンダは銀行窓口係で，フェミニスト運動の活動家である。

図 8.16　**リンダ問題**（Tversky & Kahneman, 1983）

銀行窓口係全体の集合を考えるのではなく，リンダが銀行窓口係の典型例に似ているかどうかと考える。すなわち，ある事象があるカテゴリに属する確率を判断するとき，その事象がそのカテゴリをどれくらい代表しているか（代表性）にもとづいて判断しがちである。リンダは，あまり典型的な銀行窓口係ではない。もしフェミニストの銀行窓口係がいるとしたら，そちらのほうがイメージに合う。そのため，連言錯誤を起こしてしまう。少数の法則も，やはり代表性ヒューリスティックによって説明できる。私たちは，小さなサンプルでも，それが母集団を代表することを期待する。コイン投げの表裏の系列の母集団は，表と裏が半々である。表と裏が半々という特性は，母集団を代表するものであり，サンプルサイズとは関係なく備えうる性質なので，私たちは，代表性のほうにとらわれてしまい，サンプルサイズを無視してしまいがちである。

8.3.2 信念更新

私たちは，一度限りの確率判断だけではなく，時々刻々と入ってくる新しい情報によって，物事の確からしさの判断（確信度）を更新していくこともできる。たとえば，正直者も，何度も嘘をつけば，いずれは信頼を失うだろう。こうした**信念更新**の過程は，**ベイズの定理**（Bayes' theorem）とよばれる確率の公式によって定式化できる。以下では，オオカミ少年の場合（松原，1985, p. 20）を例にベイズの定理を説明しよう。

最初の段階では，少年は嘘つきか正直者かわからない状態であるとする。すなわち，「少年は嘘つきである」という仮説 H の確信度（確率）を $P(H)$ とすると，$P(H) = 1/2$ である。いま，少年が「オオカミが来た」と言ったとしよう。しかし，オオカミは実際には来なかった。この経験によって，少年に対する信頼性がどう変わるだろうか。

もし少年が嘘つきならば，「オオカミが来た」と言っても実際にはオオカミは来ない。しかし，少年の発言とは関係なく偶然にオオカミが来る可能性もあるので，少年が嘘つきのときにオオカミが来る確率は 0 にはならない。「少年が嘘つきである（H）」場合だけを考えたときに，「オオカミが来ない（D）」という事象が起こる確率は，条件つき確率とよばれ，$P(D|H)$ のように表さ

れる。ここでは，$P(D|H)$，すなわち，「少年が嘘つきのときにオオカミが来ない確率」を 2/3 としておこう。「オオカミが来ない（D）」という事実が観察されると，少年は嘘つきなのではないかという疑念が高まる。すなわち，少年に対する信念が更新される。新しく更新された信念は，「オオカミが来ない（D）」という条件つきの仮説 H の確信度（確率），$P(H|D)$ になる。この $P(H|D)$ を計算するために，もう 1 つ必要な情報がある。それは，少年が正直である（$\neg H$）にも関わらずオオカミが来ない（D）確率 $P(D|\neg H)$ である（$\neg$ は否定を表す記号である）。ここでは寛容に，正直者でも見間違いはあるので，$P(D|\neg H)$ = 1/4 としておこう。以上より，次のベイズの定理を使って，嘘が少年の信頼性をどれくらい下げるかを計算することができる。

【1 回目】

$$P(H|D) = \frac{P(D|H)P(H)}{P(D)} = \frac{P(D|H)P(H)}{P(D|H)P(H) + P(D|\neg H)P(\neg H)}$$

$$= \frac{0.667 \times 0.5}{0.667 \times 0.5 + 0.25 \times 0.5} = 0.727$$

つまり，嘘つきであるという仮説の確信度が 50% から 73% に上昇したことになる。さらに嘘が続くとどうなるであろうか。

【2 回目】

$$\frac{0.667 \times 0.727}{0.667 \times 0.727 + 0.25 \times (1 - 0.727)} = 0.877$$

【3 回目】

$$\frac{0.667 \times 0.877}{0.667 \times 0.877 + 0.25 \times (1 - 0.877)} = 0.950$$

【4 回目】

$$\frac{0.667 \times 0.950}{0.667 \times 0.950 + 0.25 \times (1 - 0.950)} = 0.981$$

しだいに疑いが強くなり，4 回目には，少年が嘘つきであるという信念（確信度）は，絶対的な確信に近い 98% に到達することがわかる。まさに，仏の顔も三度までといったところか。以上が，ベイズの定理による信念更新の過程である。ただし，これは数学的な計算結果であり，実際の人間の信念更新がどう

> 集団検診に参加する 40 歳の女性が乳がんにかかっている確率は 1％ です。乳がんにかかっているとき，検査で陽性と出る確率は 80％ です。また，乳がんでないにも関わらず，誤って陽性と出る確率が 9.6％ あります。さて，40 歳のある女性が検診で陽性と出ました。この女性が実際に乳がんにかかっている確率はどれくらいでしょうか。

図 8.17 乳がん問題（Eddy, 1982 にもとづいて作成）

なっているかとは別の話である。

　私たちの確率推論は，つねにベイズの定理に一致するわけではない。図 8.17 の問題を考えてみてほしい。これは，ベイズの定理を使えば正解できる問題であるが，紙と鉛筆を使って確率計算をするのではなく，頭の中で直感的に考えて答えてみてほしい。

　この問題でもっとも多いのは，70〜80％ という回答である。病気のときに陽性となる確率が 80％ であるから，陽性ならば，やはりそれに近い確率で病気であろうと考える人が多いようである。ところが，この問題の正解は 7.8％ である。問題の中で与えられた数値をベイズの公式に当てはめると，次のようになる。

$$P(H|D) = \frac{P(D|H)P(H)}{P(D)} = \frac{P(D|H)P(H)}{P(D|H)P(H) + P(D|\neg H)P(\neg H)}$$

$$= \frac{0.8 \times 0.01}{0.8 \times 0.01 + 0.096 \times 0.99} = 0.0776$$

　この問題が重要であるのは，私たちが正確な確率計算をすることができないことを明らかにしているからではなく，私たちの直感が大きく系統的に誤ることを示しているからである。陽性という検査結果によって，実際には低い確率でしかないのに，ほとんど絶望的であるかのように受け止めてしまうとしたら，私たちの思考のバイアス（偏り）が原因で発生する現実的な問題（たとえば絶望感によって引き起こされる心理的あるいは社会的な問題）は，けっして無視できない。こうした思考のバイアスを明らかにすることが，思考の認知心理学の使命でもある。

トヴァスキーとカーネマン（Tversky & Kahneman, 1980）は，乳がん問題で人々の判断が大きく誤る理由として**基準率無視**（base rate neglect）を挙げた。ベイズの式をみると，データが得られた後の仮説の確信度，すなわち事後確率 $P(H|D)$ は，仮説が正しいときにデータが得られる確率 $P(D|H)$ に $P(H)/P(D)$ を掛けたものになっている。この課題で，$P(D|H)$ が高いにも関わらず $P(H|D)$ が低いのは，分子にあたる $P(H)$，すなわち，基準率（もともと女性が乳がんにかかっている確率）が 1% とかなり低いからである。しかし，この値は人々に無視されやすい（これが基準率無視である）。なぜなら，代表性を使って判断しようとする強い傾向があるからである。代表性を使った判断とは，ここでは，検査の信頼性という利用しやすい数値にもとづく判断を指す。陽性の検査結果という重要な情報があり，それは一定の計算過程から導き出された。その計算過程における顕著な性質，すなわち，この場合，検査の信頼性が代表性をもった特徴となる。その結果，$P(H|D)$ ではなく，$P(D|H)$ が回答されることになる。以上が，トヴァスキーとカーネマンの説明である。ただし，この説明には反論もある（Hattori & Nishida, 2009 参照）。

以上，人間の確率判断が数学的規範（確率論）から大きくずれる現象についてみてきた。しかし，「よい」意思決定を妨げる原因は，確率判断の不正確さだけではない。以下では，意思決定のもう一つの柱（効用）についてみていこう。

8.3.3 損失回避とフレーミング

8.3 の冒頭では，雨の降る確率によって傘を持っていくかどうかが決まるという例をみた。しかし，実際に決定を左右するのは，降水確率だけではない。たとえば，その日は特別に正装をしていて雨に濡れると困るとしたら，そうした起こってほしくない状況（いわば負の満足度）を避けるために，確率が低くても安全のために傘をもっていくといったこともあるだろう。このような主観的なうれしさの程度や満足度を**効用**（utility）という。私たちは，当然，自分にとって高い効用が期待される選択肢を選んでしかるべきであり，誰もがそうしているはずである。しかし，本当にそうであろうか。確率判断が不正確であ

るのと同様，以下で紹介するように効用にも不合理な特性があり，それが「よい」意思決定を妨げることがある。

　たとえば，抽選で1万人に1,000円が当たるキャンペーンと，2万人に500円が当たるキャンペーンとでは，両者の価値は（応募者数が同じなら）同じはずである。これは，確率が倍になれば金額は半分でつり合うということであり，確率と効用（この場合は賞金額）を掛け合わせたもの，すなわち「期待値」が選択肢の価値を決めることを意味する。しかし，カーネマンとトヴァスキー（Kahneman & Tversky, 1979）は，人々の行動がそうした基準に合致しない場合があることを示した。95人の人々に，80％の確率で4,000円もらえる（20％の確率で何ももらえない）くじを引くことと，くじを引かずに3,000円もらうことのどちらを選ぶかを聞いたところ，80％（76人）が3,000円をもらうほうを選んだ。つまり，期待値が高い前者（4,000円×80％＝3,200円）ではなく，確実性の高い選択肢（3,000円）のほうを選んだ。ところが，損失の場合はこれが逆転する。同じ人々に，80％の確率で4,000円取られる（20％の確率で何も取られない）くじを引くことと，くじを引かずに3,000円払うことのどちらを選ぶかを聞いたところ，92％（87人）が前者を選んだ。つまり，確実な後者ではなく，不確実な前者を選んだ。ただし，それはこの場合も，期待値が低いほうの選択肢（−4,000円×80％＝−3,200円）であった。これらの現象はそれぞれ，利得に対する**リスク回避**（risk aversion），損失に対する**リスク追求**（risk seeking）とよばれている。利得状況では確実な利得が好まれるが，損失状況では損をしない可能性が少しでもあればそれに賭ける傾向がある。なお，リスクとは，意思決定に関する専門用語で，確率値がわかっている不確実性のことを指す（必ずしも「危険性」という意味合いはない）。

　リスク回避／追求は，経済学で提唱された**限界効用逓減**（diminishing marginal utility）の法則によって説明することができる。お金の効用は，金額に比例するのではなく，金額の増加に従って効用の増加は頭打ちになる。1,000円のお小遣いが2,000円になったときの喜びは大きいが，1万円が1万1,000円になったときの喜びはそれほどでもない，といった経験談は誰もが理解できるだろう。額面では，4,000円は3,000円の1.33倍であるが，限界効用逓減に

より，4,000 円の効用は 3,000 円の効用の 1.33 倍には達しない。そこで，仮に 4,000 円の効用が 3,000 円の効用の 1.2 倍にしかならないとすると，3,000 円の効用を u としたとき 4,000 円の効用は $1.2\,u$ であり，80% の確率で $1.2\,u$ の効用が得られるときの期待効用（効用の期待値）は，$1.2\,u \times 0.8 = 0.96\,u$ となる。つまり，3,000 円を確実に得られる場合の効用 u よりも小さいことになる。

しかし，限界効用逓減の法則では説明できない現象もある。それは，カーネマンら（Kahneman et al., 1990）が報告した**保有効果**（endowment effect）である。実験に参加した大学生は，「売り手」群と「買い手」群に分けられた。売り手群は，まず実験参加のお礼として 6 ドル相当のマグカップを受け取り，その後，それを他者に売る場合の最低価格を尋ねられた。買い手群は，同じマグカップを自分が買う場合の最高金額を評価した。その結果，売り手群の平均価格は 7.12 ドルだったのに対して，買い手群の平均価格は 2.87 ドルであった。この実験結果は，同じ対象であっても，自分の所有物であれば価値を高く評価することを示している。おもしろいのは，所有物とみなしたのがほんの一瞬前であっても，その直後には価値が大きく変化していることである。

損失回避（loss aversion）と**参照点**（reference point）の移動という 2 つの仮定によってこうした現象の説明が可能になる。まず，私たちは，利得よりも損失に対してずっと敏感である（損失回避）。このことは，50% の確率で 1 万円を取られる賭けがあるとき，残りの 50% の確率で獲得する額が 1 万円よりずっと大きくない限り，この賭けには参加しないという人が多いことからもわかる。しかも，もっとも重要なことは，この損得の基準（参照点）が不動のものではないということである。マグカップが自分のものになったと思う前は，利得か損失かを判断するための参照点はマグカップを持たない状態であったはずである。しかし，自分のものになったと思った時点で参照点が移動し，マグカップを持っている状態が参照点になる。そのため，自分のものになったと思った途端，それが自分のものでなくなることは「損失」になる。カーネマンとトヴァスキー（Kahneman & Tversky, 1979）の**プロスペクト理論**（prospect theory）は，以上の限界効用逓減，損失回避，参照点の移動という概念を駆使することによって，「不合理な」人間の意思決定を整合的に説明する理論であ

る。

　保有効果の決定的な要因は，マグカップを自分のものと「みなす」ことにある。そのことから想像がつくように，参照点は，客観的な状況というよりは，むしろ主観的な「ものの見方」によって変わる。つまり，客観的には同じ意思決定問題でも，問題のとらえ方が変わることによって，選択結果が大きく異なることがある。このような現象を**フレーミング効果**（framing effect）という。次に，フレーミング効果についての記念碑的な研究（Tversky & Kahneman, 1981）をみてみよう。

　図 8.18 の問題文を読んで，まずは問題 P について考えてみてほしい。それで自分の答が決まったら，次に，同じ状況を仮定して問題 N について考えてほしい。トヴァスキーとカーネマンの実験結果によれば，問題 P では 72%（152 人中 109 人）が計画 A を選び，問題 N では 78%（155 人中 121 人）が計画 2 を選んだ。皆さんの選択はいかがだったであろうか。さて，もう一度よく問題文を比べてみてほしい。600 人のうち 200 人が助かるというのは，400 人が死ぬのと同じことである。したがって，計画 A は計画 1 と同じことを述べている。同様に，計画 B と計画 2 も同じ内容である。それにも関わらず，「助かる」というポジティブな表現を使うか，「死ぬ」というネガティブな表現を

めったに見られないアジアの伝染病がアメリカで大流行する兆候があります。600 人の人が死ぬと推定されます。そこで，この病気に対応するために，2 つの計画が提案されました。それぞれの計画の結果を厳密に科学的に推算したところ，次のようになりました。

問題 P：次の 2 つのどちらの計画をとりますか。
- 計画 A が採用されれば，200 人が助かる。
- 計画 B が採用されれば，600 人が助かる可能性が 3 分の 1，誰も助からない可能性が 3 分の 2 である。

問題 N：次の 2 つのどちらの計画をとりますか。
- 計画 1 が採用されれば，400 人が死ぬことになる。
- 計画 2 が採用されれば，誰も死なない可能性が 3 分の 1，600 人が死ぬ可能性が 3 分の 2 である。

図 8.18　**アジア病問題**（Tversky & Kahneman, 1981）

使うかによって，選択は大きく異なってくるということである。

この結果は，参照点の違いとリスク回避／追求によって次のように説明できる。問題 P（ポジティブ・フレーミング）で使われている「助かる」という表現は，暗黙のうちに 600 人全員が死ぬ状況を基準（参照点）としている。すなわち，全員死亡の状況を 0 とみなすことによって，生存者＝「助かった」人となる。一方，問題 N（ネガティブ・フレーミング）で使われている「死ぬ」という表現の基準は，600 人全員が助かる状況である。全員生存の状況を 0 とみなせば，非生存者＝「死んだ」人となる。こうして，ポジティブ・フレーミングは利得状況とみなされるため，リスク回避傾向が生まれ，確実な選択肢が好まれる。反対に，ネガティブ・フレーミングは損失状況とみなされるため，リスク追求傾向が生まれ，不確実な選択肢が好まれるというわけである。以上のように，同じ対象でも，その心理的な構成の仕方，すなわちフレーミングの違いによって，選択結果が大きく異なることがある。

8.3.4 選好の文脈依存性

意思決定課題とは，基本的には決定者が自分の好み（**選好**，preference）にもとづいて選択すればよいものであり，他人がどうこう言うものではない。その意味で意思決定に正解はない。そうした個人的なものであっても，非一貫性や非自覚性は問題となりうる。すなわち，自分では一貫して自分自身の好みにもとづいて選択していると思っていても，実際にはそうでないことがあるとしたら，それは心理学的なテーマとなる。図 8.18 のアジア病問題で，計画 A と B のどちらを選んでも問題はないが，計画 A を選んだ人が計画 2 を選んで，しかも本人がその違いに気づかないとすれば，そのことはさまざまな現実的な問題と関係してくる可能性がある。こうした非一貫性やその非自覚性は，前項でみた不確実性状況下の意思決定ばかりではなく，全情報が与えられた状況下においても発生しうる。以下では，そうした問題のいくつかをみていこう。

意思決定者が自分の好みにもとづいて選択を行うのは事実であるとしても，自分の選好というものは，実際には自分が思っているほど堅固なものではないかもしれない。アリエリー（Ariely, D., 2009）が紹介している次の例は，こ

のことをわかりやすく示している．いま，ある雑誌の定期購読に，次の 3 つのオプションがあるとする．

1. ウェブ版だけの購読……59 ドル
2. 印刷版だけの購読……125 ドル
3. 印刷版とウェブ版のセット購読……125 ドル

　雑誌の読み方は人それぞれであるので，当然ながら，どのオプションが魅力的かは人によって異なる．つまり，選好は十人十色である．しかし，選択肢 2 と 3 の違いについては注意が必要である．3 のオプションは，2 のものをすべて含んでいるだけでなく，それ以上のものを含んでいるのに，値段は 2 と同じである．最初からウェブ版しか見ないという人が 1 を選ぶのはよい．しかし，印刷版しか見ない人がいたとしても，印刷版だけの購読と同じ値段でウェブ版もついてくるなら，それを選ばない理由はない．したがって，2 のオプションに魅力を感じる人はいないように思われる．実際，アリエリーらが大学生に尋ねたところ，選択率は，1，2，3 の順に 16％，0％，84％ であった．ここで問題になるのが，なぜ選択肢 2 が用意されているかである．誰も選ばない選択肢ならば，最初から存在しなくても変わらないのではないか．彼らは，別のグループの大学生に，以下のように 2 を除外した選択肢を使って選好を聞いた．

a. ウェブ版だけの購読……59 ドル
b. 印刷版とウェブ版のセット購読……125 ドル

すると，選択率は順に 68％，32％ となった．この結果の重要性に気づくであろうか．二者択一状況では 32％ の人しか選ばなかった高額商品（選択肢 b）が，無意味と思われた選択肢（選択肢 2）のおかげで，84％ の人が選ぶ人気商品（選択肢 3）になったのである．これは，非魅力的な選択肢（選択肢 2）が，実は「おとり」として機能していたことを意味する．つまり，ウェブ版が「無料で」付加されていると考えると（あるいは，そう演出されると），125 ドルという高額商品が割安に見えてくる．しかし，印刷版の付加によって 59 ドルが 125 ドルになると考えると納得しにくいのである．

　このように，明らかに劣る選択肢（選択肢 2）が明らかに勝る選択肢（選択肢 3）の魅力を高めるように機能することを**誘引効果**または**魅力効果**（attraction effect；Simonson, 1989）という。誘引効果は，各選択肢の魅力が他の選択肢との比較によって決められていることを示唆している。つまり，私たちの選好は，最初から絶対的な基準をもって決まっているのではなく，与えられた選択肢の中でダイナミックに決まると考えるべきなのである。このことは，次に述べる「選択のパラドックス」とよばれる現象とも密接に関係している。

シュワルツ（Schwartz, B., 2004）は，自分の体験にもとづいて，選択肢が多すぎることの問題を提起している。単に「普通の」ジーンズを買いに店に行った彼は，スリム・フィットだの，ストーン・ウォッシュだのと，ジーンズの種類が無数にあることを知り，以前なら5分で済んだ買い物で1日を潰すことになったという。たしかに，数多くの選択肢が用意されているとうれしく思う。選択の余地のない生活には耐え難いものがある。選択という行為によって自由意志を行使できることは，自主性，管理能力，開放感といったプラスの価値を生み，満足度や健康を高めるとされている。しかし，選択肢が増えすぎると，選択の自由はかえって重荷になる。

アイエンガーとレッパー（Iyengar, S. S., & Lepper, M. R., 2000）は，アメリカ，サンフランシスコのドレーガーズという高級スーパーマーケットで，ある実験を行った。実験者はイギリス女王御用達のジャム会社の売り子になりすまして，試食コーナーで店内の客にジャムを勧めた。試食サンプルは，大きな品揃え（24種類）と小さな品揃え（6種類）を数時間ごとに切り替えた。実験の結果，立ち寄る人の数は，品揃えの多いほうが1.5倍ほど多かった。しかし，試食に立ち寄った客のうち実際にジャムを買った人の割合は，品揃えが少ない場合は30%であったのに対して，品揃えが多い場合はわずか3%だった。

もし私たちの選好が，最初から確固たるものとして私たちの中に存在するのであれば，選択肢の数は多ければ多いほうがよい選択ができるはずである。なぜなら，選択肢が多ければ，対象の中から理想により近いものを見つけ出すことができるからである。しかし，実際には，私たちの選好（の一部）は，選択肢を見てからつくられる。それまで予想もしなかった選択肢があることを知り，そこで，自分にとって何がよいかを考えはじめることになる。選択肢の多さは，単に選択の楽しみを増やすだけではない。さまざまな商品を知ることによって，

欲しいものが増えたり変わったりする。すなわち，多様な選択肢が，選好自体を変化させる。また，私たちの認知容量には限界があるため，選択肢が増えすぎると処理しきれなくなる。作業記憶容量の限界（第5章，とくに5.2，5.6，5.8を参照）が，一度に考えられる選択肢の範囲を限定する。

　さらに重要なのは，感情的な問題である。選択とは，複数の対象を1つの対象にしぼることである。選択肢が増えることは，選択という行為が非選択対象を増やすことを意味する。この事実は，もし選択しなかった対象の中にもっとよい選択肢があったら後悔するかもしれない，という思いを発生させる。その結果，将来生まれるかもしれない後悔（これを**予期後悔**（anticipated regret）という）を避けるために，選択という行為を先延ばしにするという行動が発生しやすくなるというわけである。

　以上のように，意思決定の不合理は，確率判断と効用の両方の問題から発生する。しかし，ここでいう「不合理」は，数学的な正解（＝規範）に一致しないとか，文脈を超えた一貫性がないといった限定的な意味であることに注意する必要がある。つまり，「合理的＝規範的」とする考え方である。この点は，8.2.3でみた推論のバイアスの問題についても同じである。ヒューリスティックやバイアスによるさまざまな「不合理」が明らかになってくると，次に問題となるのは，規範的思考が，日常生活の中で知的にふるまうために必要なこと，あるいは望ましいことであるかという点である。このような論点は，1990年以降に盛んになった進化的視点（**BOX 8.2**参照）によって明確化した。非規範的な考えや，文脈によって変わるものの見方は，現実世界の中で適切に行動するためには，むしろ必要なことなのかもしれない。たとえば，「合格したら電話する」と言っていた知人からの電話で，論理的に妥当な結論がないからという理由で「合格」が推論できなければ，日常会話に支障をきたすことは間違いない。その意味で，非規範的であることのほうが「合理的」（＝適応的）である場合もある。つまり，合理性は，規範的合理性と適応的合理性（あるいは進化的合理性）の2つに分けて考える必要があり，両者の視点を併せることによって，思考の性質を深く理解することができるようになるのである。

コネクショニスト・モデルと認知心理学

これまでみてきたように，認知心理学は，人間をある種の情報処理系ととらえ，心のしくみや機能を明らかにしようとしてきた。そこでは，心はどのような要素群から成り立っており，各要素はどのような機能を営み，どのように情報が変換されて流れていくのかが，箱と矢印によるフロー・ダイアグラムにより定性的に記述されてきた。いわゆるコンピュータ・メタファーを用いた情報処理論的アプローチである。一方，実際に認知機能を営んでいる脳をメタファーに用いたアプローチ法が 1980 年代に提案された。これは，脳の神経ネットワークが行う情報処理様式を模倣したシステムをコンピュータ上に構築する試みから生まれた。この脳型情報処理システムは，コネクショニスト・モデル，あるいは並列分散処理モデルとよばれ，人工的神経回路網の技術を用いてコンピュータ上に実装される。本章では，このモデルの基本的な概念を説明したうえで，言語や記憶といった認知機能に関する具体的なシミュレーション研究を紹介し，本アプローチが認知心理学にとってどのような意味をもつのかを考える。

9.1 コネクショニスト・アプローチとは？

コンピュータにおける情報処理のさまざまな側面が，動かすマシンのアーキテクチャの影響を受けるように，人間の情報処理も当然ながら脳のアーキテクチャによる制約を受ける。それならば，人間が行う情報処理の一つである認知活動をモデル化する際，モデルの構成要素を脳の神経細胞に近いものにしてはどうだろうか？ そして，脳の動作原理の理解にもとづいたアーキテクチャをもつシステムをコンピュータ上に構築し，多数の神経細胞の結合（コネクション）による相互作用で情報が処理される様子を観察するのである。このように，

脳の情報処理様式で動作するシステムを用いて人間の認知のしくみを理解しようとする研究手法を**コネクショニスト・アプローチ**（connectionist approach）とよび，研究に用いられる脳型情報処理システムを**コネクショニスト・モデル**（connectionist model），あるいは**並列分散処理モデル**（parallel distributed processing model）とよぶ（Rumelhart, 1989）。

この脳型情報処理システムというアイデア自体は古く，1940年代にさかのぼる。マッカロックとピッツ（McCulloch, W. S., & Pitts, W., 1943）が神経細胞のモデルを数学的に定式化し，ヘッブ（Hebb, D. O., 1949）が神経細胞間の信号の伝達効率の変化に関する仮説を提案したことが，1950年代後半から60年代のはじめにかけてローゼンブラット（Rosenblatt, F., 1958 他）によって研究されたパターン識別学習機械，**パーセプトロン**（Perceptron）を生み出すきっかけとなった。パーセプトロンの情報処理能力を解析したミンスキーとパパートの研究（Minsky, M., & Papert, S., 1969）をピークに，人工的神経回路網（artificial neural network）の研究は下火となっていくが，その数理・理論的な研究は，一部の（とくに日本の）研究者により続けられた。そして1980年代に入り，脳型情報処理システムは，認知心理学者の手によって取り上げられることになった。最初期に手がけられた研究は単語認知を扱ったモデルであり，これは9.3.1で詳しく紹介する。そして1986年，ラメルハートとマクレランドらにより，"*Parallel distributed processing*（並列分散処理）"（訳書：『PDPモデル——認知科学とニューロン回路網の探索——』(1989)）と題された書籍が出版されることになる（Rumelhart, D. E. et al., 1986；McClelland, J. L. et al., 1986）。2巻本からなるこの大著は，認知研究における脳型情報処理システムの方向性と可能性を示したバイブルとして，現在でも読み継がれている。以降，コネクショニスト・アプローチを直接・間接的に用いた認知研究が盛んに行われるようになり，現在では，認知研究における有力なパラダイムの一つとなるまでに至っている。

コネクショニスト・アプローチでは，**シミュレーション**（simulation）という研究手法が用いられる。まず，特定の認知機能に関する研究者の理論的な主張を反映したコネクショニスト・モデルをソフトウェアの形で構築する。そし

て，人間を対象とした実験に代わり，モデルを実際にコンピュータ上で動かして，そのふるまいを観察するのである．このとき，モデルの出力から，人間の行動データと直接的に比較可能な定量的データを得ることができる．構築したモデルがどのくらい人間の行動を再現できるかを検証し，なぜモデルは人間と同様のふるまいができるのか（あるいはできないのか）を検討することを通して，対象とした認知機能の計算原理を明らかにするのが，コネクショニスト・アプローチの基本的な戦略である．

マクレランドらも述べているように，コネクショニスト・モデルは実際の神経系のモデルではなく，神経系の動作に着想を得たモデルであることに注意が必要である．つまり，モデルの構築にあたり，神経系の動作の特徴をある程度抽象化し，それを制約条件として用いているのであって，神経系そのものをモデル化しているわけではない．コネクショニスト・モデルが，神経ネットワークの構造が比較的明らかになっている知覚や運動といった低次の機能だけでなく，言語や記憶，推論といった高次の認知機能を扱うことができるのはこのためである．

9.2 基本概念

コネクショニスト・モデルの基本処理要素は，生体の神経細胞と似たふるまいをする**処理ユニット**（processing unit；以下では単にユニットと記す）と，ユニット間をつなぐ**結合**（connection）である（**図 9.1**）．各ユニットは，他のユニットから受け取った入力に応じて自分の活性状態を変化させ，この状態に応じた出力を返す．そして，これらのユニットを相互に結合させることによりネットワークを構成し，各ユニットの間で信号をやりとりすることで情報を処理していく．このように，コネクショニスト・モデルにおける情報処理の担い手は単純な処理を行うユニット群であり，モデルの動き全体を管理するものは存在しない．各ユニットは，独立に（非同期的に）自分の処理を行うため，モデル全体の動作は並列的である（**BOX 9.1**）．

ユニットは，入出力を担うものとそれ以外に分類される．入力ユニットは環

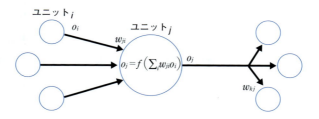

図 9.1 処理ユニット
青丸が処理ユニット，矢印が結合を表す。項や数式については BOX 9.1 を参照のこと。

境からモデルへの入力を受け取り，出力ユニットは環境へモデルの出力を送り出す役割を担う。入出力ユニット以外は一般に**隠れユニット**（hidden unit）とよばれ，モデルの中で外部環境と直接やりとりすることはなく，システムとしての処理性能を向上させるために用いられる。

ユニット間の結合の仕方により，ネットワークの形態は相互結合型と階層型に大別できる。相互結合型（図 9.2 (a)）とは任意の 2 つのユニット同士が双方向性の結合をもつものをいう。階層型とはユニットが層状に並んだものであり，これには再帰性結合や層内結合をもつネットワーク（図 9.2 (b)）や，こうした結合をもたないフィードフォワード・ネットワーク（図 9.2 (c)）などがある。本章では主に階層型ネットワークを取り上げる。

入出力ユニットでは，何らかの形で環境の情報を表現しなければならない。上で述べたようなアーキテクチャをもつ情報処理システムにおいて，一番自然な情報の表現法は，ユニット集合における各ユニットの活性状態のパターンで特定の情報を表現することであろう。たとえば，3 つのユニットがあり，各ユニットが 0 か 1 の活性状態しかとらない場合，このユニット集合は最大で $2^3 = 8$ 通りのパターンを表現できる。この一つひとつのパターンに，あるものや概念などを割り当てることにより情報が表現できる。このとき，各ユニットが何を表すかで，表現方法を局所表現と分散表現の 2 つに分類できる。**局所表現**（local representation）とは，1 つのユニットで 1 つの概念が表現される場合を指す。たとえば，あるユニット集合で数種類の果物を表現したい場合，各ユニ

BOX 9.1　モデルの基本的構成要素の動作

図 9.1 をもう一度見てほしい。ユニットは他のユニットから結合を介して信号を受け取る。結合には興奮性あるいは抑制性の**重み**（weights；強度）が付いており，これをユニットの出力と掛け合わせたものが他のユニットへの入力となる。ここで，p 番目のパターンが与えられたとき，ユニット i の出力を o_{pi}，ユニット i から j への結合強度を w_{ji} とすると，ユニット j への入力は，$w_{ji}o_{pi}$ となる。一般に1つのユニットは，他の多くのユニットからの入力を受け取るため，ユニット j への入力の総和 net_{pj} は，

$$net_{pj} = \sum_i w_{ji} o_{pi}$$

となる。またユニット j の出力 o_{pj} は，ユニットの持つ入出力関数 f により net_{pj} から計算される。たとえばプラウトら（Plaut et al., 1996）では，以下のロジスティック関数とよばれる準線形な入出力関数により変換され，

$$o_{pj} = f(net_{pj}) = \frac{1}{1 + e^{-net_{pj}}}$$

出力値は 0〜1 までの連続値をとる（e は自然対数の底）。

一方，モデルが新しい知識を獲得するとは，結合のパターンを修正することであり，学習によりユニット間の結合強度を変更することで実現される。プラウトら（Plaut et al., 1996）のフィードフォワード型ネットワークでは，**誤差逆伝搬法**（back-propagation method）とよばれる学習規則が使われている。これは，モデルの実際の出力値と目標出力値（つまり正解値）との差を減らすよう，結合強度の値を調整するものである。導出の過程は略すが，その変更量は，

$$\Delta_p w_{ji} = \eta (t_{pj} - o_{pj}) o_{pi} = \eta \delta_{pj} o_{pi}$$

で表される。ここで，η は学習係数，t_{pj} は学習パターン p におけるユニット j の目標出力値，o_{pj} は学習パターン p におけるユニット j の実際の出力値，o_{pi} は学習パターン p におけるユニット i の出力値，δ_{pj} は学習パターン p におけるユニット j の誤差信号，$\Delta_p w_{ji}$ はユニット i から j への結合強度の変更量である。ユニットの入出力関数にロジスティック関数が使われた際の誤差信号は，j が出力ユニットの場合，

$$\delta_{pj} = (t_{pj} - o_{pj}) o_{pj} (1 - o_{pj})$$

j が中間層（隠れ層）の場合は，

$$\delta_{pj} = o_{pj}(1 - o_{pj}) \sum_k \delta_{pk} w_{kj}$$

となる（Rumelhart et al., 1986）。

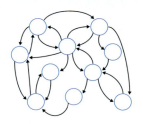

(a) 相互結合型ネットワーク

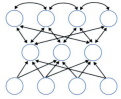

(b) 再帰性結合や層内結合をもつ階層型ネットワーク

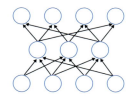

(c) 再帰性結合や層内結合をもたない階層型ネットワーク（フィードフォワード・ネットワーク）

図 9.2　代表的なネットワークの形態

ットに特定の果物を割り当てておく。ここで，「リンゴ」を表すユニットの活性状態が1で，他のユニットがすべて0の場合，「リンゴ」が表現されたことになる。これに対し，一つひとつのユニットには明確な概念対象が割り当てられていないが，ユニット集合の活性状態の組合せパターンにより，特定の概念対象を表す場合がある。たとえば，果物の色を表すユニット群，その形態を表すユニット群，その味を表すユニット群をそれぞれ用意しておき，はじめのユニット群では「赤」，次のユニット群では「丸」，最後のユニット群では「甘酸っぱい」を表すユニットがそれぞれ活性状態1をとり，残りのユニットがすべて0の場合に，「リンゴ」を表現するような場合である。このとき，ある果物は，色と，形態と，味という特徴の組合せによって表されることになり，このような表現を**分散表現**（distributed representation）という。

また，特定の情報処理を行うシステムは，扱う情報やその処理法に関する知識をもっていなければならない。先に述べたように，コネクショニスト・モデ

ルによる処理は，ユニット間で行われる信号のやりとりによる局所的な相互作用であり，ユニット間の**結合強度**（connection weights）のパターンがモデルのもつ知識となる。どのユニットが，どのユニットに，どれだけの強さの信号を送ればよいかで，モデルの処理が決定されるわけである。そして，モデルは，この結合強度を一定のアルゴリズムを用いた学習によって変更する。つまり，ユニット間の結合強度を適切な値に調節する学習能力により，結合の仕方という形で知識が蓄えられていき，モデルは望ましい情報処理を行うことが可能となる。この意味で，知識も分散した形でモデル内に蓄えられることになる。

　学習が終了したコネクショニスト・モデルは，学習に用いられたパターンに対してのみならず，未学習の入力パターンに対しても適切な出力を返すことができるようになる。たとえば，類似したパターンを数多く学習させると，モデルはそれらのプロトタイプ・パターンを学習し，これらの学習パターンと似通った未学習のパターンが入力されても，適切な反応を返すことが可能になる。このようにモデルは，互いに似通った表現パターンに対しては似た出力を返すという**類似性**（similarity）の原理によって，適切な般化が生じるようになるのである。

　経験したことがないものに対しては，とりあえず知っている似たものから類推して判断するというのは妥当な方略であり，この表現の類似性にもとづく般化能力は，コネクショニスト・モデルの強力な武器となっている。一方，類似した入力に対してまったく異なるパターンを出力しなければならない場合もある。たとえば，英単語の綴りからその発音を出力するシステムを考えてほしい。「HINT」や「MINT」や「PRINT」では，_INTの綴りを/_int/と発音するが，「PINT」では，まったく同じ綴りの_INTに対し/_aint/と発音しなければならない。同様のことは動詞の活用場面でもみられ，「MAKE」と「TAKE」は綴りも発音も非常によく似ているのに，その過去形は「MADE」と「TOOK」であり，お互いにまったく異なる。この場合は，学習を通して入力段階におけるパターンを変換し，HINTとPINT（あるいはMAKEとTAKE）を明確に区別するような何らかの表現を得る必要がある。そこで，先の隠れユニットが重要な役割を果たす。一般に，学習の終了した隠れユニットではシステムにとって

適切な**内部表現**（internal representation）が獲得される。もし隠れユニットがない場合，システムの動きは入力段階における表現でほとんど決まってしまうため，PINT に対する学習は進まず，いつまでも/pint/と誤って出力することになるだろう。

9.3 認知的課題への適用

　本節では，コネクショニスト・アプローチを認知的課題に適用した研究例をいくつか紹介する。取り上げる研究は，記憶や言語といった高次の認知機能にしぼった。まず，最初期につくられたモデルの一つである単語認知モデルを概観する。次に，コネクショニスト・アプローチによる研究がとくに進んでいる読みのモデルを紹介する。ここでは損傷実験という研究手法に注目してほしい。最後に，近年精力的に研究が進められている意味記憶のモデルについて触れる。ここで構築されるシステムはどれも単純なものであるが，そのふるまいは驚くほど複雑であり，人間の認知機能を非常にうまく再現でき，これまでとは異なる視点を提供してくれる。

9.3.1　単語認知

　相互活性化モデル（interactive activation model）は，1980 年代初頭にマクレランドとラメルハートによって提案された単語認知モデルである（McClelland & Rumelhart, 1981；Rumelhart & McClelland, 1982）。図 9.3(a) にモデルの概略を示す。モデルは 3 つのレベル（特徴レベル，文字レベル，単語レベル）からなり，刺激語として入力される 4 文字語（たとえば TIME）の視覚的特徴から，それに対応する単語が何であるかを計算する。各レベルの構成要素はノードとよばれる閾値をもつ処理ユニットであり，文字や単語を 1 つのノードで局所的に表現する。これらのノードが，レベル内およびレベル間で相互に結合し合って信号をやりとりすることにより単語認知が進んでいく。ノード間の結合には興奮性結合と抑制性結合とがあるが，この結合の強度は，学習によって獲得するものではなく，理論にもとづいてあらかじめ値が決められている。

9.3 認知的課題への適用

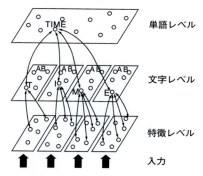

(a) 相互活性化モデルのアーキテクチャ　　(b) 14本の線分で構成されるアルファベット

図 9.3　相互活性化モデルとその入力表現(McClelland & Rumelhart, 1981; McClelland, 1985)
(a) の特徴レベルの各スロットは14ノードから成り，各ノードは (b) に示すそれぞれのアルファベットを構成する14の線分特徴に対応している。

　特徴レベルにおける各ノードは，文字を構成する線分の特徴（図 9.3 (b)）を表しており，一種の特徴検出器として働く。各文字は14ノードで構成され，これらの活性化パターンで入力刺激の各文字が表現される。特徴レベル内におけるノード間の結合はない。

　文字レベルのノードは一つひとつがアルファベット1文字に対応し，各文字位置において何の文字が入力されたかを表現する文字検出器となっており，各文字位置は26ノードからなる。各文字を構成している線分に対応した特徴レベルのノードとは興奮性の結合で結ばれており，逆に文字の構成要素となっていない線分に対応した特徴レベルのノードとは抑制性の結合で結ばれている。たとえば，特徴レベルの水平線分「—」を表す特徴ノードは，文字レベルの「T」や「E」を表す文字ノードと興奮性の結合で結ばれ，「C」や「X」を表す文字ノードとは抑制性の結合で結ばれている。また，文字レベルにある同じ文字位置内の各ノードは，他のすべてのノードと抑制性の結合で結ばれている。つまり，1つの文字ノードが強く活性化すれば，他の文字ノードに抑制性の信号が送られ，活性化を抑えるようにふるまい，最終的に1つの文字ノードがもっとも強く活性化するようになるわけである。

単語レベルの各ノードは，入力された語が何であるかを最終的に決定する検出器であり，全1,179ノードからなる。その単語（たとえばTIME）を構成している各文字位置に対応する文字レベルのノード（1文字目ならT，2文字目ならI）と興奮性の結合があり，それ以外の文字とは抑制性の結合をもつ。また，各単語ノードは，他のすべてのノードと抑制性の結合で結ばれている。つまり，文字レベルにおいてみられたのと同じように，1つの単語ノードが強く活性化すれば，他のすべての単語ノードの活性値は低く抑えられることになる。

ここで注意しなければならないのは，レベル間の結合が双方向性に存在するため，特徴レベルから単語レベルへというボトムアップの方向にだけ信号が流れるわけではないという点である。単語レベルから特徴レベルへというトップダウン方向の流れも存在する（ただし単純化のため，以下のシミュレーションでは，文字レベルから特徴レベルへの結合と，単語レベルから文字レベルへの抑制性結合はない）。この双方向性の処理が並列的に進むことにより，各ノードは相互に作用し合いながら状態変化を繰り返す。そして，最終的に単語レベルの1つのノードが強く活性化することにより，モデルは語を認識する。

シミュレーション用に構築された相互活性化モデルは，ノード間の結合の符号（興奮性か抑制性か）や強度（どれだけの強さの信号を他のノードに送るか）を前もってうまく設定してやることにより，先のようなメカニズムで1,179語の4文字単語を正しく認識することができる。そしてモデルは，単語認知過程で人間がみせる諸現象をよく再現する。

たとえばこのモデルに，図9.4 (a) のような"WORK"の一部を隠した刺激語を入力した際の，単語レベルと文字レベルにおける関連ユニットの活性値の時系列変化を図9.4 (b) (c) に示す。文字レベルで考えれば，隠された文字がKかRかはわからない。しかし，単語レベルではWORKであると一意に決まり（WORRは単語でないためノードが存在しない），当該ノードがしだいに強く活性化してくる。その情報は，興奮性のフィードバック結合によって単語レベルから文字レベルに送られ，最終的に文字レベルでもKだけが強く活性化することになる。このシミュレーションは，無意味語（非語）より有意味語（単語）のほうが認知されやすく，さらに文字レベルでも有意味語中にある

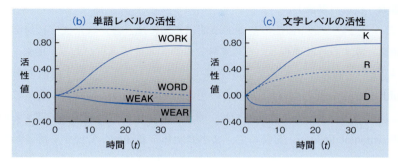

図 9.4 相互活性化モデルによるシミュレーションの結果例
(McClelland & Rumelhart, 1981)
(a) のような刺激が提示された場合の単語レベル (b) と文字レベル (c) における，関連のある単語，文字ノードの活性量の変化。

文字のほうが認識されやすいという語の優位性効果 (word superiority effect) が，トップダウン処理による文脈効果 (context effect) により説明できることを定量的に示したものである。

同じような文脈効果は，非語を提示した際にも生じる可能性がある。たとえば MAVE という非語を考えた場合，単語レベルに対応するノードはないが，これと形態的に類似した HAVE や GAVE や MAKE などのノードが活性化し，その情報が文字レベルにトップダウン的に流れることにより，文字レベルの各位置で M，A，V，E のノードが強く活性化することが予想できる。一方，ZYIE のような非語を入力した場合には，形態的に類似した単語がないため，このようなことは起こらないだろう。

相互活性化モデルは，非常に単純な動作しかしない処理ユニットを多数結合させただけのシステムであり，単語の認識に関わる特別なメカニズムを組み込

んでいるわけではない。それにも関わらずモデルは，人間の単語認知過程にみられる諸現象をうまく再現することが可能であった。認知心理学の研究領域にコネクショニスト・モデルを導入し，そのアプローチ法に関する可能性を示した相互活性化モデルが，その後の研究に与えた影響は非常に大きい。

9.3.2 読み（音読）

「読み」という認知機能の基本的な情報処理には，書かれた文字に対応する音韻を計算する音読過程と，その意味を計算する読解過程がある。従来，音読には，2つの独立したシステムが必要であるという考え方が支配的であった（Coltheart, 1978）。一つは，読み方の規則にもとづいて1文字ずつ音素に変換する規則適用システム，もう一つは，単語の文字情報や音韻情報に関する**心的辞書**（mental lexicon）を使って，文字列全体を音韻列へ変換する辞書参照システムである。この2つのシステムの存在を前提としたコルトハートの**二重経路モデル**（dual-route model；BOX 9.2）は，健常成人の音読時に認められる多種多様な現象のみならず，脳損傷により「読み」の機能に障害を負った**失読症**（dyslexia）例の呈するさまざまな症状の発現機序をよく説明してきた（Coltheart et al., 2001）。

これに対し，コネクショニスト・アプローチを用い，従来とはまったく計算原理の異なる音読モデルがサイデンバーグとマクレランドにより提案された（Seidenberg, M. S., & McClelland, J. L., 1989；以下，SM 89と記す）。彼らは，文字，音韻，意味レベルの各表象が双方向的に計算される過程により，単語の音読や読解が成立すると考えた。この語彙処理に関する考え方の枠組みは，その形状から後年，**トライアングル・モデル**（triangle model）とよばれることになる（図9.6）。このモデルにおいて音読は，「文字表象を音韻表象へ変換する計算過程」とみなすことができ，この計算には，①文字表象から音韻表象を直接計算する過程（以下，文字→音韻と記す），②文字表象から意味表象を計算し，そこから音韻表象を計算する過程（文字→意味→音韻），さらに③文字表象から音韻表象を計算し，そこから意味表象を計算した後に音韻表象を再帰的に計算する過程（文字→音韻⇄意味）などが関与する。以下では，SM 89

BOX 9.2　「読み」の二重経路モデル

　英語の綴りの読み方には規則がある。この規則を適用すれば，HINT といった規則語のみならず，かつて一度も見たことがない SLINT などの非語も読むことができる。一方，規則に従わない PINT や YACHT などの例外語は規則を適用しても正しく読めないため，それぞれの単語に対応した読み方が記述されている辞書のようなものが必要となる。**二重経路モデル**（Coltheart, 1978）の基本的な考え方は，①文字からそれに対応する音韻への変換規則を系列的に適用する「規則適用システム」と，②心内辞書に蓄えられている単語の音韻を並列的に参照する「辞書参照システム」の2つのシステムを用いて，単語を音読するというものである。

　現在の二重経路モデル（図9.5）は，コネクショニスト・モデルと同様，コンピュータ上にソフトウェアの形で構築されたシミュレーション・モデルである。この **DRC モデル**（dual-route cascaded model；Coltheart et al., 2001）は，音読課題や語彙判断課題で健常成人がみせるさまざまな効果や，脳損傷により読みに障害を負った失読症例の読み誤り症状など，約 30 もの諸現象を再現可能であり，非常に説明力の強いモデルとなっている。DRC モデルとコネクショニスト・モデルとは多くの点（処理経路の数，処理の様式，規則の考え方，辞書の概念，単語の表現など）で対立するが，おかげで互いのモデルの精緻化が進み，研究が方向づけられ，新しい概念が生まれるといった生産的な結果をもたらしている。この意味で，学術誌上などにおける両者の熱い議論は，認知心理学の発展にとって非常に有益なものとなっている（たとえば，Wollams et al., 2007；Coltheart et al., 2010；Woollams et al., 2010）。

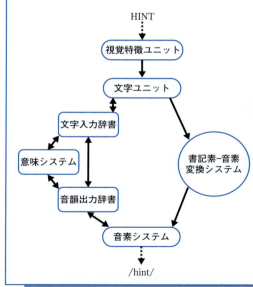

図 9.5　二重経路モデルの基本的なアーキテクチャ（Coltheart et al., 2001）

入力された各文字の視覚特徴からそれぞれの文字が「文字ユニット」で同定された後，「音素システム」へ情報が流れるまでの経路が大きく2つに分かれる。向かって左が辞書参照システムの「語彙経路」，右が規則適用システムの「非語彙経路」である。なお，二重経路モデルのシミュレーション版である DRC モデルでは，今のところ意味システムが実装されていない。

の改良・発展型であるプラウトら（Plaut, D. C. et al., 1996：以下 PMSP 96）のモデルを中心に，コネクショニスト・アプローチによる音読過程のシミュレーション研究を紹介する。

1. 健常モデル

PMSP 96 で用いたネットワークのアーキテクチャを図 9.7 に示す。これは図 9.6 における文字→音韻部分に相当する。ネットワークの課題は，入力され

図 9.6　コネクショニスト・アプローチによる語彙処理過程の概念図
(Seidenberg & McClelland, 1989)

図 9.7　プラウトらが用いたネットワークのアーキテクチャ
(Plaut et al., 1996)
基本的に，文字から直接音韻を計算するネットワークであるが，Simulation 4 のみ，音韻ユニットに意味からの信号を外部入力の形で導入し，意味から音韻への処理過程を擬似的に実装している。括弧内は使用されたユニット数を表す。

9.3 認知的課題への適用

た単語の文字表象に対応する音韻表象を計算することである。対象となる単音節語（たとえば MAKE：/meik/）は，1つの母音（A：/ei/）と，母音の前の子音群（頭子音，M：/m/）と，母音の後の子音群（尾子音，KE：/k/）から構成される。そしてこれらの文字と音韻の表現には，図 9.8 に示すような準局所的表現が用いられた。学習前，ユニット間の結合強度には乱数が与えられているため，ネットワークに文字表象（たとえば MAKE）が入力されても，でたらめな音韻表象が出力されるだけである。そこでネットワークに正しい音韻表象（/meik/）を教え，正解と実際の出力との差（出力誤差）を利用して，ユニット間の結合強度をある学習規則にもとづき変更する。この変更量は各単語の出現頻度によって重みづけがなされ，出現頻度が高い語ほど変更量が大きくなるよう調整される。学習過程では 2,998 の単音節語を提示し，学習規則に従ってユニット間の結合強度を徐々に調整していく。そして最終的には，ほぼ

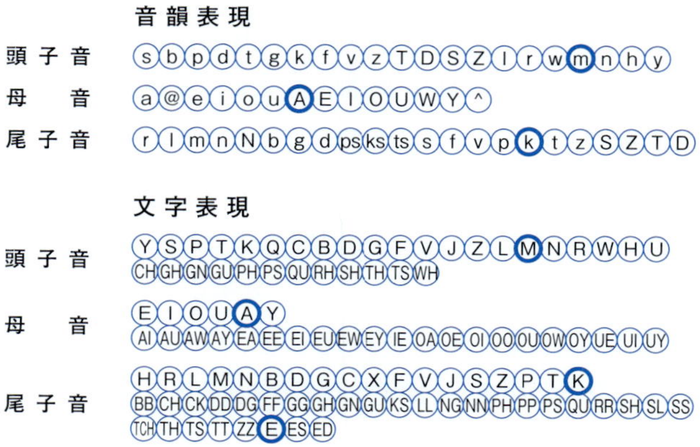

図 9.8 プラウトらが用いたネットワークの入出力表現
(Plaut et al., 1996 ; Plaut et al., 1995)

太線で囲まれた円が活性化しているユニットを表しており，ここでは "MAKE" の発音と綴りが表現されている。なお，音韻表現では以下の記号に注意のこと。
/a/in POT, /@/in CAT, /e/in BED, /i/in HIT, /o/in DOG, /u/in GOOD, /A/in MAKE, /E/in KEEP, /I/in BIKE, /O/in HOPE, /U/in BOOT, /W/in NOW, /Y/in BOY, /∧/in CUP, /N/in RING, /S/in SHE, /C/in CHIN, /Z/in BEIGE, /T/in THIN, /D/in THIS.

すべての単語に対し，望ましい音韻表象を計算できる結合強度パターンが獲得される。この結合強度パターンこそがネットワークのもつ語彙に関する知識であり，どのような文字表象に対してどのような音韻表象を出力するかを決めている。

学習が終了したネットワークに，人間を対象とした音読実験で用いられたのと同じ語を入力し，そのふるまいを観察すると，人間に認められる多くの音読実験結果をうまく再現することができる。フィードフォワード型のアーキテクチャをもつ SM 89 や PMSP 96（Simulation 1, 2）では，人間の単語音読潜時をネットワークの音韻層における出力誤差で近似している。つまり，出力誤差が小さいほど，ネットワークは速く音読できたとみなすわけである。一方，中間層と音韻層のユニット間と音韻層内のユニット同士に双方向性結合をもつ PMSP 96（Simulation 3；図 9.2（b）を参照）では，文字層に単語が入力されると各ユニットは状態変化を繰り返すが，最終的には平衡状態に落ち着く。つまり，単語を入力してからネットワークが平衡状態に達するまでの時間（状態変化の回数）をネットワークの反応時間とみなすことができるため，人間の単語音読潜時と直接パフォーマンスの比較が可能となる。また，学習終了後のネットワークは般化能力を有し，学習単語のみならず未学習の非語に対しても，人間と同程度の正答率で妥当な読みを出力することができるようになる。

ここで，具体的な音読のシミュレーションをみていこう。9.2 の末でも紹介したように，英語の綴りには規則的な読み方をするものと，規則に従わない例外的な読み方をするものがある。規則的な読み方をする綴りには，例外のないものと，例外のあるものが存在する。たとえば，_ADE という綴りは，つねに/_eid/と読み，例外がない（MADE, FADE, JADE, WADE など）。一方，_INT という綴りには規則的な読み方と，規則に従わない例外読みとがある。_INT の規則的な読みは/_int/で，この読み方をする HINT, MINT, LINT, PRINT などを規則語という。これに対して，PINT は/paint/と読み，_INT を/_int/と読まない例外語である。健常成人においては，規則語のほうが例外語より音読成績がよい**規則性効果**（regularity effect）が観察される。また同じ規則語でも，例外読みをもたない一貫語（たとえば MADE）のほうが，例外

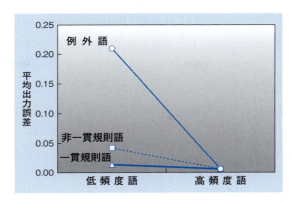

図 9.9　出現頻度と一貫性を操作した刺激リストを音読させた際の平均出力誤差
(Plaut et al., 1996 を改変)

読みをもつ非一貫語（たとえば HINT）より音読成績がよい**一貫性効果**（consistency effect）も現れる。そしてこの両効果は，一般に低頻度語で顕著に現れることが知られている。図 9.9 は，ネットワークに出現頻度と一貫性を操作した刺激語（一貫規則語，非一貫規則語，例外語）を提示した際の音読成績である。ネットワークのパフォーマンスは人間の音読傾向と一致し，出現頻度効果，一貫性効果，および両効果の間の交互作用が認められた。他にも，**心像性効果**（imageability effect；さまざまな感覚・運動覚イメージを想起しやすい語に対するパフォーマンスが良くなる効果）や非語音読時に認められるさまざまな現象など，トライアングル・モデルは健常成人の音読特徴をうまく再現することができる（Welbourne et al., 2011；Seidenberg et al., 1994, 1996）。

　トライアングル・モデルが，人間の単語音読時にみられる出現頻度・一貫性効果を再現できるのは以下の理由による。文字表象から音韻表象への計算を学習する過程において，ユニット間の結合強度は，ネットワークの出力と正解との誤差を減じるように変化する。学習時には，この変化量を単語の出現頻度に比例させているため，高頻度語ほど出力誤差は小さくなる。出現頻度は，ネットワークのパフォーマンスに一番影響を与える要因である。さらに，入出力パターンがそれぞれ類似する単語間では，学習時における結合強度の変化も類似

する。たとえば，同じ綴り（たとえば_ADE）を共有しており，かつ，それが同じ読みをする一貫語（たとえばMADE, FADE, WADE）では，結合強度の変化は，**隣接語**（neighbors；1文字変えると別の語になる単語群）間で似通ったものになる。この場合，ある単語の読みの学習が，その他すべての隣接語を読む助けとなる。

次に，同じ綴り（たとえばINT）を共有していても，単語によって読み方が変わる非一貫語について考えよう。学習時における結合強度の変化は，一貫語と同様，規則語（HINT, MINT, PRINT）の中では互いに似通ったものになる。しかしこの学習は，同じ綴りを共有する例外語（PINT）を読む助けにはならない。なぜなら，例外語は同じ綴りに対して規則語とは異なる読み方をするからである。同様に，例外語の学習時における結合強度の変化は，規則語の読みにとっては妨害的に働く。このようにしてトライアングル・モデルは，学習コーパス内にある単語間の統計的性質を抽出し，文字と読みの対応関係がどの程度一貫しているかを獲得していく。結果として，一貫語，規則語，例外語の順で，ネットワークの出力誤差が大きくなる。しかし高頻度語では，学習時における結合強度の変更が大きく，隣接語の学習による結合強度の変更の影響を受けにくい。このため，規則性・一貫性効果は，低頻度語で強く認められることになる。

先にも述べたように，語の音読には，例外語を読むための辞書参照システムと，非語を読むための規則適用システムが必要と考えられてきた（規則語は両システムで音読可能）。ところがトライアングル・モデルに，この2つのシステムは実装されていない。トライアングル・モデルは，規則語も例外語も非語も，同じ単一のシステムで音読するモデルなのである。また，二重経路モデルでは，書かれた単語を音読するには，単語単位のさまざまな知識が蓄えられている心的辞書を用いるというメタファーを採用している。心的辞書には，単語の綴り，音韻，意味，統語の情報が記載されており，単語が視覚的に入力されると，その情報は心的辞書中に蓄えられている項目と照合され，その発音や意味などが抽出されると仮定される。一方，トライアングル・モデルには，心的辞書に対応するものが存在しない。モデルにあるのは処理ユニットとその間の

9.3 認知的課題への適用

結合だけであり，与えられた数千の単語という環境内に存在する統計的な性質を抽出すること（すなわち学習）によって，読みに関するすべての知識は結合の重み（とユニットのバイアス）の中に蓄えられる。モデルはこの知識を使い，入力される単語の文字表象を音韻表象へと変換するだけである。単語の文字，音韻，意味形態が分散表現されている限り，コネクショニスト・モデルにおいて，単語単位の知識が記憶されている心的辞書や，辞書内の項目に対する照合過程といった概念は存在しない。同じ議論は，動詞の活用といった他の言語課題にも当てはまる（**BOX 9.3**）。

BOX 9.3　もう一つの例——動詞の活用

　規則適用と辞書参照の2つのシステムが必要か，単一のシステムで遂行可能かという問題は，音読に限った話ではない。言語の多くの側面は準規則的（quasi-regular），すなわち，入力と出力の間の関係は一般に規則的だが，多くの例外が存在するという特徴をもち（Plaut et al., 1996），動詞の過去形の生成といった言語課題を考えた場合にも，音読と同じ議論が当てはまる。英語の場合，動詞全体の86％は原型に-edを付ける規則動詞（たとえばtalk→talked）であるが，残りの14％はこの規則に従わない不規則動詞（たとえばhit→hit, make→made, go→went）である（Marcus et al., 1995）。動詞の過去形の生成課題を実現するための一つの考え方は，「-edを付ける」という規則を適用するシステムと，個々の不規則動詞の活用形が記載された辞書的知識を参照するシステムを別個に想定するというものである（Pinker & Prince, 1994）。

　一方，ドアティーとサイデンバーグ（Daugherty, K. G., & Seidenberg, M. S., 1994）は，上の2つのシステムを区別しないコネクショニスト・モデルを構築した。モデルは，単語の音韻表象から，その過去形の音韻表象を出力するものである。学習には309語の規則動詞と24語の不規則動詞の計333語が用いられた。活用の学習が終了したモデルに，学習語の中から，高頻度規則動詞，高頻度不規則動詞，低頻度規則動詞，低頻度不規則動詞を各10語ずつ提示した。その結果，同じ属性をもつ語を健常成人に提示した際に認められる活用潜時と同様の反応傾向（規則動詞より不規則動詞で活用潜時が遅く，その傾向は低頻度語で顕著に現れる）が，モデルの出力誤差に認められた。また，学習単語に含まれない112語の規則動詞（新造動詞）をモデルに入力すると，94％の正答率で活用できた。つまりこのモデルは，規則動詞と不規則動詞と新造動詞を単一のシステムで活用可能なのである。

　ここでみられる議論の骨子は，音読でみてきたのとまったく同じであることがわかる。人間が，言語のもつ準規則的な側面をどのように処理しているかを説明するにあたり，規則を適用するシステムと単語レベルの辞書的知識を参照するシステムという二重メカニズムを想定する立場と，両メカニズムを区別しないコネクショニスト・アプローチの立場が対立している構図がみてとれる。

2. 損傷モデル

　コネクショニスト・モデルのもう一つ興味深いトピックは，いったん学習が終了したネットワークの一部を破壊し，そのふるまいを観察する**損傷実験**である。ソフトウェア上におけるシステムの破壊は，人間を対象にするのとは異なり，倫理的な問題がなく，容易に実施が可能で，パラメータを変えて何度も繰り返せるといった利点をもつ。具体的には，一度獲得した「読み」の機能が脳損傷により障害された状態（失読症）と，損傷モデルのふるまいとを定量的に比較・検討するわけである。また，あらかじめ壊した状態から学習させることにより，発達性の障害モデルを構築することもできる。ここでは，表層失読と音韻失読という2種類の読みの障害の発現機序について検討する。

　表層失読（surface dyslexia）は例外語の読みに選択的な障害を示す失読症状であり，規則語や発音可能な非語（たとえば RINT）の読みは保たれる。読み誤りは BROAD を/broud/（正しい読みは/bro:d/）と読むように，ある単語の中の文字列に対し，他の単語での読みを誤って適用するものが多く，そのほとんどは例外語（たとえば PINT）を規則化して読む誤り（/paint/→/pint/）である。しかし例外語であっても，高頻度語であれば障害は軽度である。一方，**音韻失読**（phonological dyslexia）は，単語であれば規則語・例外語に関係なく読むことができるが，非語の読みに困難を示す。読み誤りは，NINT を/mint/（MINT）と読むように語彙化することが多い。

　従来，この2つの失読症状は，二重経路モデルにおける各経路の存在をそれぞれ裏づけるエビデンスとみなされてきた。二重経路モデルでは例外語に対し，語彙経路（辞書参照システム）からは正しい読みを出力するが，非語彙経路（規則適用システム）からは規則を適用した読み誤りが出力される。したがって，非語彙経路が保たれたまま語彙経路が損傷されると表層失読が発現する。一方，語彙経路は，規則語，例外語とも単語であれば処理できるが非語を処理できず，非語彙経路は，規則語と発音可能な非語であれば処理できるが例外語を処理できない。したがって，語彙経路が保たれたまま非語彙経路が損傷されると音韻失読が発現する。

　これに対し，「読み」の過程に2つのシステムを仮定しないトライアングル

・モデルでは，各失読症状と共起する症状に注目することで，その発現メカニズムを検討している。パターソンら（Patterson, K., & Hodges, J. R., 1992；Graham et al., 1994）は，**意味性認知症**（semantic dementia；BOX 9.4）例に表層失読が多く，例外語音読の可否が単語の理解度に左右されることに注目

BOX 9.4　意味性認知症

　概念的知識（conceptual knowledge）の脳内表象に関する研究が1990年以降急速に進展した背景の一つに，**意味性認知症**とよばれる脳変性疾患の存在がある。意味性認知症とは，側頭葉前方部の限局した萎縮に伴い，概念的知識が選択的かつ進行性に障害される疾患である（Snowden et al., 1989；Hodges et al., 1992；7.4.3参照）。顕著な症状として語彙の減少，単語や物品名の想起障害（例：「鉛筆」を見せてその名前を尋ねても答えられず，正解を教えても「えんぴつって何ですか？」と反応する）と理解障害（例：いくつかの物品の中から「鉛筆」を選ぶことができない）が挙げられるが，エピソード記憶や視空間認知機能，非言語的知能などは症状が進んでも比較的保たれる。この意味記憶障害は，初期には**語義**だけが失われるため，単語や物品名の想起障害や理解障害は現れるものの，物品の使用そのものに問題はない。しかし，症状が進行し重篤になると対象概念そのものが喪失するため，物品を渡してもそれを正しく使用できなくなる。また症状は，特定の入出力モダリティに依存せず，意味にアクセスするあらゆる課題（絵の命名，単語と絵の照合，意味連合，線画の遅延再生など）で認められる。また誤反応に特徴があり，同じカテゴリ内のより典型的なメンバーへ（たとえば「サイ」→「イヌ」），あるいは，より上位のカテゴリへ（たとえば「ネコ」→「動物」）と誤ることが多い。

　意味性認知症に認められる言語症状の一つが**表層失読**とよばれる読みの障害であり，綴りと読みとの対応関係が不規則な例外語（とくに低頻度語）の音読に選択的な障害を示し，多くは規則化して読んでしまう（たとえばPINT：/paint/→/pint/，海老：/ebi/→/kairoo/）。この選択的な誤り傾向は，音読課題だけでなく，書取り，動詞の活用，語彙判断，対象判断，線画の遅延再生などの課題でも認められる（Patterson et al., 2006）。したがって，低頻度・非典型的な対象の処理には意味情報の強い関与が推察され，これがプラウトら（Plaut et al., 1996）やウーラムズら（Woollams, A. M. et al., 2007）の損傷モデルにおける基本的な計算原理となっている。

し，意味障害により表層失読が発現するという仮説を提唱した．これを受けてPMSP 96（Simulation 4）では，読みの計算（とくに文字→音韻）において，処理効率の悪い語（すなわち低頻度例外語）の学習に意味が重要な役割を演じると考えた．彼らは，図 9.7 の音韻ユニットに意味からの信号を外部入力の形で導入することで，意味→音韻を擬似的に実装したネットワークを構築した．そして，各単語の出現頻度と学習回数に応じて信号の強度を調節しつつ，音韻層に意味からの外部入力を与えながら，先の健常モデルと同様の単語音読の学習を行った．

次に，学習が終了したネットワークから意味→音韻を取り除き，文字→音韻を孤立させた状態で，ネットワークに出現頻度と読みの規則性を操作した単語リストを提示した．意味→音韻を取り除くことは，読みを学習済みの成人が，脳損傷により意味に障害を受けたことに相当する．その結果，ネットワークの高頻度語や規則語の読みに影響はほとんどなかったが，とくに低頻度例外語で音韻の計算が困難となった．一方，非語の読みは損傷前とほとんど変化がなかった．この障害パターンは，表層失読例が呈する読みの症状と一致する（他にWoollams et al., 2007 など）．

文字→音韻の処理過程では，高頻度語や規則語の学習は易しく，意味からの影響をほとんど受けないまま学習が終了する．一方，低頻度語や例外語の学習は困難であり，意味からの影響を大きく受けながら学習が進む．結果として文字→音韻は，意味からの助けなしでは低頻度例外語の音韻表象を正しく計算できない．したがって，学習終了後に意味からの信号が消失した場合，低頻度例外語の成績が低下し，表層失読の読み誤りパターンが出現するのである．

一方，音韻失読例の多くが，音読のみならず，/k/ と /it/ を聞かせ，両者を結合させて /kit/ と言わせる音素結合課題や復唱など，文字を用いない音韻課題でも，単語に比べ非語に強い障害を示すことが指摘されている（Coltheart, 1996）．このことから，音韻失読における非語の障害は，全般的な音韻障害から派生する 2 次的な障害であり，非語彙経路のような音読に特化した処理過程の損傷とはみなさない考え方が提唱されている（Patterson & Marcel, 1992）．ハームとサイデンバーグ（Harm, M. W., & Seidenberg, M. S., 1999；以下

HS 99）は発達性音韻失読のシミュレーションを目的に，単語の音読学習に先立って，音韻の知識を獲得するネットワークを構築した。そして，この音韻的知識を表現・記憶している部分に損傷を与えた後，文字表象から音韻表象への計算を学習させ，ネットワークが非語（と例外語）の音読に障害を示すようになるか検討した。図 9.10 に彼らのモデルを示す。ネットワークは，はじめに，音読に先立つ音韻的知識の学習として，「音韻コンポーネント」の部分のみを用いて単語の音韻形態を学習した。ネットワークは，3,123 語の単音節語の音韻形態を，のべ 100 万語学習することで，与えられた音韻表象を再生，つまり復唱ができるようになった。

次に，音読の学習のため，図 9.10 にあるように，すべてのユニットをつないだネットワークが構築された。そして，すでに復唱の学習を終えた音韻コンポーネントの部分に損傷を加えた後，ネットワーク全体による音読の学習が行われた。つまり，発達性音韻失読とは，「音韻レベルが損傷されたまま，音読の学習をすることにより生じる」と仮定したことになる。音韻コンポーネント

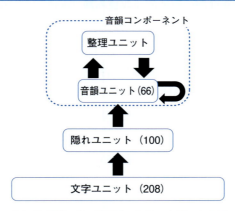

図 9.10　ハームとサイデンバーグが用いたネットワークのアーキテクチャ
（Harm & Seidenberg, 1999）
まず音韻コンポーネント部のみを用いて，正しい音韻表象が出力できるよう学習が行われる。次にすべてのユニットを図のように結合し，音韻コンポーネント部を損傷させながら音読を学習する。なお，整理ユニットは一種の隠れユニットで，正しい音韻表象の出力を助ける働きをする。また，括弧内は使用されたユニット数を表す。

に軽度から中等度の損傷を与えながら音読を学習させた場合，単語（例外語）の音読成績に影響はほとんどないが，非語の成績だけが有意に低下した．さらに重度の損傷を与えながら学習させた場合，非語に加えて例外語の音読成績も低下し，マニスら（Manis, F. R. et al., 1996）が報告した発達性音韻失読例と同様の傾向を示した．

このモデルで非語を音読する場合，文字→音韻と音韻コンポーネントの汎化能力に頼る他はない．そのとき，音韻コンポーネントの一部が損傷を受ければ，当然のことながら学習している単語に比べて，学習していない非語の音読成績は低下する．また障害が重篤になった場合，非語の次に影響を受けるのは，文字→音韻過程で処理効率の悪い例外語ということになる．このネットワークは発達性音韻失読を対象としているが，獲得性音韻失読のシミュレーションでは，音読まで学習が終了したネットワークの音韻レベルに損傷を加えるという手続きをとる（Ijuin et al., 2000；Welbourne & Lambon Ralph, 2007）．

従来の二重経路モデルでは，例外語を音読するための語彙経路と，非語を音読するための非語彙経路の機能的な二重乖離（double dissociation）として両失読症状を解釈しているのに対し，トライアングル・モデルでは，各失読症状と共起している他の症状に着目した解釈を行っている．つまり，表層失読では意味障害が低頻度例外語の音読成績に，音韻失読では音韻障害が非語音読の成績に影響を与えると考えるわけである．これは，2つのシステムが独立に損傷受けているようにみえる場合でも，実は単一システムにおける別の箇所の損傷で症状が解釈できることを意味する．

本節では英語圏における読みの研究を紹介したが，表記システムがまったく異なる日本語でもほぼ同様の結果が得られている（たとえば，伊集院，2005）．これは，読むという認知機能を支えているメカニズムが言語を超えて不変である可能性を示唆している．なお，損傷モデルには，もう一つの読みの障害である深層失読（Plaut & Shallice, 1993）や失語症（Dell et al., 1997），また言語障害以外にも，統合失調症（Cohen & Servan-Schreiber, 1992）や次項で述べる認知症など，さまざまな疾病を対象としたシミュレーション研究がある．

9.3.3 意味記憶

　カナリアは，翼をもち，羽が生えており，飛び，動き，歌うことができ，色は黄色い。こうした概念に関する知識がどのように獲得され，頭の中でどのように体制化され，どのように検索されるのかという**意味認知**（semantic cognition）の問題は，古くから認知心理学において研究されてきた。

　第 7 章の 7.1 でも述べられているように，意味記憶の構造に関してキリアン（Quillian, M. R., 1968）は，人工知能の立場から階層的なネットワーク・モデルを提案した（図 7.1 参照）。この**意味ネットワークモデル**は，意味記憶内に蓄えられている概念を上位―下位関係の形で階層的に組織化したものであり，各概念はノードで，概念間の関係はリンクで表現される。ここで，「羽がある」や「翼がある」といった一般的な鳥類に共通する特徴は「鳥」のノードに貯蔵され，それより下位のノード（「カナリア」「コマドリ」など）には貯蔵されない。このように，各概念の特徴は重複を避けるよう，異なった階層に経済的に貯蔵される。

　意味ネットワークモデルは，人間が意味記憶内の情報を検索する際に要する時間をうまく予測するものの（Collins & Quillian, 1969），検索時間がカテゴリ内における概念の典型性に影響を受けることを説明できないなどの問題点もすぐに指摘されることとなった。たとえば，「カナリアは鳥である」は「ペンギンは鳥である」よりも速く判断できるが，「カナリア」と「ペンギン」は「鳥」ノードからの距離が等しいため，モデルは反応時間差を予測できないのである。また，発達過程では上位概念がまず獲得され，損傷過程では下位概念から壊れていくことが指摘されている（Warrington, 1975）。これはある概念がその上位概念のもつ特性とより強い結びつきをもっていることを意味するが，やはりモデルはこれを予測しない（モデルの成績は検索すべき階層レベルの数だけに依存するため）。近年のコネクショニスト・モデルは，こうした意味認知の問題に対し興味深い提案をしている。

1. ラメルハートの意味記憶モデル

　ロジャースとマクレランド（Rogers, T. T., & McClelland, J. L., 2004）は，ラメルハートの提案した意味記憶モデル（Rumelhart, 1990；Rumelhart &

Todd, 1993）を再検討し，人間の発達場面や症例研究における多くの意味認知に関する現象をコネクショニスト・アプローチの立場から説明してみせ，このモデルの新しい可能性を示した。

ラメルハートのモデルは先のキリアンのモデルと同様の知識を有するが，"canary can grow" "canary can move" "canary can fly" "canary can sing" といった知識を明示的に格納しているわけではない。その代わり，図 9.11 の項目層と関係層のユニット群にパターンが入力されると（項目 (canary)，関係 (can)），内部表現層と隠れ層を介して，対応する意味属性ユニット（grow, move, fly, sing）が活性化するよう学習が行われる。つまり，8 つの項目と 4

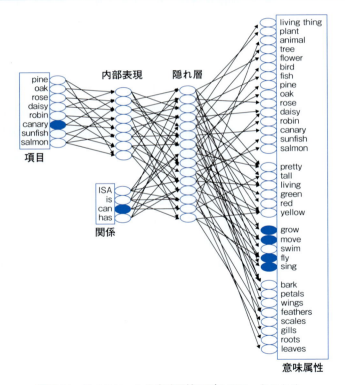

図 9.11 ラメルハートの意味記憶モデルのアーキテクチャ
（Rogers & McClelland, 2004 より作成）

つの関係の組合せパターンから，適切な属性パターンを予測するよう訓練されるのである。

　学習段階において，内部表現層ではモデルにおける8つの項目の内部表現が獲得される。この活性化パターンをみると，学習の初期ではすべての項目が同じようなパターンを形成しているのに対し，学習が進むにつれて**分化**（differentiation）が生じるようになる。まず動物と植物でパターンが異なるようになり，次に，動物では鳥と魚に，植物では樹と花にパターンが分かれ，最終的には8つのパターンへと階層的に分類されていく。これは発達過程において認められる上位から下位への概念獲得の流れと一致する。次に，項目層から内部表現層の結合にさまざまな強度のノイズを与えることにより内部表現に擾乱を加えると，項目に特異的な特徴（canary can の場合は sing）がはじめに影響を受けはじめ，ノイズが強くなると，より一般的な特徴（fly や move）にも影響が現れてくる。これに加え，項目（たとえば pine）がもともとはもたない特徴ではあるが，その上位概念では一般的とされる特徴（たとえば leaves；樹木は一般的に葉をもつが，マツ（pine）の葉は針葉であり，いわゆる葉ではない）の活性値が高くなる。これは，意味性認知症例が呈する概念的知識の進行性喪失において典型的に認められる症状と一致する。

　なぜネットワークは，人間の発達過程や障害過程で観察される意味認知の諸特性をうまく再現できるのだろうか？　その答は，さまざまな項目における類似性，すなわち，どの属性同士が一貫して共起しやすいか（coherent covariation）をネットワークが学習しているからである。たとえば，あらゆる動物は，いくつかの属性（have skin, eyes, mouths；can see, eat）を必ず共有するが，それらの属性を植物はもたない。各動物の属性を学習するにあたり，ユニット間の結合強度の変化は，共有する属性により同じ方向へ動き，内部表現層での表現も似通ったものになる。一方，植物を学習する際は，結合強度の変化が動物を学習した際とは逆の方向へ動き，内部表現も異なったものになる。同じことは，動物（あるいは植物）の中でも生じる。あらゆる鳥が共有する属性（have wings, feathers）を他の動物（魚）はもたない。ここで，あらゆる動物がもつ属性の共起頻度のほうが，鳥のもつ属性の共起頻度より多いため，先に

動物と植物が分化し，次の段階で動物から鳥と魚が分化するのである．

　鳥の属性には，あらゆる鳥が共有する属性の他に，特定の鳥にしか当てはまらない属性（idiosyncratic attribution）がある．たとえば，「歩く」という属性は，鳥の中でも「ペンギン」にしか当てはまらず，しかもこの属性は，動物における他のカテゴリ（陸生動物）のあらゆるメンバーが共有する属性でもある．したがって，「penguin can walk」の学習におけるユニット間の結合強度の変化は，他の鳥を学習した際とは異なる方向へ向かうことになる．このため，「ペンギン」の内部表現層における表現は，他の動物よりは鳥に似ているが，鳥の中では他と似ていないものになっているはずである．このとき，内部表現層にノイズが加わると，正確な「ペンギン」の表象が生成されないため，「歩く」というペンギンに特異な（鳥にとっては非典型的な）属性は活性化しない．一方，他の鳥と共有する典型的な属性を活性化させる場合は，表現層に正確な表象を生成する必要はない．ノイズにより表現層において「ペンギン」が「カナリア」になろうと，「ペンギン」と似たパターンであれば，鳥のもつ典型的な属性（たとえば「羽をもつ」「飛ぶ」）は活性化する．したがって，ある程度の強いノイズが加えられても，ネットワークはカテゴリに典型的な属性を出力できる．こうしたネットワークの計算原理から，内部表現層の損傷によってまず非典型的な属性から影響が現れ，典型的な属性に誤って反応してしまうというエラーが生じることになる．

　ラメルハートのモデルは単純なフィードフォワード型のネットワークであるが，多くの学習パターン間の類似性や一貫性にもとづいて，結果的にキリアンのモデルと等価な階層型の意味カテゴリ構造を形成する．そしてモデルのパフォーマンスは，人間に認められる特徴とよく一致する．

2. ロジャースらの意味記憶モデル

　意味とは，感覚（sensory）・動き（motion）・行為（action）などの表象と，言語的知識（linguistic）との相互作用により生じるという考え方がある（Plaut, 2002；Dilkina et al., 2008）．たとえば，リンゴを考えてみよう．赤くて丸くて甘酸っぱいという知覚的な経験，軽く手に持って口に運んでかじるといった行為の経験，秋から冬がおいしい季節で，そのまま食べてもおいしいし，

焼いてもジャムにしてもおいしいといった文脈的な経験，そして，リンゴに関することを読んだり書いたり話したりした言語的経験など，私たちは多くのモダリティを通してリンゴを経験する。こうしたさまざまな経験を積み重ねることにより，リンゴに関する，モダリティに依存しない概念的な知識を獲得していく。こうした学習の結果として**創発**（emerge）するものを意味と考えるのである。

　それでは，概念的知識は脳内のどこで，どのように表象されているのだろうか？　脳内の異なる領域で表現されているさまざまなモダリティ（形，色，音，動き，行為，言語など）の情報が，ネットワークを構成して意味を表現しているという考え方は古くからある。一方，パターソンら（Patterson et al., 2007）は，意味性認知症例を集めたケース・シリーズ研究から，脳内の意味ネットワークには，各モダリティに特異的な情報を表象しているそれぞれの領域とは別に，あらゆるモダリティの情報が収束する領域が両側の**側頭葉前方部**（ATL；anterior temporal lobe）に存在し，そこがいわゆる「ハブ（hub）」の役割を担いながら，モダリティ間で情報のやりとりを行っているという**ハブとスポーク理論**（hub-and-spoke hypothesis；Lambon Ralph, 2014）を提唱した。

　概念項目間の般化を意味の中心的な機能と仮定すると，単一のハブが必要となる理由がわかる。たとえば「ホタテ」と「車エビ」は，形も色も動きも味も名称も互いにまったく異なる。しかし両者は魚介類という点で，概念的な重なりは大きい（Patterson et al., 2007）。こうした意味的な類似性を私たちはどのように獲得しているのであろうか？　おそらく形や色といった特定のモダリティにおける表面的な類似性をとらえているのではなく，あらゆるモダリティにおける類似性を反映させた深い類似性構造を獲得していると考えられる。こうした，特定のモダリティに依存しない意味表象を生成するため，ATLのようなハブが必要となる。そしてこのハブが損傷を受けると，あらゆるモダリティに共通した意味の障害が現れることが予想され，その格好のエビデンスが意味性認知症における症状なのである。

　ロジャースら（Rogers et al., 2004）は，ある概念の意味的知識とは，対象の視覚表象と言語的な記述との相互活性化により発現すると仮定し，**図9.12**

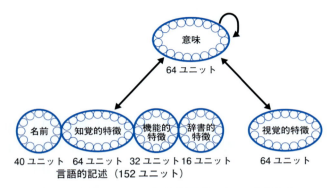

図 9.12 ロジャースらの意味記憶モデルのアーキテクチャ
(Rogers et al., 2004 をもとに作成)

のような意味記憶モデルを提案した（第 7 章の 7.4.3 も参照のこと）。モデルが学習する項目は，3 つのドメイン（動物，果物，人工物）にわたる 6 つのカテゴリ（鳥，哺乳類，果物，乗り物，家財道具，道具）に属する 48 の対象（ニワトリ，ネコ，リンゴ，自動車，アイロン，金槌など）である。各対象の視覚的特徴は，64 ユニットの特徴パターンで表現される。まず 6 つのカテゴリのプロトタイプを作成し，次に各プロトタイプ・パターンから個々の対象のユニークなパターンが作成される。このとき，同じドメイン内の対象のパターンは類似し（動物における「ネコ」と「ニワトリ」など），同じカテゴリに属する対象のパターンはさらに似通ったものになる（哺乳類における「ネコ」と「ウマ」など）。

　一方，各対象の言語的記述は，対象の名前（たとえば「動物」「鳥」「ニワトリ」），知覚的特徴（たとえば「眼がある」「車輪がある」），機能的特徴（たとえば「飛べる」「回転する」），辞典的特徴（たとえば「アフリカに生息する」「台所にある」：各特徴は，各ドメインとカテゴリを一意に同定可能）をそれぞれ表すユニット群で構成される。なお，視覚的特徴ユニット群と言語的記述ユニット群を併せて，ここでは可視化ユニット群とよぶ。

　可視化ユニット群は，意味層と双方向に結合されており，意味層を構成して

9.3 認知的課題への適用

いるユニット群は，対象の視覚的特徴と言語的記述を仲介する隠れ層のような役割を演じる．つまり意味層は，ハブとスポーク理論における ATL に相当することになる．ここで，ネットワークの信号は，可視化ユニット群から意味ユニット群へ，あるいはその逆へと双方向に流れるため，入力層と出力層をとくに区別する必要がない．可視化ユニット群のある部分（たとえば名前ユニット群）に入力があれば，その情報は意味ユニット群を介して他の可視化ユニット（残りの言語的記述や視覚的特徴）に送られ，それらの活性化情報がまた意味層に送られるといったように，すべてのユニットは状態変化を繰り返し，最終的に平衡状態に落ち着くことになる．

　入力時に何を与え，どのユニット群の活性値を反応の測度とするかで，モデルの行うべき課題が決まる．たとえば，視覚的特徴を入力とし，名前ユニット群の出力を反応とすれば，モデルは絵の命名課題を遂行していることになり，その逆であれば描画課題を行っていることになる．つまり，このモデルがある概念の意味を「知っている」とは，特定の入力（たとえば「ニワトリ」の視覚的特徴）が与えられた際に，適切な反応（「ニワトリ」の言語的記述）が生成できることを指す．したがって，本モデルで表現される意味とは，符号化された内容で定義されるものではなく，モデルが遂行する機能によって定義される．

　学習時には，可視化ユニット群のいずれかの下位ユニット群（名前，あるいは名前以外の言語的記述，あるいは視覚的特徴）に対象のパターンを入力し，それに対応した特徴を可視化ユニット群全体で出力できるよう訓練される．学習後のネットワークに対象の名前を入力し，意味層に現れる活性化パターンをクラスター分析した結果，ネットワークは，対象間の視覚的および言語的類似性にもとづいた階層的意味構造を内部表現として獲得していた．

　次にロジャースらは，学習後のネットワークにおけるユニット間の結合を徐々に取り除くことにより損傷を与えながら，意味記憶の機能を評価するための4つの課題（絵の命名，語や絵のカテゴリ分類，語と絵の照合，描画・遅延描画）を行わせ，そのパフォーマンスを意味性認知症例の症状と比較している．たとえば，絵の命名課題においてモデルの損傷の程度を重篤にしていくと，より上位レベルへの誤り（「ネコ」を見せても「動物」と答えるなど）や無反応

が増えるが，意味的な誤りは減り，異なるドメインへの誤りはほとんど観察されなかった。このように，モデルは，意味概念へのアクセスが要求されるさまざまな課題においてモダリティを超えた障害を呈し，そのエラー・パターンは意味性認知症例のそれをよく再現していた。

さらに興味深いのは，ネットワークが，視覚的あるいは言語的類似性のどちらか一方に従って意味を獲得しているわけではないという現象が観察されたことである。たとえば，視覚的特徴に注目した場合，果物は多くの属性を人工物と共有している（たとえば「洋ナシ」と「白熱電球」）。一方，言語的記述に注目すれば，果物は動物や人工物とまったく異なるものとして区別される。この場合，学習過程において，果物は動物に比べて人工物に似た内部表象を意味層に構築していく。つまり，果物は自然物であって人工物ではないが，動物のような他の自然物よりは人工物に近いものとして表現されるということである。実際，モデルは損傷によって果物を人工物に間違えやすくなり，意味性認知症例でもこの種のエラーが認められている。

9.4 なぜコネクショニスト・アプローチなのか？

前節で紹介した数々のシミュレーション研究からもわかるように，コネクショニスト・アプローチは，認知に対する新しい視点を提供する。これまで認知心理学は，コンピュータ・メタファーを用いた情報処理論的アプローチを用いて，特定の認知機能が実現するための心のアルゴリズムを検討してきた。そこでは，刺激が入力されてから反応が生じるまでの情報の流れをフロー・ダイアグラムの形で記述されることが多い。なぜなら，メタファーの源泉であるコンピュータが，本質的に直列型の情報処理を行うアーキテクチャにもとづいているからである。一方，コネクショニスト・モデルは，脳の動作原理の理解にもとづいた並列分散型のアーキテクチャをもつシステムである。アーキテクチャが異なれば，そのうえで実行される情報処理の最適なアルゴリズムもコンピュータとは異なったものになる。コネクショニスト・モデルでは，多数のユニットの局所的な結合を通して行われる相互作用により複雑な情報処理を実現して

9.4 なぜコネクショニスト・アプローチなのか？

いる。ここでは，システムが環境に適応するための知識は結合強度のパターンとして分散的に表現・記憶され，新しい知識はこの結合強度を調整することにより獲得される。また，心的表象とはこの結合強度によって作り出されるユニットの活性化パターンであり，規則とはシステムの置かれた環境内に存在する統計的な性質を抽出したものと解釈される。このようにコネクショニスト・アプローチは，認知過程に関してコンピュータ・メタファーとは異なる新しい考え方の枠組みを提示する。

そして，コネクショニスト・アプローチでは，シミュレーションという研究手法が中心的役割を果たす。コネクショニスト・モデルは，比較的単純な構造をもつものでも，そのふるまいの予測は非常に困難であるため，シミュレーションによる検証は欠かせない。もちろんシミュレーションは，コネクショニスト・アプローチに固有の研究手法ではないが，プロダクション・システムに代表される従来の記号処理モデルによるシミュレーションでは，研究者の提案する理論を記述する（プログラミングする）ことを目的としたものが多かった。一方，コネクショニスト・モデルを用いたシミュレーションは，理論が実際どのように動くのかを確認するための「実験」の役割を果たす（Elman, J. L. et al., 1996）。その際には，モデルの入出力やアーキテクチャなどの条件を変えて何度でもふるまいを確認でき，必要であれば倫理的な問題なしに組織的な損傷を与えることも可能である。この他にエルマンらは，コネクショニスト・モデルにおけるシミュレーションの意義として，理論の構築におけるあいまい性の排除と，人間相手では不可能な内部構造の分析が可能である点を挙げている。ただし，コネクショニスト・アプローチの目的は，厳選したデータだけをきれいに再現するモデルの構築ではない。肝心なのは，私たちの行動の背後にある，より一般的な計算原理の抽出なのである。コネクショニスト・アプローチでは，この計算原理の発見を重視したモデルのシミュレーションを通して，人間における情報処理メカニズムの解明を目指している（Seidenberg & Plaut, 2006）。

最後になるが，心のしくみや機能を明らかにしようとする認知研究において，コネクショニスト・アプローチはその性質上，心理学と神経科学，心理学と計算機科学といった複数の学問領域をつなぐ役割を果たす。現在のコネクショニ

スト・モデルは，そのアーキテクチャを決定するにあたって，積極的に脳の解剖学的構造を制約として用いており，以前よりも脳科学・神経科学研究を意識したものとなっている（たとえば，Plaut & Behrmann, 2011；Ueno et al., 2011；Chen & Rogers, 2015）。また，モデルの実装を支える人工的神経回路網の技術的進展は，近年注目を集めている**深層学習**（deep learning；Hinton & Salakhutdinov, 2006）を生み出し，人工知能とその応用分野（画像・音声認識，自然言語処理など）の研究に大きく貢献している。今後の認知研究におけるコネクショニスト・モデルのさらなる発展に期待したい。

終章　認知心理学の特徴と今後の展望

　本章を読む前に，本書のまとめとして，まず冒頭の「本書の構成と特徴」を読み直してみてほしい。これまでの諸章でみてきたように，認知心理学は多彩でアイデアに富んだ研究の宝庫である。多くの研究者が創意工夫をこらしながら次々に展開していく実験的研究自体がたまらなく魅力的である。しかし認知心理学は単なる実験事実の羅列に終わってはおらず，理論的考察が盛んな領域であるといえる。ここまで本書を読み進めたことで，理論やモデルに従って実験や観察が行われ，その結果がまた新たな理論的考察を生むというサイクルが繰り返されている様子がよくうかがえたことと思う。この終章では序章と第1章に呼応してもう一度，認知心理学の特徴について考える。そして最後に認知心理学の社会における役割と今後の課題について考えることとする。

10.1　認知心理学的理論の特徴とその動向

10.1.1　情報処理論的アプローチの実態

　序章と第1章において，認知心理学には人間を1つの情報処理システムとみる考え方があり，研究の枠組みとして情報処理論的アプローチがとられることが多いと述べた。ここまでいろいろな研究をみてきたいま，もう一度このことの意味を考え，本書の内容に即してその実態について考えてみたい。

　情報処理論的アプローチをとるということは，認知機能を支えている認知過程が，一定の時間的経過をたどりながら情報が処理されていく過程であるととらえることである。このようなとらえ方自体に対しては，さしたる異論はもはやなさそうである。人間をコンピュータにたとえるなんて，といった皮相な批判はもはや意味をなさない。ミラー（Miller, G. A.）が認知心理学の草創期に

喝破していたように，人間独自の情報処理過程を明らかにすることに意義があるのである。その後，今日までのこのアプローチによる研究成果の積み重ねが，このアプローチの有効性を雄弁に物語っている。むしろ，認知心理学では情報処理論的アプローチがとられると，いまさらわざわざ言う必要もないのかもしれない。

　もう一度振り返ってみると，情報処理論的アプローチとは，厳密には論理的演算が可能な記号体系（数式や，プログラム言語）を用いてモデルを構成することである。また，数式などを使わない場合にも，必要であればいつでもそれが可能であるように論理的整合性をもって理論を記述することであるといえる。このような側面を強調するとき情報処理論的アプローチは計算理論（computational theory；たとえば Johnson-Laird, 1988）とよばれるものと同義といえよう。すでに，真に計算理論といえるものも多く，認知心理学的研究から得られた事実をもとに，コンピュータを用いた演算が可能な形式で理論的モデルを構成している例が，本書においても数多く紹介されている。第2,3章の情報の受容や分析の過程に関しても優れた定量的モデルが多くある。ほんの一例として第3章の注意の節（3.3）に出てきた注意の瞬き（attentional blink）についてみても，シー（Shih, S., 2008, 2009）などが定量的な情報処理モデルを提案し，それを用いて，同現象の高齢化による機能低下現象を説明している。第9章のコルトハートたちによる英単語音読モデルである二重経路モデルも記号処理的なコンピュータシミュレーションモデルである。

　その一方で，認知心理学の現状においては，計算理論以前の概略的なモデルのほうが多く，本書ではこれら定性的モデルとよばれるものが多く紹介されている。それらは問題を整理し，新しい研究を方向づけることに大いに役立っている。たとえば第5章（5.6）で紹介したバドリーの作業記憶（ワーキングメモリ）のモデルがいかに生産的であったかをみればわかる。このように，定性的モデルで問題を整理し，新しい研究を刺激する一方で，定量的モデルによって理論的考察の精度を高めていくという作業が営々と続けられているといえる。

10.1.2 理論化・モデル化の2つの道

ところで，情報処理過程としての認知過程を理論化，ないしはモデル化するに際して，相対立するようにみえる2つの方法がある。第9章（9.4）でも論じられているが，認知心理学の今後の方向にも関係が深い問題であるので，改めて論じておきたい。

1. 記号処理モデルとその特徴

ここでいう**記号処理モデル**とは認知心理学でごく一般的にみられるモデルのことを指す。それぞれの事象を記号化してその記号の処理過程として認知過程をモデル化したものが記号処理モデルである。この形式のモデルは，「どのような情報がどこでどのように処理されているか」がわかりやすいという特徴をもっている。第8章（8.1）に問題解決過程の例としてハノイの塔問題が挙げられている。ハノイの塔問題の素材である棒と円盤それぞれと，それらの位置，およびそれらを動かす規則や動作などは記号で表現できる。記号化できれば，私たちが頭の中で問題空間を次々と移動していき，解に至るまでの過程をコンピュータ言語で書くことができる。序章で触れたサイモンたちによる一般問題解決プログラム（GPS）はハノイの塔に限らず問題解決過程を記号処理モデルとして実現したもっとも初期のモデルである。ここでいう記号化とは，世の中の事象や概念そのものをある記号で代表して表現することである。この点に注意しておきたい。たとえばハノイの塔問題で一番小さい円盤をaと表現したとしたら，問題解決プログラムの中ではそのaが次々に場所を替えていく状態が記述される。すぐ上で述べた計算理論的モデルも多くはこの記号処理モデルであるものが多い。

ニューウェルとサイモンは上記のような研究の基本的枠組みとして**物理的記号システム**（physical symbol system）を提唱し，思考を中心とする心的活動のすべては記号化でき，このシステムに移すことができるという強いメッセージを発している（Bermúdez, J. L., 2014）。人工知能研究も認知心理学も簡単にいってしまえば，多くがこの前提に立ってきたといえる。本書の記号処理モデルという用語もこの伝統に沿っている。

GPSのような認知心理学の分野のモデルは，コンピュータ上で実行可能な

モデルとしてまとめられてはいなくても，次の項目で述べる人工的神経回路網モデルが出現するまでは，ほとんどが記号処理モデルであった。第2章から第5章で紹介したパターン認識や記憶過程の種々のモデルにみられるように，記憶項目などの入力情報が心的過程において何らかのコードに変換され，転送されていく状態を概念的に記述したモデルが多く，それらは本質的には記号処理モデルとみなすことができるのである。

2. 人工的神経回路網モデルとその特徴

　上のような記号処理のモデルと第9章で述べた人工的神経回路網モデルとは，どちらも情報処理論的モデルであるが，両者には注目すべき違いがある。図9.6のトライアングル・モデルをみてみよう。同図の文字，音韻と書かれた層に限ってみてみると，このモデルは基本的には入力層（文字），中間層，出力層（音韻）からなる神経回路網モデルである。同図では省略されているが，この回路網では各層内に無数のユニットが存在し，層間のすべてのユニット同士が相互に結ばれている。入力層に，英単語を1，0の数字列のパターンにコード化したものを与えると，その単語の発音記号を1，0の数字列のパターンにコード化したものが出力層から出力されるように，この回路網を学習させることができる。つまり英単語を読み上げることを学習させることができる。その学習をさせるには，英単語の綴り信号を与え，試行ごとに出てくる出力信号と学習させたい出力信号とを比較し，その差が小さくなるように3層のユニット間の結合の重み係数（結合強度）を調整する。このときの学習原理は誤差逆伝播法とよばれている（**BOX 9.1** 参照）。

　ところで，このような回路はいったい何を学習したのだろうか。記号処理モデルでは，英語を読み上げることができるということは，英語発音の「規則」とその適用方法が習得されているということであると考えたり，あるいはある特定の英語の綴りに対応する記憶表象と，その音声を表す記憶表象との間に連合が成立していると考えるのが一般的であった。つまり，ある語を記憶するとその語だけに関係する回路ないしは記憶表象が出来上がると想定されてきた。そしてそれを定量的な記号処理モデルとする際には，文字や単語ごとに記号化し，発音規則やその例外を明示的に記号で表現する。しかし，いま問題にして

いる人工的神経回路網モデルでは，学習が完成するとたしかに英単語の読みを覚えている。また学習後には新しい単語すら正しく読めることもわかっているので，ただ単に個々の綴りとその発音記号との間の対応関係を覚えているだけでなく，発音の規則性をも学習しているとみることができる。しかし，回路のどこにも発音規則が明示的に書き込まれているわけではないし，個々の文字や発音に対応する記憶表象などもみつからない。学習前と変化したのはユニットの数でも，またユニット間の結線の組合せでもない。変わったのはユニットのバイアス値（信号を出す閾値に関わる）とユニット間の結合強度だけであり，どの入力信号に対してもつねに望ましい出力が出るように，すべてのユニット間でその結合強度が調整されただけである。学習が完成すると，神経回路網全体としての興奮のパターンが入力語ごとに微妙に変化するようになり，入力語に応じた出力パターンが得られるのである。入力と出力の間に存在するものはいわばブラックボックスであって，その中に特定の語に固有の記憶表象を見出すことは原理的に不可能なのである。第9章（9.2）にもあるように，この状態を情報が回路内に**分散表現**されているといい，この種のモデルは**並列分散処理モデル**ともいわれる。仮にこの方式で脳全体のモデル化ができるとしたら，情報の受容と反応の仕方が人間にそっくりな巨大なブラックボックスができることになる。

3. 認知心理学における理論化のこれから

第1章（1.1.1）で述べたシステム理解の3水準に照らして考えると，認知心理学の領域における記号処理モデルはもちろん，人工的神経回路網モデルもアルゴリズムの水準での理論的説明の事例と考えることができる。ラメルハートら（Rumelhart, D. E. et al., 1986）は，並列分散処理モデルは神経系のしくみにヒントを得て考案されたものではあるが，神経系のモデルそのものとして提案されたものではなく，説明の水準からいえば，アルゴリズムの水準のモデルであると述べている。

認知心理学の分野においては，今後もアルゴリズムの水準における，上記2通りの理論化のアプローチが続くのであろう。同時に，第9章にも紹介されているような，記号処理モデルと人工的神経回路網モデルをつなぎ合わせたハイ

ブリッドモデルが多く生まれてくる可能性もあろう．

10.2 これからの認知心理学

10.2.1 認知科学との関係

　第1章において認知心理学は認知機能をシステム理解の第1と第2の水準で理解しようとするものであると強調し，認知心理学はこの立場を変える必要はないであろうとの趣旨のことを述べた．このように述べると，この数十年において飛躍的な進歩を遂げている脳研究を無視するようにみえるかもしれないが，けっしてそういうことではない．ヴント（Wundt, W.）の時代にもジェームズ（James, W.）の時代にも各時代の最先端の生物学的，神経科学的知識が心理学的議論に取り入れられ，研究の方向に影響を与えてきたし，逆に第1水準や第2水準における研究が第3水準の研究の方向にも影響を与えてきた．この状況は現在においてさらに顕著であり，現代の脳研究には多くの認知心理学者が参加しているし，多くの神経科学者が認知心理学的な機能研究の成果を見取り図に，脳の内部をのぞき込んでいるという状況がある．そしてもちろんその逆に，神経科学的研究の発展が認知心理学的研究を刺激していることは言うまでもない．

　ところで認知心理学は，いわゆる認知科学の主要な一分野とみなされることが多い．したがって認知心理学の広がりは認知科学全般にわたる．ポズナー（Posner, M. I.（Ed.），1989/1991）や，ベルミュデズ（Bermúdez, J. L., 2014）などにより，その広がりを展望されたい．哲学，言語学，人工知能，計算機科学，神経科学などをはじめ，神経心理学や，精神医学などとの接点も広がりつつある．認知機能に関する研究はこのように非常に学際的な広がりをもっている．

　お互いの学問領域が，その成果を利用し合って研究を進めていくことは重要である．しかし，1人の研究者がすべての領域にまたがって研究活動を行うことは容易なことではない．それぞれの分野がそれぞれの方法論にもとづいて，それぞれにその領域の中で知識を深めていくことが重要であろう．現代の認知

心理学はまだ半世紀あまりの歴史しかないが，心の働きを研究する独自の方法論と理論的枠組みを脳自体の研究とは独立に鍛え上げてきている。その成果は認知科学という一つの公共の広場で，なくてはならないものとなっている。（ただしその貢献が必要にして十分であるかに関してはつねに自省を求められていると考えるべきであろう。）

10.2.2 心の総合的理解

　第1章（1.1.3）において心の構造について述べた。認知心理学は認知機能の個々の機能単位を明らかにし，最終的にはそれらが相互に関連し合った全体像，つまり心の構造を明らかにすることを目的としていると述べた。しかし，それで満足できるであろうか。人間というものを全体として理解したいという願いは，人類共通の願いであろう。その願望を叶えるためには，私たちが主張するように第1と第2水準の理解にとどまっているわけにはいかず，第3の具現化の水準まで含めた理解が必要になる。このような挑戦がいま，認知科学の中で爆発的に増大しているようにみえる。ためしに文献検索エンジンで，cognitive neuroscience, artificial intelligence, artificial neural network などのキーワードを検索してみると，2000年以降の論文数の増大ぶりがよくわかる。cognitive psychology も相変わらず非常に多いが，これは1980年頃からほぼ横ばいの傾向をみせている。これは何が起こっているのであろうか。人間の認知機能をコンピュータで実現しようという試みと，認知機能を神経系のレベルでモデル化しようという試みが増大しているのではないかと推察できる。これらはいずれもシステム理解の3つの水準すべてにわたった心の理解，ないしはそのことによる応用を目指していると考えることができる。

　まず人工知能についてみてみよう。いま，コンピュータは計り知れない速度で進化している。そして世界中からさまざまなジャンルのビッグデータが瞬時にして収集できる。これらの技術が駆使されて，第8章に述べられているような問題解決，確率判断や意思決定を可能とするさまざまな人工知能の開発が研究レベルでも実用レベルでも進んでいる。商業上の人工知能については詳細がみえづらいが，確率判断や推論を行うアルゴリズムからなる記号処理モデルや，

膨大な数のユニットからなる人工神経回路網が組み込まれているのだろう（9.4 参照）。

次に認知神経科学についてみてみよう。認知神経科学を含む脳科学は 1990 年の初頭にわが国の研究者を中心に fMRI の技術が開発されたことにより (Ogawa, et al., 1990)，飛躍的な発展を遂げてきた。fMRI をはじめ，脳波の事象関連電位法（ERP），経頭蓋磁気刺激法（TMS）などが併用されながら，さまざまな認知的作業中の脳の活動をモニターすることにより，ある作業を司る脳の関連部位が同定でき，活動の時間的経過，大きさなどが測定可能となった。そして当初はアルゴリズム水準のモデルとされていた上述の人工的神経回路網モデルが，現実の神経回路のモデルとして，すなわち人間の脳自体のモデルとして位置づけられることが多くなってきている（第 9 章や Koch, 2004；Dehaene, 2014 など参照）。神経生物学や分子生物学，遺伝学などの知識の増大と相まって，この分野におけるこれからの進歩から目を離すわけにはいかない。

このように人間の心を総合的に理解するためには真に学際的な協力が必要であり，認知心理学においてもそのような企てに寄与しうるように心がける必要がある。

10.2.3　残された聖域？——意識の問題

私たちの意識状態には変動があり，目覚めている状態と睡眠状態の違いなど，覚醒状態の変化として**意識**をとらえることができる。また，覚醒状態にある場合にも外界の出来事のすべてに気づいているわけではなく，ある部分を選択して知覚している。さらに私たちはメタ認知が普通にできる。つまり自分が覚醒していることや，何かを知覚的に意識しているという事実を意識すること，つまり意識している自分を意識することができるし，「自分が○○を知っている」ことを認識することができる。このような意識の諸相と私たちの認知活動との関係を問うことは心の科学としては根本的に重要なことである。本書ではこの意識の問題については断片的にしか取り上げることができなかったが，紹介したさまざまな研究事例から，その重要性が伝わったのではないだろうか。

行動主義が中心であった時代，実験心理学の領域では，意識の問題は，注意

の問題以上に避けられてきたきらいがある。しかし，1980年代に入り，意識の研究も徐々に高まりをみせる。それらの研究内容は，ジョンソン=レアード（Johnson-Laird, 1988），マンドラー（Mandler, G., 1985），クラッキー（Klatzky, R. L., 1975），川口（1993）などを参照されたい。また，1983年には日本心理学会の大会でも意識に関するシンポジウムが開かれている（御領，1984）。バアーズ（Barrs, B. J., 1988）も意識の認知心理学的理論として優れた業績といえよう。

　意識の問題を真正面から認知心理学的な実験研究の対象とすることはなかなかに難しいが，本書の第2，3，4章にしばしばみられたように，現実に刺激が提示されているにも関わらず認知できないという現象や，意識的に認知できなかった刺激情報が後の認知的作業に影響を与えるという現象が数多く紹介されているし，顕在的記憶と潜在的記憶の区別についても紹介されている。これらはすべて，認知機能が非意識的過程と意識的過程の両方に関わっていることを示している。しかしこの両過程それぞれの役割や相互の関係についてはまだまだ未知の部分が多い。ちなみにGoogle Scholarという学術文献に特化した検索サービスにてconsciousnessとpsychologyをAND検索してみると，ヒット数は1950年から1980年までの30年間で39,000件であったものが，直近の2000年から2016年までの16年間で1,090,000件の多きに達している。すべてが認知心理学と関係があるわけではないが，関心の高まりが実感できよう。

　そのようななか，コッホ（Koch, C., 2004）のような名著もあるが，ここでは認知心理学者であり，認知神経科学者でもあるドゥアンヌとその共同研究者たちの研究に触れておきたい（Dehaene, S., & Naccache, L., 2001；Dehaene, 2014）。彼らは上述のような最新の脳研究の技術を駆使して，各種認知機能に関係する脳機能とその構造を解明する努力を重ね，脳の非意識過程と意識過程の分離に成功したと主張している。そしてまだ初期段階ではあるが，意識下で働く種々の認知機能単位群の中心に意識現象を再現する場（neural global work space）を設けた脳の神経回路網モデルを構築した。この研究には本書にも紹介されている多くの認知心理学的研究成果も利用されている。さて問題は，このようなモデルによって，意識現象もコンピュータ上でシミュレーショ

ンできるのだとドゥアンヌが主張している点である。言い換えれば，意識をもった脳のモデルが作製可能だというのである。

　意識に関しては人工知能の領域でも話題が沸騰している。この領域の優れたスペシャリストで，なおかつ Google 社の技術者でもあるカーツワイルは，意識をもった人工知能がけっして遠くない未来に実現すると，いろいろな機会に予言している（Kurzweil, R., 2005）。果たしてドゥアンヌのモデルはさらなる成功を収めていくのか，そしてカーツワイルの予言は正しいのか。また，マーのいうシステム理解の3水準すべてにわたって人間をモデル化できるのか，それができた場合にそれは意識を有するのか。これらに対し，認知心理学の立場からはどう答えればよいのであろうか。

10.3　結　語

10.3.1　認知心理学の社会的役割

　認知心理学の成果は社会のさまざまな場面で役立てられている。応用領域の拡大もみられ，たとえば，車や電気製品などの工業製品や，都市環境を，人間にとって使いやすく，またわかりやすいものにするためにはどのような点に注意すべきかを認知心理学的な観点から論じたノーマン（Norman, D. A., 1990）の論考は，認知心理学の応用の一つの可能性をあざやかに示している点で注目に値する。バドリー（Baddeley, A. D., 1997）の著書は記憶に関する優れた解説書であるが，日常生活における記憶現象についての言及も多く，認知心理学的研究と社会の関係を考えるのにもよい参考となる。

　精神医学の領域では認知療法とよばれる治療法に関連して，認知機能に関する心理学的知見が役立っているし，知能の問題や読み書きの障害の問題も認知心理学的観点から研究されることが多くなっている（Eysenck, M. W.(Ed.), 1990）。さらにはリハビリテーションの領域でも認知心理学の知識の必要性が認識されている（Wilson et al., 2009；鈴木（編），2016）。また，判断や意思決定の研究成果が政治，経済の領域で，陰に日向に活かされていることはカーネマンが2002年にノーベル経済学賞を受賞していることからもうかがえる

(第8章参照)。その他，教育，工学，医学など，多くの領域と関係をもちつつ，その応用の領域も今後飛躍的に拡大していくことであろう。巻末の「参考図書」の箱田ら（2010）の第Ⅲ部なども参考にされたい。

10.3.2 人間とは何かを知り尽くす必要性

最後に，先に述べた意識の問題についてもう一度触れておきたい。意識の認知心理学的研究が十分に進まないままに，意識過程が種々のモデルに実装されていく危険性が本当にあるとすれば，これはけっして看過できる問題ではない。認知心理学において，扱いやすい認知機能ばかりを取り上げ，その処理過程理論を構築することばかりにかまけているわけにはいかないのではないだろうか。これまでに欠けている，あるいは不十分な領域は何であるかについて考えなければならない。答は難しいが，とりあえずは次のように述べておこう。

序章でも触れたように，意識の問題は人間性の根源に関わる問題である。認知心理学は，人文諸科学と連携しながら，人間とはどのような現象的世界に住んでいるのか，感情に色づけられたどのような意識的世界をつくっている存在なのかを，よりよく理解する方策を立てるべきである。これはマーのいう第1水準における理解の問題であろう。そのことの理解が不十分なままに高度な認知機能を発揮する，人間を模した人工的なモデルが出来上がっていくほど危険なことはないであろう。

引用文献

序章

安西祐一郎・石崎　俊・大津由起雄・波多野誼余夫・溝口文雄（編）（1992）．認知科学ハンドブック　共立出版

Baddeley, A. D. (1986). *Working memory*. Oxford University Press.

Bermúdez, J. L. (2014). *Cognitive science : An introduction to the science of the mind*. 2nd ed. New York : Cambridge University Press.

Broadbent, D. E. (1954). The role of auditory localization in attention and memory span. *Journal of Experimental Psychology*, **47**, 191-196.

Broadbent, D. E. (1958). *Perception and communication*. Pergamon Press.

Bruner, J. S., Goodnow, J. J., & Austin, G. A. (1956). *A study of thinking*. Wiley.

Cherry, E. C. (1953). Some experiments on the recognition of speech, with one and with two ears. *Journal of the Acoustical Society of America*, **25**, 975-979.

Cherry, E. C. (1957). *On human communication : A review, a survey, and a criticism*. The Technology Press of MIT.

Chomsky, N. (1957). *Syntactic structures*.
　　（チョムスキー，N.　勇　康雄（訳）（1963）．文法の構造　研究社出版）

Dehaene, S. (2014). *Consciousness and the brain : Deciphering how the brain codes our thoughts*. New York : Brockman.
　　（ドゥアンヌ，S.　髙橋　洋（訳）（2015）．意識と脳――思考はいかにコード化されるか――　紀伊國屋書店）

Gardner, H. (1985). *The mind's new science : A history of the cognitive revolution*. Basic Books.
　　（ガードナー，H.　佐伯　胖・海保博之（監訳）（1987）．認知革命――知の科学の誕生と展開――　産業図書）

Goertzel, B., & Duong, D. (2008). OpenCog NS : A deeply-interactive hybrid neural-symbolic cognitive architecture designed for global/local memory synergy. *Biologically Inspired Cognitive Architectures II : Papers from the AAAI Fall Symposium* (FS-09-01), 63-68.

岩本隆茂・高橋雅治（1988）．オペラント心理学――その基礎と応用――　勁草書房

Lachman, R., Lachman, J. L., & Butterfield, E. C. (1979). *Cognitive psychology and information processing : An introduction*. Lawrence Erlbaum Associates.
　　（ラックマン，R.・ラックマン，J. L.・バターフィールド，E. C.　箱田裕司・鈴木光太郎（監訳）（1988）．認知心理学と人間の情報処理（Ⅰ～Ⅲ）　サイエンス社）

Leahey, T. M. (1980). *A history of psychology : Main currents in psychological thought*. Prentice-Hall.
　　（リーヒー，T. M.　宇津木　保（訳）（1986）．心理学史――心理学的思想の主要な潮流――　誠信書房）

Mackintosh, N. (1987). Animal minds. In C. Blakemore, & S. Greenfield (Eds.), *Mindwaves : Thoughts on intelligence, identity and consciousness* (pp.111-122). Blackwell.

McClelland, J. L., & Rumelhart, D. E., & The PDP Research Group (1986). *Parallel distributed processing : Explorations in the microstructure of cognition*. Vol. 2. Psychological *and biological models*. MIT Press.

Miller, G. A. (1956). The magical number seven, plus or minus two: Some limits on our capacity for processing information. *Psychological Review*, **63**, 81–97.
　（ミラー，G. A.　高田洋一郎（訳）（1972）．心理学への情報科学的アプローチ　不思議な数"7"，プラス・マイナス2――人間の情報処理容量のある種の限界――（pp.13-44）培風館）

村上郁也（編）（2010）．イラストレクチャー認知神経科学――心理学と脳科学が解くこころの仕組み――　オーム社

Neisser, U. (1967). *Cognitive psychology*. Appleton-Century-Crofts.
　（ナイサー，U.　大羽　蓁（訳）（1981）．認知心理学　誠信書房）

Newell, A., Shaw, J. C., & Simon, H. A. (1958). Elements of a theory of human problem solving. *Psychological Review*, **65**, 151–166.

Newell, A., & Simon, H. A. (1972). *Human problem solving*. Prentice-Hall.

Rumelhart, D. E. (1977). *Introduction to human information processing*. John Wiley & Sons.
　（ルーメルハート，D. E.　御領　謙（訳）（1979）．人間の情報処理――新しい認知心理学へのいざない――　サイエンス社）

Rumelhart, D. E., McClelland, J. L., & The PDP Research Group (1986). *Parallel distributed processing: Explorations in the microstructure of cognition*. Vol.1. Foundations. MIT Press.

Skinner, B. F. (1953). *Science and human behavior*. Macmillan.

Skinner, B. F. (1974). *About behaviorism*. Knopf.
　（スキナー，B. F.　犬田　充（訳）（1975）．行動工学とはなにか――スキナー心理学入門――　佑学社）

Sperling, G. (1960). The information available in brief visual presentations. *Psychological Monographs: General and Applied*, No.498.

Terrace, H. (1987). Thoughts without words. In C. Blakemore, & S. Greenfield (Eds.), *Mindwaves: Thoughts on intelligence, identity and consciousness* (pp.123–138). Blackwell.

Tolman, E. C. (1951). *Purposive behavior in animals and men*. University of California Press.

Tulving, E. (1972). Episodic and semantic memory. In E. Tulving, & W. Donadson (Eds.), *Organization of memory* (pp.382–403). Academic Press.

Tversky, A., & Kahneman, D. (1992). Advances in prospect theory: Cumulative representation of uncertainty. *Journal of Risk and Uncertainty*, **5** (4), 297–323.

第1章

Dehaene, S. (2014). *Consciousness and the brain: Deciphering how the brain codes our thoughts*. New York: Brockman.
　（ドゥアンヌ，S.　高橋　洋（訳）（2015）．意識と脳――思考はいかにコード化されるか――　紀伊國屋書店）

Ericsson, K. A., & Simon, H. A. (1984). *Protocol analysis: Verbal reports as data*. MIT Press.

Fodor, J. A. (1983). *The modularity of mind: An essay on faculty psychology*. MIT Press.

Marr, D. (1982). *Vision: A computational investigation into the human representation and processing of visual information*. W. H. Freeman.

（マー，D. 乾 敏郎・安藤広志（訳）(1987). ビジョン——視覚の計算理論と脳内表現—— 産業図書）
Palmer, S. E. (1999). *Vision science : Photons to phenomenology*. MIT Press.
Robertson, L. C., & Schendel, K. L. (2000). Methods and converging evidence in neuropsychology. In F. Boller, & J. Grafman (Eds.), *Handbook of neuropsychology*. Vol. 1. 2nd ed. Elsevier.
Treisman, A. (1986). Features and objects in visual processing. *Scientific American*, **255** (5), 106-115.

第2章

Averbach, E., & Coriell, A. S. (1961). Short-term memory in vision. *Bell System Technical Journal*, **40**, 309-328.
Beck, J. (1966). Effect of orientation and of shape similarity on perceptual grouping. *Perception and Psychophysics*, **1**, 300-302.
Biederman, I. (1987). Recognition-by-components : A theory of human image understanding. *Psychological Review*, **94**, 115-147.
Botvinick, M., & Cohen, J. (1998). Rubber hands 'feel' touch that eyes see. *Nature*, **391**, 756.
Chong, S. C., & Blake, R. (2006). Exogenous attention and endogenous attention influence initial dominance in binocular rivalry. *Vision Research*, **46**, 1794-1803.
Darwin, C. J., Turvey, M. T., & Crowder, R. G. (1972). An auditory analogue of the Sperling partial report procedure : Evidence of brief auditory storage. *Cognitive Psychology*, **3**, 255-267.
Efron, R. (1970). Effect of stimulus duration on perceptual onset and offset latencies. *Perception and Psychophysics*, **8**, 231-234.
Ernst, M. O., & Banks, M. S. (2002). Humans integrate visual and haptic information in a statistically optimal fashion. *Nature*, **415**, 429-433.
御領 謙（1969）．両眼視における交互作用　和田陽平・大山　正・今井省吾（編）感覚・知覚心理学ハンドブック（pp.401-419）　誠信書房
Grossberg, S., & Mingolla, E. (1985). Neural dynamics of form perception : Boundary completion, illusory figures, and neon color spreading. *Psychological Review*, **92**, 173-211.
Ikeda, M., Uchikawa, K., & Saida, S. (1979). Static and dynamic functional visual fields. *Optica Acta*, **26**, 1103-1113.
粕川正光・菊地　正（2006）．視野闘争における正立顔の優越効果　筑波大学心理学研究, **31**, 1-7.
菊地　正（1994）．視覚マスキング　大山　正・今井省吾・和氣典二（編）新編 感覚・知覚心理学ハンドブック（pp.659-680）　誠信書房
Kitagawa, N., & Ichihara, S. (2002). Hearing visual motion in depth. *Nature*, **416**, 172-174.
北川智利・市原　茂（2004）．奥行き運動知覚におけるクロスモーダル残効　VISION, **16** (1), 13-19.
Krauskopf, J. (1963). Effect of retinal image stabilization on the appearance of heterochromatic targets. *Journal of the Optical Society of America*, **53**, 741-744.
熊田孝恒・横澤一彦（1994）．特徴統合と視覚的注意　心理学評論, **37** (1), 19-43.
Lederman, S. J., & Abbott, S. G. (1981). Texture perception : Studies of intersensory or-

ganization using a discrepancy paradigm, and visual versus tactual psychophysics. *Journal of Experimental Psychology: Human Perception and Performance*, **7** (4), 902–915.

Marcel, A. J. (1983). Conscious and unconscious perception: Experiments on visual masking and word recognition. *Cognitive Psychology*, **15**, 197–237.

Marr, D. (1982). *Vision: A computational investigation into the human representation and processing of visual information*. W. H. Freeman.
　　（マー，D. 乾　敏郎・安藤広志（訳）（1987）．ビジョン──視覚の計算理論と脳内表現──　産業図書）

三浦利章・横澤一彦（編）（2003）．特集：視覚的注意　心理学評論，**46**（3）　心理学評論刊行会

Neisser, U. (1967). *Cognitive psychology*. Appleton-Century-Crofts.
　　（ナイサー，U. 大羽　蓁（訳）（1981）．認知心理学　誠信書房）

Ooi, T. L., & He, Z. J. (1999). Binocular rivalry and visual awareness: The role of attention. *Perception*, **28**, 551–574.

大山　正・今井省吾・和氣典二（編）（1994）．新編 感覚・知覚心理学ハンドブック　誠信書房

大山　正・今井省吾・和氣典二・菊地　正（編）（2007）．新編 感覚・知覚心理学ハンドブック Part 2　誠信書房

Pritchard, R. M. (1961). Stabilized images on the retina. *Scientific American*, **204** (6), 72–78.

Ratliff, F. (1972). Contour and contrast. *Scientific American*, **26** (6), 91–101.

Rock, I. (1984). *Perception*. Scientific American Books.

Rock, I., & Harris, C. S. (1967). Vision and touch. *Scientific American*, **216**, 96–104.

関根道昭・菊地　正（1998）．テクスチャー分離に及ぼす提示時間と背景面積の影響　心理学研究，**69**（1），15–23.

Sekuler, R., Sekuler, A. B., & Lau, R. (1997). Sound alters visual motion perception. *Nature*, **385**, 308.

Shams, L., Kamitani, Y., & Shimojo, S. (2000). Illusions: What you see is what you hear. *Nature*, **408**, 788.

Sperling, G. (1960). The information available in brief visual presentations. *Psychological Monographs: General and Applied*, No. 498.

杉浦志保・繁桝博昭・北崎充晃（2006）．両眼視野闘争の空間的相互作用における偏心度と提示時間の効果　電子情報通信学会技術研究報告，**106**，1–5.

Thouless, R. H. (1931). Phenomenal regression to the real object. I. *British Journal of Psychology*, **21**, 339–359.

Treisman, A. (1986). Features and objects in visual processing. *Scientific American*, **255** (5), 106–115.

Treisman, A. (1988). Features and objects: The fourteenth Bartlett memorial lecture. *Quarterly Journal of Experimental Psychology: Human Experimental Psychology*, **40**, 201–237.

横澤一彦・熊田孝恒（1996）．視覚探索──現象とプロセス──　認知科学，**3**（4），119–137.

第3章

Allport, D. A., Antonis, B., & Reynolds, P. (1972). On the division of attention: A disproof of the single channel hypothesis. *Quarterly Journal of Experimental Psychology*,

24, 225-235.
Biederman, I. (1981). On the semantics of a glance at a scene. In M. Kubovy, & J. R. Pomerantz (Eds.), *Perceptual organization* (pp.213-253). Lawrence Erlbaum Associates.
Broadbent, D. E. (1954). The role of auditory localization in attention and memory span. *Journal of Experimental Psychology*, **47**, 191-196.
Broadbent, D. E. (1958). *Perception and communication*. Pergamon Press.
Cherry, E. C. (1953). Some experiments on the recognition of speech, with one and with two ears. *Journal of the Acoustical Society of America*, **25**, 975-979.
Driver, J., & Spence, C. (2004). Crossmodal spatial attention: Evidence from human performance. In C. Spence, & J. Driver (Eds.), *Crossmodal space and crossmodal attention* (pp.179-220). Oxford University Press.
Duncan, J. (1984). Selective attention and the organization of visual information. *Journal of Experimental Psychology: General*, **113** (4), 501-517.
Edelman, S., & Bülthoff, H. H. (1992). Orientation dependence in the recognition of familiar and novel views of three-dimensional objects. *Vision Research*, **32** (12), 2385-2400.
Engel, F. L. (1971). Visual conspicuity, directed attention and retinal locus. *Vision Research*, **11**, 563-576.
Eriksen, C. W., & St. James, J. D. (1986). Visual attention within and around the field of focal attention: A zoom lens model. *Perception and Psychophysics*, **40** (4), 225-240.
池田光男（1982）．パターン認識と有効視野　鳥居修晃（編）現代基礎心理学3　知覚2——認知過程——（pp.83-104）　東京大学出版会
Ikeda, M., & Takeuchi, T. (1975). Influence of foveal load on the functional visual field. *Perception and Psychophysics*, **18**, 255-260.
岩崎祥一・大原貴弘（2003）．注意の捕捉　心理学評論，**46**（3），462-481.
Kahneman, D. (1973). *Attention and effort*. Prentice-Hall.
Kikuchi, T. (1996). Detection of Kanji words in a rapid serial visual presentation task. *Journal of Experimental Psychology: Human Perception and Performance*, **22** (2), 332-341.
Klein, R. (1988). Inhibitory tagging system facilitates visual search. *Nature*, **334**, 430-431.
熊田孝恒・菊地　正（1988）．位置の再認における空間的注意の分布　心理学研究，**59**，99-105.
Mackay, D. G. (1973). Aspects of the theory of comprehension, memory and attention. *Quarterly Journal of Experimental Psychology*, **25**, 22-40.
Miller, G. A. (1962). *Psychology*. Harper & Row.
　　　（ミラー，G. A.　戸田壹子・新田倫義（訳）（1967）．心理学の認識　白揚社）
三浦利章（1996）．行動と視覚的注意　風間書房
三浦利章・横澤一彦（編）（2003）．特集：視覚的注意　心理学評論，**46**（3）　心理学評論刊行会
宮内　哲（1994）．注意を見る　科学，**64**（4），216-226.
Moore, C. M., & Egeth, H. (1997). Perception without attention: Evidence of grouping under conditions of inattention. *Journal of Experimental Psychology: Human Perception and Performance*, **23** (2), 339-352.
Moray, N. (1959). Attention in dichotic listening: Affective cues and the influence of in-

structions. *Quarterly Journal of Experimental Psychology*, **11**, 56-60.
本吉　勇・服部雅生（1998）．空間定位のモダリティ──特異的・非特異的成分──　電子情報通信学会技術研究報告, **98**, 47-50.
Neisser, U. (1967). *Cognitive psychology*. Appleton-Century-Crofts.
　（ナイサー，U.　大羽　蓁（訳）（1981）．認知心理学　誠信書房）
Neisser, U. (1976). *Cognition and reality : Principles and implications of cognitive psychology*. W. H. Freeman.
　（ナイサー，U.　古崎　敬・村瀬　旻（訳）（1978）．認知の構図──人間は現実をどのようにとらえるか──　サイエンス社）
Neisser, U., Novick, R., & Lazar, R. (1963). Searching for ten targets simultaneously. *Perceptual and Motor Skills*, **17**, 955-961.
Norman, D. A. (1976). *Memory and attention : An introduction to human information processing*. 2nd ed. John Wiley and Sons.
　（ノーマン，D. A.　富田達彦ほか（訳）（1978）．記憶の科学　紀伊國屋書店）
Norman, D. A., & Bobrow, D. G. (1975). On data-limited and resource-limited processes. *Cognitive Psychology*, **7**, 44-64.
大山　正（1982）．ひと目で何個のものが見えるか　別冊サイエンス　イメージの科学（特集　視覚の心理）日経サイエンス社　31-41.
大山　正・今井省吾・和氣典二・菊地　正（編）(2007)．新編　感覚・知覚心理学ハンドブック Part 2　誠信書房
Palmer, S. E. (1975). The effects of contextual scenes on the identification of objects. *Memory and Cognition*, **3**, 519-526.
Palmer, S. E. (1999). *Vision science : Photons to phenomenology*. MIT Press.
Palmer, S. E., Rosch, E., & Chase, P. (1981). Canonical perspective and the perception of objects. In J. B. Long, & A. Baddeley (Eds.), *Attention and performance IX* (pp.135-151). Lawrence Erlbaum Associates.
Posner, M. I. (1980). Orienting of attention. *Quarterly Journal of Experimental Psychology*, **32**, 3-25.
Posner, M. I., & Cohen, Y. (1984). Components of visual orienting. In H. Bouma, & D. G. Bouwhuis (Eds.), *Attention and performance X* (pp.531-556). Lawrence Erlbaum Associates.
Posner, M. I., Snyder, C. R. R., & Davidson, B. J. (1980). Attention and the detection of signals. *Journal of Experimental Psychology : General*, **109** (2), 160-174.
Raymond, J. E., Shapiro, K. L., & Arnell, K. M. (1992). Temporary suppression of visual processing in an RSVP task : An attentinal blink? *Journal of Experimental Psychology : Human Perception and Performance*, **18** (3), 849-860.
Reed, S. K. (1974). Structural descriptions and the limitation of visual images. *Memory and Cognition*, **2**, 329-336.
Rensink, R. A., O'Regan, J. K., & Clark, J. J. (1997). To see or not to see : The need for attention to perceive changes in scenes. *Psychological Science*, **8** (5), 368-373.
Reicher, G. M. (1969). Perceptual recognition as a function of meaningfulness of stimulus material. *Journal of Experimental Psychology*, **81**, 275-280.
Rock, I. (1975). *An introduction to perception*. Macmillan.
Rock, I., Linnett, C. M., Grant, P., & Mack, A. (1992). Perception without attention : Results of a new method. *Cognitive Psychology*, **24**, 502-534.
Schneider, W., & Shiffrin, R. M. (1977). Controlled and automatic human information

processing：Ⅰ. Detection, search, and attention. *Psychological Review*, **84** (1), 1-66.
Selfridge, O. G., & Neisser, U. (1960). Pattern recognition by machine. *Scientific American*, **203** (2), 60-68.
Shiffrin, R. M., & Schneider, W. (1977). Controlled and automatic human information processing：Ⅱ. Perceptual learning, automatic attending, and a general theory. *Psychological Review*, **84** (2), 127-190.
Spence, C., McDonald, J., & Driver, J. (2004). Exogenous spatial-cuing studies of human crossmodal attention and multisensory integration. In C. Spence, & J. Driver (Eds.), *Crossmodal space and crossmodal attention* (pp.179-220). Oxford University Press.
Stroop, J. R. (1935). Studies of interference in serial verbal reactions. *Journal of Experimental Psychology*, **18** (6), 643-662.
Theeuwes, J. (1991). Exogenous and endogenous control of attention：The effect of visual onsets and offsets. *Perception and Psychophysics*, **49** (1), 83-90.
Tipper, S. P. (1985). The negative priming effect：Inhibitory priming by ignored objects. *Quarterly Journal of Experimental Psychology*, **37**, 571-590.
Tipper, S. P., & Driver, J. (1988). Negative priming between pictures and words in a selective attention task：Evidence for semantic processing of ignored stimuli. *Memory and Cognition*, **16** (1), 64-70.
Treisman, A. M. (1960). Contextual cues in selective listening. *Quarterly Journal of Experimental Psychology*, **12**, 242-248.
Treisman, A. M. (1969). Strategies and models of selective attention. *Psychological Review*, **76**, 282-299.
Treisman, A., & Davis, A. (1973). Divided attention to ear and eye. In S. Kornblum (Ed.), *Attention and performance IV* (pp.101-117). Academic Press.
Underwood, G. (1974). Moray vs. the rest：The effects of extended shadowing practice. *Quarterly Journal of Experimental Psychology*, **26**, 368-372.
Wickens, C. D. (1980). The structure of attentional resources. In R. S. Nickerson (Ed.), *Attention and performance VIII* (pp.239-257). Lawrence Erlbaum Associates.
Wickens, C. D. (2002). Multiple resources and performance prediction. *Theoretical Issues in Ergonomics Science*, **3** (2), 159-177.

第4章

Anderson, R. C., & Pichert, J. W. (1978). Recall of previously unrecallable information following a shift in perspective. *Journal of Verbal Learning and Verbal Behavior*, **17**, 1-12.
Atkinson, R. C., & Shiffrin, R. M. (1968). Human memory：A proposed system and its control system. In K.W. Spence (Ed.), *The psychology of learning and motivation：Advances in research and theory* (Vol. 2, pp.89-195). New York：Academic Press.
Baddeley, A. (1982). *Your memory：A user's guide.* London：Book Club Associate.
（バッドリー，A．川幡政道（訳）(1988). カラー図説 記憶力——そのしくみとはたらき—— 誠信書房）
Braisby, N., & Gellatly, A. (Eds.) (2005). *Cognitive psychology.* New York：Oxford University Press.
Chu, S., & Downes, J. J. (2000). Long live Proust：The odour-cued autobiographical memory bump. *Cognition*, **75**, 41-50.
Chun, M. M. (2000). Contextual cueing of visual attention. *Trends in Cognitive Sciences*,

4, 170-178.
Cohen, G., Eysenk, M. W., & LoVoi, M. E. (1986). *Memory : A cognitive approach*. The Open University.
(コーエン, G.・アイゼンク, M. W.・ルボワ, M. E. 認知科学研究会(訳)(1989). 記憶 海文堂出版)
Craik, F. I. M., & Lockhart, R. S. (1972). Levels of processing : A framework for memory research. *Journal of Verbal Learning and Verbal Behavior*, **11**, 671-684.
Craik, F. I. M., & Watkins, M. J. (1973). The role of rehearsal in short-term memory. *Journal of Verbal Learning and Verbal Behavior*, **12**, 599-607.
Gardiner, J. M. (1988). Functional aspects of recollective experience. *Memory and Cognition*, **16**, 309-313.
Gardiner, J. M. (2002). Episodic memory and autonoetic consciousness : A first-person approach. In A. Baddeley, M. A. Conway, & J. P. Aggelton (Eds.), *Episodic memory : New directions in research* (pp.11-30). Oxford : Oxford University Press.
Gardiner, J. M., & Java, R. I. (1990). Recollective experience in word and nonword recognition. *Memory and Cognition*, **18**, 23-30.
Gardiner, J. M., & Parkin, A. J. (1990). Attention and recollective experience in recognition memory. *Memory and Cognition*, **18**, 579-583.
Godden, D. R., & Baddeley, A. D. (1975). Context-dependent memory in two natural environment : On land and underwater. *British Journal of Psychology*, **66**, 325-331.
Goodwin, D. W., Powell, B., Bremer, D., Hoine, H., & Stern, J. (1969). Alcohol and recall : State dependent effects in man. *Science*, **163**, 1358-1360.
Graf, P., & Schacter, D. L. (1987). Selective effects of interference on implicit and explicit memory for new associations. *Journal of Experimental Psychology : Learning, Memory, and Cognition*, **13**, 45-53.
Hyde, T. S., & Jenkins, J. J. (1969). Differential effects of incidental tasks on the organization of recall of a list of highly associated words. *Journal of Experimental Psychology*, **82**, 472-481.
Jacoby, L. L. (1991). A process dissociation framework : Separating automatic from intentional uses of memory. *Journal of Memory and Language*, **30**, 513-541.
Jacoby, L. L., Toth, J. P., & Yonelinas, A. P. (1993). Separating conscious and unconscious influences of memory : Measuring recollection. *Journal of Experimental Psychology : General*, **122**, 139-154.
Jiang, Y., & Wagner, L. C. (2004). What is learned in spatial contextual cueing : Configuration or individual locations? *Perception and Psychophysics*, **65**, 454-463.
Komatsu, S., & Ohta, N. (1984). Priming effects in word-fragment completion for short- and long-term retention intervals. *Japanese Psychological Research*, **26**, 194-200.
Meyer, D. E., & Schvaneveldt, R. W. (1971). Facilitation in recognizing pairs of words : Evidence of a dependence between retrieval operations. *Journal of Experimental Psychology*, **90**, 227-234.
Milner, B., Squire, L. R., & Kandel, E. R. (1998). Cognitive neuroscience and the study of memory. *Neuron*, **20**, 445-468.
Morris, C. D., Bransford, J. D., & Franks, J, J. (1977). Levels of processing versus transfer appropriate processing. *Journal of Verbal Learning and Verbal Behavior*, **16**, 519-533.
Neath, I., & Surprenant, A. M. (2003). *Human memory : An introduction to research, data,*

and theory. 2nd ed. Wadsworth.
太田信夫・多鹿秀継（編著）（2000）．記憶研究の最前線　北大路書房
Parkin, A. J., Gardiner, J. M., & Rosser, R. (1995). Functional aspects of recollective experience in face recognition. *Consciousness and Cognition*, **4**, 387-398.
Richardson-Klavehn, A., & Bjork, R. A. (1988). Measures of memory. *Annual Review of Psychology*, **39**, 475-543.
Schab, F. R. (1990). Odors and the remembrance of things past. *Journal of Experimental Psychology: Learning, Memory and Cognition*, **16**, 648-655.
Schacter, D. L., & Tulving, E. (1994). What are the memory systems of 1994? In D. L. Schacter, & E. Tulving (Eds.), *Memory systems* (pp.1-38). Cambridge, MA: MIT Press.
Scoville, W. B., & Milner, B. (1957). Loss of recent memory after bilateral hippocampal lesions. *Journal of Neurology, Neurosurgery, and Psychiatry*, **20**, 11-21.
Sherry, D. F., & Schacter, D. L. (1987). The evolution of multiple memory systems. *Psychological Review*, **94**, 439-454.
Smith, S. M. (1979). Remembering in and out of context. *Journal of Experimental Psychology: Human Learning and Memory*, **5**, 460-471.
Squire, L. R. (1986). Mechanisms of memory. *Science*, **232**, 1612-1619.
Squire, L. R. (1987). *Memory and brain*. New York: Oxford University Press.
Squire, L. R. (2004). Memory systems of the brain: A brief history and current perspective. *Neurobiology of Learning and Memory*, **82**, 171-177.
Stadler, M. A., & Frensch, P. A. (1998). *Handbook of implicit learning*. Thousand Oaks, CA: Sage.
Stein, B. S. (1978). Depth of processing re-examined: The effects of precision of encoding and test appropriateness. *Journal of Verbal Learning and Verbal Behavior*, **17**, 165-174.
Tulving, E. (1972). Episodic and semantic memory. In E. Tulving, & W. Donaldson (Eds.), *Organization of memory* (pp.381-403). New York: Academic Press.
Tulving, E. (1983). *Elements of episodic memory*. New York: Oxford University Press.
（タルヴィング，E.　太田信夫（訳）（1985）．タルヴィングの記憶理論――エピソード記憶の要素――　教育出版）
Tulving, E. (1985). Memory and consciousness. *Canadian Psychology*, **26**, 1-12.
Tuiving, E., Schacter, D. L., & Stark, H. (1982). Priming effects in word-fragment completion are independent of recognition memory. *Journal of Experimental Psychology: Learning, Memory, and Cognition*, **8**, 336-342.
Tulving, E., & Thomson, D. M. (1973). Encoding specificity and retrieval processes in episodic memory. *Psychological Review*, **80**, 352-373.
Warrington, E. K., & Weiskrantz, L. (1974). The effect of prior learning on subsequent retention in amnesia patients. *Neuropsychologia*, **12**, 419-428.
Weingartner, H., & Faillace, L. A. (1971). Alcohol state-dependent learning in man. *Journal of Nervous and Mental Disease*, **153**, 393-406.

第5章

Ashcraft, M. H. (1989). *Human memory and cognition*. Scott, Foresman and Company.
Atkinson, R. C., & Shiffrin, R. M. (1968). Human memory: A proposed system and its control processes. In K. W. Spence, & J. T. Spence (Eds.), *The psychology of learn-

ing and motivation (Vol. 2, pp.89-195). New York: Academic Press.

Baddeley, A. D. (1966). Short-term memory for word sequences as a function of acoustic, semantic, and formal similarity. *Quarterly Journal of Experimental Psychology*, **18**, 362-365.

Baddeley, A. (1982). *Your memory: A user's guide*. London: Book Club Associate.
（バッドリー，A. 川幡政道（訳）(1988). カラー図説 記憶力——そのしくみとはたらき—— 誠信書房）

Baddeley, A. D. (1986). *Working memory*. New York: Oxford University Press.

Baddeley, A. D. (1990). *Human memory*. London: Lawrence Erlbaum Associates.

Baddeley, A. D. (1996). Exploring the central executive. *Quarterly Journal of Experimental Psychology Section A: Human Experimental Psychology*, **49**, 5-28.

Baddeley, A. (2000). The episodic buffer: A new component of working memory? *Trends in Cognitive Sciences*, **4**, 417-423.

Baddeley, A. (2007). *Working memory, thought, and action*. Oxford University Press.
（バドリー，A. 井関龍太・齊藤 智・川﨑惠里子（訳）(2012). ワーキングメモリ——思考と行為の心理学的基盤—— 誠信書房）

Baddeley, A. D., Grant, S., Wight, E., & Thomson, N. (1975). Imagery and visual working memory. In P. M. A. Rabbitt, & S. Dorniĉ (Eds.), *Attention and performance V* (pp.205-217). London: Academic Press.

Baddeley, A. D., & Hitch, G. J. (1974). Working memory. In G. H. Bower (Ed.), *The psychology of learning and motivation* (Vol.8, pp.47-89). New York: Academic Press.

Baddeley, A. D., & Hitch, G. J. (1977). Recency re-examined. In S. Dorniĉ (Ed.), *Attention and performance VI* (pp.647-667). Hillsdale, NJ: Erlbaum.

Baddeley, A. D., Lewis, V. J., & Vallar, G. (1984). Exploring the articulatory loop. *Quarterly Journal of Experimental Psychology*, **36**, 233-252.

Baddeley, A. D., Thomson, N., & Buchanan, M. (1975). Word length and the structure of short-term memory. *Journal of Verbal Learning and Verbal Behavior*, **14**, 575-589.

Berch, D. B., Krikorian, R., & Huha, E. M. (1988). The Corsi block-tapping task: Methodological and theoretical considerations. *Brain and Cognition*, **38**, 317-338.

Bjork, R. A., & Whitten, W. B. (1974). Recency-sensitive retrieval processes in long-term free recall. *Cognitive Psychology*, **6**, 173-189.

Broadbent, D. E. (1958). *Perception and communication*. New York: Pergamon.

Brooks, L. R. (1968). Spatial and verbal components of the act of recall. *Canadian Journal of Psychology*, **22**, 349-368.

Brown, J. (1958). Some tests of the decay theory of immediate memory. *Quarterly Journal of Experimental Psychology*, **10**, 12-21.

Bruyer, R., & Scailquin, J. C. (1998). The visuospatial sketchpad for mental images: Testing the multicomponent model of working memory. *Acta Psychologica*, **98**, 17-26.

Colle, H. A., & Welsh, A. (1976). Acoustic masking in primary memory. *Journal of Verbal Learning and Verbal Behavior*, **15**, 17-32.

Conrad, R. (1964). Acoustic confusion in immediate memory. *British Journal of Psychology*, **55**, 75-84.

Conway, A. R. A., & Engle, R. W. (1996). Individual differences in working memory capacity: More evidence for a general capacity theory. *Memory*, **4**, 577-590.

Cowan, N. (1988). Evolving conceptions of memory storage, selective attention, and their mutual constraints within the human information processing system. *Psychologi-*

cal Bulletin, **104**, 163-191.
Cowan, N. (1995). *Attention and memory : An integrated framework*. New York : Oxford University Press.
Cowan, N. (2001). The magical number 4 in short-term memory : A reconsideration of mental storage capacity. *Behavioral and Brain Sciences*, **24**, 87-114.
Crowder, R. G. (1976). *Principles of learning and memory*. Hillsdale, NJ : Erlbaum.
Daneman, M., & Carpenter, P. A. (1980). Individual differences in working memory and reading. *Journal of Verbal Learning and Verbal Behavior*, **19**, 450-466.
Della Sala, S., Gray, C., Baddeley, A., Allamano, N., & Wilson, L. (1999). Pattern span : A tool for unwelding visuo-spatial memory. *Neuropsychologia*, **37**, 1189-1199.
Duff, S. C., & Logie, R. H. (2001). Processing and storage in working memory span. *Quarterly Journal of Experimental Psychology Section A : Human Experimental Psychology*, **54**, 31-48.
Ebbinghaus, H. (1885). *Über das Gedänis : Untersuchungen zur experimentellen Psychologie*. Leipzig : Duncker and Humboldt. (Reprinted as H. E. Ebbinghaus (1964). *Memory : A contribution to experimental psychology* (H. A. Ruger, Trans.). New York : Dover.)
(エビングハウス, H. 宇津木　保（訳）望月　衛（閲）(1978). 記憶について――実験心理学への貢献――　誠信書房)
Ellis, N. C., & Hennelly, R. A. (1980). A bilingual word-length effect : Implications for intelligence testing and the relative ease of mental calculations in Welsh and English. *British Journal of Psychology*, **71**, 43-52.
Engle, R., Kane, M. J., & Tuholski, S. W. (1999). Individual differences in working memory capacity and what they tell us about controlled attention, general fluid intelligence, and functions of the prefrontal cortex. In A. Miyake, & P. Shah (Eds.), *Models of working memory : Mechanisms of active maintenance and executive control* (pp.102-134). New York : Cambridge University Press.
Ericsson, K. A., & Kintsch, W. (1995). Long-term working memory. *Psychological Review*, **102**, 211-245.
Finke, R. A., & Slayton, K. (1988). Explorations of creative visual synthesis in mental imagery. *Memory and Cognition*, **16**, 252-257.
Gardiner, J. M., Craik, F. I. M., & Birtwistle, J. (1972). Retrieval cues and release from proactive inhibition. *Journal of Verbal Learning and Verbal Behavior*, **11**, 778-783.
Glanzer, M., & Cunitz, A. R. (1966). Two storage mechanisms in free recall. *Journal of Verbal Learning and Verbal Behavior*, **5**, 351-360.
Glenberg, A. M., Bradley, M. M., Kraus, T. A., & Renzaglia, G. J. (1983). Studies of the long-term recency effect : Support for the contextually guided retrieval hypothesis. *Journal of Experimental Psychology : Learning, Memory and Cognition*, **9**, 231-255.
Hitch, G. J. (2005). Working memory. In N. Braisby, & A. Gellatly (Eds.), *Cognitive psychology* (pp.307-341). Oxford University Press.
Jacobs, J. (1887). Experiments of 'prehension'. *Mind*, **12**, 75-79.
James, W. (1983). *The principles of psychology*. Cambridge, MA : Harvard University Press. (Original work published 1890, New York : Henry Holt)
Keppel, G., & Underwood, B. J. (1962). Proactive inhibition in short-term retention of single items. *Journal of Verbal Learning and Verbal Behavior*, **1**, 153-161.
Kikuchi, T. (1987). Temporal characteristics of visual memory. *Journal of Experimental Psychology : Human Perception and Performance*, **13**, 464-477.

Klauer, K. C., & Zhao, Z. (2004). Double dissociations in visual and spatial short-term memory. *Journal of Experimental Psychology: General*, **133**, 355–381.

Logie, R. H. (1986). Visuo-spatial processing in working memory. *Quaterly Journal of Experimental Psychology Section A: Human Experimental Psychology*, **38**, 229–247.

Logie, R. H. (1995). *Visuo-spatial working memory*. Hillsdale, NJ: Erlbaum.

Luck, S. J., & Vogel, E. K. (1997). The capacity of visual working memory for features and conjunctions. *Nature*, **390**, 279–281.

McGeoch, J. A. (1932). Forgetting and the law of disuse. *Psychological Review*, **39**, 352–370.

Miller, G. A. (1956). The magical number seven, plus or minus two: Some limits on our capacity for processing information. *Psychological Review*, **63**, 81–97.
（ミラー，G. A. 高田洋一郎（訳）(1972). 心理学への情報科学的アプローチ (pp.13–44) 培風館）

Miller, G. A., Galanter, E., & Pribram, K. (1960). *Plans and the structure of behavior*. New York: Holt, Rinehart & Winston.
（ミラー，G. A. ほか 十島雍蔵ほか（訳）(1980). プランと行動の構造——心理サイバネティクス序説—— 誠信書房）

Miyake, A., & Shah, P. (Eds.) (1999). *Models of working memory: Mechanisms of active maintenance and executive control*. New York: Cambridge University Press.

Murdock, B. B., Jr. (1962). The serial position effect of free recall. *Journal of Experimental Psychology*, **64**, 482–488.

Nairne, J. S. (2002). Remembering over the short-term: The case against the standard model. *Annual Review of Psychology*, **53**, 53–81.

Nairne, J. S., Neath, I., Serrra, M., & Byun, E. (1997). Positional distinctiveness and the ratio rule in free recall. *Journal of Memory and Language*, **37**, 155–166.

Neath, I., & Surprenant, A. M. (2003). *Human memory: An introduction to research, data, and theory*. 2nd ed. Belmont, CA: Wadsworth.

Orsini, A., Grossi, D., Capitani, E., Laiacona, M., Papagno, C., & Vallar, G. (1987). Verbal and spatial immediate memory span: Normative data from 1355 adults and 1112 children. *Italian Journal of Neurological Sciences*, **8**, 539–548.

苧阪満里子 (2002). ワーキングメモリ——脳のメモ帳—— 新曜社

Peterson, L. R., & Johnson, S. T. (1971). Some effects of minimizing articulation on short-term retention. *Journal of Verbal Learning and Verbal Behavior*, **10**, 346–354.

Peterson, L. R., & Peterson, M. J. (1959). Short-term retention of individual verbal items. *Journal of Experimental Psychology*, **58**, 193–198.

Phillips, W. A. (1974). On the distinction between sensory storage and short-term visual memory. *Perception and Psychophysics*, **16**, 283–290.

Phillips, W. A. (1983). Short-term visual memory. *Philosophical Transactions of the Royal Society B*, **302**, 295–309.

Phillips, W. A., & Christie, D. F. M. (1977). Components of visual memory. *Quarterly Journal of Experimental Psychology*, **29**, 117–133.

Posner, M. I., & Keele, S. W. (1967). Decay of visual information from a single letter. *Science*, **158**, 137–139.

Robbins, T. W., Anderson, E. J., Barker, D. R., Bradley, A. C., Fearnyhough, C., Henson, R., Hudson, S. R., & Baddeley, A. D. (1996). Working memory in chess. *Memory and Cognition*, **24**, 83–93.

Rundus, D., & Atkinson, R. C. (1970). Rehearsal processes in free recall : A procedure for direct observation. *Journal of Verbal Learning and Verbal Behavior*, **9**, 99–105.

齊藤　智・三宅　晶 (2000). リーディングスパン・テストをめぐる6つの仮説の比較検討　心理学評論, **43**, 387–410.

Saito, S., & Miyake, A. (2004). On the nature of forgetting and the processing-storage relationship in reading span performance. *Journal of Memory and Language*, **50**, 425–443.

Salamé, P., & Baddeley, A. D. (1982). Disruption of short-term memory by unattended speech : Implications for the structure of working memory. *Journal of Verbal Learning and Verbal Behavior*, **21**, 150–164.

佐藤浩一 (1988). 長期新近性効果の解釈をめぐる諸問題　心理学評論, **31**, 455–479.

Schneider, W., & Detweiler, M. (1987). A connectionist/control architecture for working memory. In G. H. Bower (Ed.), *The psychology of learning and motivation* (Vol.21, pp.53–119). New York : Academic Press.

Schweickert, R., & Boruff, B. (1986). Short-term memory capacity : Magic number or magic spell? *Journal of Experimental Psychology : Learning, Memory and Cognition*, **12**, 419–425.

Segal, S. J., & Fusella, V. (1970). Influence of imaged pictures and sounds in detection of visual and auditory signals. *Journal of Experimental Psychology*, **83**, 458–474.

Shallice, T., & Warrington, E. K. (1970). Independent functioning of verbal memory stores : A neuropsychological study. *Quarterly Journal of Experimental Psychology*, **22**, 261–273.

Shepard, R. N., & Metzler, J. (1971). Mental rotation of three-dimensional objects. *Science*, **171**, 701–703.

Shiffrin, R. M. (1993). Short-term memory : A brief commentary. *Memory and Cognition*, **21**, 193–197.

Sternberg, S. (1966). High-speed scanning in human memory. *Science*, **153**, 652–654.

Sternberg, S. (1969). The discovery of processing stages : Extension of Donders' method. In W. G. Koster (Ed.), *Attention and performance II* (pp.276–315). Amsterdam : North-Holland.

Towse, J. N., & Hitch, G. J. (1995). Is there a relationship between task demand and storage space in tests of working memory capacity? *Quarterly Journal of Experimental Psychology Section A : Human Experimental Psychology*, **48**, 108–124.

Turvey, M. T., Brick, P., & Osborn, J. (1970). Proactive interference in short-term memory as a function of prior-item retention interval. *Quarterly Journal of Experimental Psychology*, **22**, 142–147.

Turner, M. L., & Engle, R. W. (1989). Is working memory capacity task dependent? *Journal of Memory and Language*, **28**, 127–154.

Underwood, B. J. (1957). Interference and forgetting. *Psychological Review*, **64**, 49–60.

Watkins, M. J., Neath, I., & Sechler, E. S. (1989). Recency effect in recall of a word list when an immediate memory task is performed after each word presentation. *American Journal of Psychology*, **102**, 265–270.

Wickelgren,W. A. (1968). Sparing of short-term memory in an amnesic patient : Implications for a strength theory of memory. *Neuropsychologia*, **6**, 235–244.

Wickens, D. D. (1972). Characteristics of word encoding. In A. W. Melton, & E. Martin (Eds.), *Coding processes in human memory* (pp.191–215). Washington, DC : Winston.

第6章

Baddeley, A. (1982). *Your memory: A user's guide*. London: Multimedia Publications.
（バッドリー，A. 川端政道（訳）(1988). 記憶力——そのしくみとはたらき—— 誠信書房）
Baddeley, A. D. (1990). *Human memory: Theory and practice*. Hove, UK: Erlbaum.
Bahrick, H. P., Bahrick, P. O., & Wittlinger, R. P. (1975). Fifty years of memory for names and faces: A cross-sectional approach. *Journal of Experimental Psychology: General*, **104**, 54-75.
Brewer, W. F., & Treyens, J. C. (1981). Role of schemata in memory for places. *Cognitive Psychology*, **13**, 207-230.
Brown, A. L., & Scott, M. S. (1971). Recognition memory for pictures in preschool children. *Journal of Experimental Child Psychology*, **11**, 401-412.
Brown, E., Deffenbacher, K., & Sturgill, W. (1977). Memory for faces and the circumstances of encounter. *Journal of Applied Psychology*, **62**, 311-318.
Brown, R., & Kulik, J. (1977). Flashbulb memories. *Cognition*, **5**, 73-99.
Colegrove, F. W. (1899). Individual memories. *American Journal of Psychology*, **10**, 228-255.
Conway, M. A. (1995). *Flashbulb memories*. Hove, UK: Erlbaum.
Conway, M. A., & Holmes, E. A. (2005). Autobiographical memory and the working self. In N. Braisby, & A. Gellatly (Eds.), *Cognitive psychology* (p.507-543). Oxford.
Conway, M. A., & Pleydell-Pearce, C. W. (2000). The construction of autobiographical memories in the self-memory system. *Psychological Review*, **107**, 261-288.
Fivush, R., Haden, C., & Reese, E. (1996). Remembering, recounting, and reminiscing: The development of autobiographical memory in social context. In D. C. Rubin (Ed.), *Remembering our past: Studies in autobiographical memory* (pp.341-359). Cambridge: Cambridge University Press.
Geiselman, R. E., & Fisher, R. P. (1997). Ten years of cognitive interviewing. In. D. G. Payne, & F. G. Conrad (Eds.), *Intersections in basic and applied memory research* (pp.291-310). Mahwah, NJ: Earlbaum.
Geiselman, R. E., Fisher, R. P., MacKinnon, D. P., & Holland, H. L. (1985). Eyewitness memory enhancement in the police interview: Cognitive retrieval mnemonics versus hypnosis. *Journal of Applied Psychology*, **70**, 401-412.
Hartshorn, K., Rovee-Collier, C., Gerhardstein, P., Bhatt, R. S., Wondoloski, T. L., Klein, P., Gilch, J., Wurtzel, N., & Campos-de-Carvalho, M. (1998). The ontogeny of long-term memory over the first year-and-a-half of life. *Developmental Psychobiology*, **32**, 1-31.
井上 毅・佐藤浩一（編著）(2002). 日常認知の心理学 北大路書房
Köehnken, G., Milne, R., Memon, A., & Bull, R. (1999). The cognitive interview: A meta-analysis. *Psychology Crime and Law*, **5**, 3-27.
Linton, M. (1975). Memory for real-world events. In D. A. Norman, & D. E. Rumelhart (Eds.), *Explorations in cognition* (pp.376-404). San Francisco: Freeman.
Loftus, E. F., & Palmer, J. C. (1974). Reconstruction of automobile destruction: An example of the interaction between language and memory. *Journal of Verbal Learning and Verbal Behavior*, **13**, 585-589.
Loftus, E. F., Miller, D. G., & Burns, H. J. (1978). Semantic integration of verbal information into a visual memory. *Journal of Experimental Psychology: Human Learning*

and Memory, **4**, 19-31.

Loftus, E. F. (1979). *Eyewitness testimony*. Cambridge, MA: Harvard University Press.
(ロフタス, E. F. 西本武彦 (訳) (1987). 目撃者の証言 誠信書房)

Neisser, U. (1982). *Memory observed : Remembering in natural contexts*. San Francisco : Freeman.
(ナイサー, U. (編) 富田達彦 (訳) (1988-1989). 観察された記憶 (上・下)——自然文脈での想起—— 誠信書房)

Neisser, U., & Harsch, N. (1992). Phantom flashbulbs : False recollections of hearing news about Challenger. In E. Winograd, & U. Neisser (Eds.), *Affect and accuracy in recall : Studies of "flashbulb" memories* (pp.9-31). New York : Cambridge University Press.

Nickerson, R. S., & Adams, M. J. (1979). Long-term memory for a common object. *Cognitive Psychology*, **11**, 287-307.

Pezdek, K., Whetstone, T., Reynolds, K., Askari, N., & Dougherty, T. (1989). Memory for real-world scenes : The role of consistency with schema expectation. *Journal of Experimental Psychology : Learning, Memory, and Cognition*, **15**, 587-595.

Rovee-Collier, C. (1999). The development of infant memory. *Current Directions in Psychological Science*, **8**, 80-85.

Rovee-Collier, C., Hartshorn, K., & DiRubbo, M. (1999). Long-term maintenance of infant memory. *Developmental Psychobiology*, **35**, 91-102.

Rubin, D. C., & Schulkind, M. D. (1997). The distribution of autobiographical memories across the lifespan. *Memory and Cognition*, **25**, 859-866.

Rubin, D. C., Wetzler, S. E., & Nebes, R. D. (1986). Autobiographical memory across the life span. In D. C. Rubin (Ed.), *Autobiographical memory* (pp.202-222). Cambridge : Cambridge University Press.

Shepard, R. N. (1967). Recognition memory for words, sentences, and pictures. *Journal of Verbal Learning and Verbal Behavior*, **6**, 156-163.

Standing, L., Conezio, J., & Haber, R. N. (1970). Perception and memory for pictures : Single-trial learning of 2500 visual stimuli. *Psychonomic Science*, **19**, 73-74.

Standing, L. (1973). Learning 10,000 pictures. *Quarterly Journal of Experimental Psychology*, **25**, 207-222.

Talarico, J. M., & Rubin, D. C. (2003). Confidence, not consistency, characterizes flashbulb memories. *Psychological Science*, **14**, 455-461.

Wagenaar, W. A. (1986). My memory : A study of autobiographical memory over six years. *Cognitive Psychology*, **18**, 225-252.

Weaver, C. A., III. (1993). Do you need a "flash" to form a flashbulb memory? *Journal of Experimental Psychology : General*, **122**, 39-46.

Winningham, R. G., Hyman, I. E. Jr., & Dinnel, D. L. (2000). Flashbulb memories? The effects of when the initial memory report was obtained. *Memory*, **8**, 209-216.

Winograd, E., & Neisser, U. (Eds.) (1992). *Affect and accuracy in recall : Studies of "flashbulb" memories*. New York : Cambridge University Press.

第 7 章

Anderson, J. R. (1976). *Language, memory, and thought*. Hillsdale, NJ : Lawrence Erlbaum Associates.

Aziz-Zadeh, L., Wilson, S. M., Rizzolatti, G., & Iacoboni, M. (2006). Congruent embodied representations for visually presented actions and linguistic phrases describing actions. *Current Biology*, **16**, 1818–1823.

Bartlett, F. C. (1932). *Remembering: A study in experimental and social psychology*. Cambridge University Press.
（バートレット，F. C.　宇津木　保・辻　正三（訳）（1983）．想起の心理学――実験的社会的心理学における一研究――　誠信書房）

Battig, W. F., & Montague, W. E. (1969). Category norms of verbal items in 56 categories: A replication and extension of the Connecticut category norms. *Journal of Experimental Psychology*, **80**, 1–46.

Bower, G. H., Black, J. B., & Turner, T. J. (1979). Scripts in memory for text. *Cognitive Psychology*, **11**, 177–220.

Bransford, J. D., & Franks, J. J. (1971). The abstraction of linguistic ideas. *Cognitive Psychology*, **2**, 331–350.

Cohen, G. (1989). *Memory in the real world*. Lawrence Erlbaum Associates.
（コーエン，G.　川口　潤（訳者代表）（1992）．日常記憶の心理学　サイエンス社）

Collins, A. M., & Quillian, M. R. (1969). Retrieval time from semantic memory. *Journal of Verbal Learning and Verbal Behavior*, **8**, 240–247.

Collins, A. M., & Loftus, E. F. (1975). A spreading activation theory of semantic processing. *Psychological Review*, **82**, 407–428.

Fletcher, C. R. (1994). Levels of representation in memory for discourse. In M. A. Gernsbacher (Ed.), *Handbook of psycholinguistics* (pp.589–607). New York: Academic Press.

Glenberg, A. M., & Kaschak, M. P. (2002). Grounding language in action. *Psychonomic Bulletin and Review*, **9**, 558–565.

Hauk, O., Johnsrude, I., & Pulvermüller, F. (2004). Somatotopic representation of action words in human motor and premotor cortex. *Neuron*, **41**, 301–307.

Heider, E. R. (1972). Universals in color naming and memory. *Journal of Experimental Psychology*, **93**, 10–20.

Hutchison, K. A. (2003). Is semantic priming due to association strength or feature overlap? A microanalytic review. *Psychonomic Bulletin and Review*, **10**, 785–813.

今井むつみ（2010）．ことばと思考　岩波書店

Kaup, B., Yaxley, R. H., Madden, C. J., Zwaan, R. A., & Lüdtke, J. (2007). Experiential simulations of negated text information. *Quarterly Journal of Experimental Psychology*, **60**, 976–990.

川﨑惠里子（1991）．知識の構造と文章理解　箱田裕司（編）認知科学のフロンティアⅠ（pp.31-72）　サイエンス社

Kay, P., & Kempton, W. (1984). What is the Sapir-Whorf hypothesis? *American Anthropologist*, **86**, 65–79.

Kintsch, W. (1994). Text comprehension, memory, and learning. *American Psychologist*, **49**, 294–303.

Kintsch, W. (1998). *Comprehension: A paradigm for cognition*. New York: Cambridge University Press.

Kintsch, W., Welsch, D., Schmalhofer, F., & Zimny, S. (1990). Sentence memory: A theoretical analysis. *Journal of Memory and Language*, **29**, 133–159.

Knoeferle, P., Crocker, M. W., & Pulvermüller, F. (2010). Sentence processing and embodiment. *Brain and Language*, **112**, 137–142.

Lachman, R., Lachman, J. L., & Buttefield, E. C. (1979). *Cognitive Psychology and information processing : An introduction*. Lawrence Erlbaum Associates.
(ラックマン, R.・ラックマン, J. L.・バターフィールド, E. C. 箱田裕司・鈴木光太郎 (監訳)(1988). 認知心理学と人間の情報処理Ⅱ——意識と記憶—— サイエンス社)
Lambon Ralph, M. A., & Patterson, K. (2008). Generalization and differentiation in semantic memory : Insights from semantic dementia. *Annals of the New York Academy of Sciences*, **1124**, 61-76.
Lucas, M. (2000). Semantic priming without association : A meta-analytic review. *Psychonomic Bulletin and Review*, **7**, 618-630.
Marmolejo-Ramos, F., Elosúa, M. R., Gygax, P., Madden, C. J., & Roa, S. M. (2009). Reading between the lines : The activation of background knowledge during text comprehension. *Pragmatics and Cognition*, **17**, 77-107.
Meyer, D. E., Schvaneveldt, R. W., & Ruddy, M. G. (1975). Loci of contextual effects in visual word recognition. In P. M. A. Rabitt, & S. Dornic (Eds.), *Attention and performance V* (pp.98-118). Academic Press.
Neely, J. H., & Kahan, T. A. (2001). Is semantic activation automatic? A critical re-evaluation. In H. L. Roediger Ⅲ, J. S. Nairne, I. Neath, & A. M. Surprenant (Eds.), *The nature of remembering : Essays in honor of Robert G. Crowder* (pp.69-93). Washington, DC : American Psychological Association.
Norman, D. A. (1981). Categorization of action slips. *Psychological Review*, **88**, 1-15.
Reason, J. T. (1979). Actions not as planned : The price of automatization. In G. Underwood, & R. Stevens (Eds.), *Aspects of consciousness* (Vol.1, pp.67-89). London : Academic Press.
Rips, L., Shoben, E., & Smith, E. (1973). Semantic distance and the verification of semantic relations. *Journal of Verbal Learning and Verbal Behavior*, **12**, 1-20.
Rogers, T. T., Lambon Ralph, M. A., Garrard, P., Bozeat, S., McClelland, J. L., Hodges, J. R., & Patterson, K. (2004). Structure and deterioration of semantic memory : A neuropsychological and computational investigation. *Psychological Review*, **111**, 205-235.
Rumelhart, D. E., & Norman, D. A. (1988). Representation in memory. In R. C. Atkinson, R. J. Herrnstein, G. Lindsey, & R. D. Luce (Eds.), *Stevens' handbook of experimental psychology : Learning and cognition* (Vol.2, pp.511-587). John Wiley & Sons.
Schank, R. C. (1982). *Dynamic memory : A theory of reminding and learning in computers and people*. Cambridge : Cambridge University Press.
Schank, R. C., & Abelson, R. (1977). *Scripts, plans, goals and understanding : An inquiry into human knowledge structures*. Hillsdale, NJ : Lawrence Erlbaum Associates.
Smith, E. E., Shoben, E. J., & Rips, L. J. (1974). Structure and process in semantic memory : A featural model for semantic decisions. *Psychological Review*, **81**, 214-241.
Stanfield, R. A., & Zwaan, R. A. (2001). The effect of implied orientation derived from verbal context on picture recognition. *Psychological Science*, **12**, 153-156.
Thorndyke, P. W. (1977). Cognitive structures in comprehension and memory of narrative discourse. *Cognitive Psychology*, **9**, 77-110.
Trabasso, T., & Sperry, L. L. (1985). Causal relatedness and importance of story events. *Journal of Memory and Language*, **24**, 595-611.
Trabasso, T., & van den Broek, P. (1985). Causal thinking and the representation of narrative events. *Journal of Memory and Language*, **24**, 612-630.

van den Broek, P.（1990）. The causal inference maker : Towards a process model of inference generation in text comprehension. In D. A. Balota, G. B. Flores d'Arcais, & K. Rayner（Eds.）, *Comprehension processes in reading*（pp.423-445）. Hillsdale, NJ : Lawrence Erlbaum Associates.

Xu, F.（2002）. The role of language in acquiring object kind concepts in infancy. *Cognition*, **85**, 223-250.

Zwaan, R. A.（2004）. The immersed experiencer : Toward an embodied theory of language comprehension. In B. H. Ross（Ed.）, *The psychology of learning and motivation*（Vol.44, pp.35-62）. New York : Academic Press.

Zwaan, R. A., & Radvansky, G. A.（1998）. Situation models in language comprehension and memory. *Psychological Review*, **123**, 162-185.

Zwaan, R. A., Stanfield, R. A., & Yaxley, R. H.（2002）. Language comprehenders mentally represent the shapes of objects. *Psychological Science*, **13**, 168-171.

Zwaan, R. A., & Taylor, L. J.（2006）. Seeing, acting, understanding : Motor resonance in language comprehension. *Journal of Experimental Psychology : General*, **135**, 1-11.

第8章

Ariely, D.（2009）. *Predictably irrational : The hidden forces that shape our decisions*. Revised & Expanded ed. New York, NY : Harper.
（アリエリー，D. 熊谷淳子（訳）（2010）. 予想どおりに不合理［増補版］——行動経済学が明かす「あなたがそれを選ぶわけ」—— 早川書房）

Blanchette, I., & Dunbar, K.（2000）. How analogies are generated : The roles of structural and superficial similarity. *Memory and Cognition*, **28**, 108-124.

Cheng, P. W., & Holyoak, K. J.（1985）. Pragmatic reasoning schemas. *Cognitive Psychology*, **17**, 391-416.

Cheng, P. W., Holyoak, K. J., Nisbett, R. E., & Oliver, L. M.（1986）. Pragmatic versus syntactic approaches to training deductive reasoning. *Cognitive Psychology*, **18**, 293-328.

Cosmides, L.（1989）. The logic of social exchange : Has natural selection shaped how humans reason? Studies with the Wason selection task. *Cognition*, **31**, 187-276.

D'Andrade, R.（1982, April）. Reason versus logic. *Paper presented at the Symposium on the Ecology of Cognition : Biological, Cultural, and Historical Perspectives*（Greensboro, NC）.

Dunbar, K., & Blanchette, I.（2001）. The in vivo/in vitro approach to cognition : The case of analogy. *Trends in Cognitive Sciences*, **5**, 334-339.

Duncker, K.（1945）. On problem-solving（L. S. Lees, Trans.）. *Psychological Monographs : General and Applied*, No.270.（Original work published 1935）

Eddy, D. M.（1982）. Probabilistic reasoning in clinical medicine : Problems and opportunities. In D. Kahneman, P. Slovic, & A. Tversky（Eds.）, *Judgment under uncertainty : Heuristics and biases*（pp.249-267）. Cambridge, UK : Cambridge University Press.

Evans, J. St. B. T., Barston, J. L., & Pollard, P.（1983）. On the conflict between logic and belief in syllogistic reasoning. *Memory and Cognition*, **11**, 295-306.

Evans, J. St. B. T., Handley, S. J., & Harper, C. N. J.（2001）. Necessity, possibility and belief : A study of syllogistic reasoning. *Quarterly Journal of Experimental Psychology Section A : Human Experimental Psychology*, **54**, 935-958.

Gick, M. L., & Holyoak, K. J. (1980). Analogical problem solving. *Cognitive Psychology*, **12**, 306-355.
Gigerenzer, G., & Hug, K. (1992). Domain-specific reasoning : Social contracts, cheating, and perspective change. *Cognition*, **43**, 127-171.
Gilovich, T., Vallone, R., & Tversky, A. (1985). The hot hand in basketball : On the misperception of random sequences. *Cognitive Psychology*, **17**, 295-314.
Griggs, R. A., & Cox, J. R. (1982). The elusive thematic-materials effect in Wason's selection task. *British Journal of Psychology*, **73**, 407-420.
服部雅史（2012）．思考　田中忠行・須藤　昇（共編）基礎心理学入門（p.195）　培風館
Hattori, M., & Nishida, Y. (2009). Why does the base rate appear to be ignored? The equiprobability hypothesis. *Psychonomic Bulletin and Review*, **16**, 1065-1070.
Iyengar, S. S., & Lepper, M. R. (2000). When choice is demotivating : Can one desire too much of a good thing? *Journal of Personality and Social Psychology*, **79**, 995-1006.
Johnson, E. J., Hershey, J., Meszaros, J., & Kunreuther, H. (1993). Framing, probability distortions, and insurance decisions. *Journal of Risk and Uncertainty*, **7**, 35-51.
Johnson-Laird, P. N. (1983). *Mental models : Towards a cognitive science of language, inference and consciousness*. Cambridge, UK : Cambridge University Press.
Johnson-Laird, P. N., & Bara, B. G. (1984). Syllogistic inference. *Cognition*, **16**, 1-61.
Kahneman, D., Knetsch, J. L., & Thaler, R. H. (1990). Experimental tests of the endowment effect and the Coase theorem. *Journal of Political Economy*, **98**, 1325-1348.
Kahneman, D., & Tversky, A. (1972). Subjective probability : A judgment of representativeness. *Cognitive Psychology*, **3**, 430-454.
Kahneman, D., & Tversky, A. (1979). Prospect theory : An analysis of decision under risk. *Econometrica*, **47**, 263-291.
Köhler, W. (1925). *The mentality of apes* (E. Winter, Trans.). New York : Harcourt Brace.
Luger, G. F., & Bauer, M. A. (1978). Transfer effects in isomorphic problem situations. *Acta Psychologica*, **42**, 121-131.
Manktelow, K. I., & Evans, J. St. B. T. (1979). Facilitation of reasoning by realism : Effect or non-effect? *British Journal of Psychology*, **70**, 477-488.
松原　望（1985）．新版　意思決定の基礎　朝倉書店
Ohlsson, S. (1992). Information-processing explanations of insight and related phenomena. In M. T. Keane, & K. J. Gilhooly (Eds.), *Advances in the psychology of thinking* (Vol.1, pp.1-44). New York : Harvester Wheatsheaf.
Politzer, G. (2004). Some precursors of current theories of syllogistic reasoning. In K. Manktelow, & M. C. Chung (Eds.), *Psychology of reasoning : Theoretical and historical perspectives* (pp.213-240). Hove, UK : Psychology Press.
Schwartz, B. (2004). *The paradox of choice*. New York : HarperCollins.
（シュワルツ，B.　瑞穂のりこ（訳）（2012）．なぜ選ぶたびに後悔するのか［新装版］──オプション過剰時代の賢い選択術──　武田ランダムハウスジャパン）
Simon, H. A., & Hayes, J. R. (1976). The understanding process : Problem isomorphs. *Cognitive Psychology*, **8**, 165-190.
Simonson, I. (1989). Choice based on reasons : The case of attraction and compromise effects. *Journal of Consumer Research*, **16**, 158-174.
Thorndike, E. L. (1898). *Animal intelligence : An experimental study of the associative*

processes in animals. New York : Macmillan.
Tversky, A., & Kahneman, D.（1971）. Belief in the law of small numbers. *Psychological Bulletin*, **76**, 105-110.
Tversky, A., & Kahneman, D.（1973）. Availability : A heuristic for judging frequency and probability. *Cognitive Psychology*, **5**, 207-232.
Tversky, A., & Kahneman, D.（1980）. Causal schemas in judgments under uncertainty. In M. Fishbein（Ed.）, *Progress in social psychology*（Vol.1, pp.49-72）. Hillsdale, NJ : Erlbaum.
Tversky, A., & Kahneman, D.（1981）. The framing of decisions and the psychology of choice. *Science*, **211**, 453-458.
Tversky, A., & Kahneman, D.（1983）. Extensional versus intuitive reasoning : The conjunction fallacy in probability judgment. *Psychological Review*, **90**, 293-315.
Wason, P. C.（1960）. On the failure to eliminate hypotheses in a conceptual task. *Quarterly Journal of Experimental Psychology*, **12**, 129-140.
Wason, P. C.（1966）. Reasoning. In B. M. Foss（Ed.）, *New horizons in psychology*（pp.135-151）. Harmondsworth, UK : Penguin.
Wason, P. C., & Johnson-Laird, P. N.（1972）. *Psychology of reasoning : Structure and content.* Cambridge, MA : Harvard University Press.
Woodworth, R. S., & Sells, S. B.（1935）. An atmosphere effect in formal syllogistic reasoning. *Journal of Experimental Psychology*, **18**, 451-460.
Zhang, J., & Norman, D. A.（1994）. Representations in distributed cognitive tasks. *Cognitive Science*, **18**, 87-122.

第9章

Chen, L., & Rogers, T. T.（2015）. A model of emergent category-specific activation in the posterior fusiform gyrus of sighted and congenitally blind populations. *Journal of Cognitive Neuroscience*, **27**, 1981-1999.
Cohen, J. D., & Servan-Schreiber, D.（1992）. Context, cortex, and dopamine : A connectionist approach to behavior and biology in schizophrenia. *Psychological Review*, **99**, 45-77.
Collins, A. M., & Quillian, M. R.（1969）. Retrieval time from semantic memory. *Journal of Verbal Learning and Verbal Behavior*, **8**, 240-247.
Coltheart, M.（1978）. Lexical access in simple reading tasks. In G. Underwood（Ed.）, *Strategies of information processing*（pp.151-216）. New York : Academic Press.
Coltheart, M.（1996）. Phonological dyslexia : Past and future issues. *Cognitive Neuropsychology*, **13**, 749-762.
Coltheart, M., Rastle, K., Perry, C., Langdon, R., & Ziegler, J.（2001）. DRC : A dual route cascaded model of visual word recognition and reading aloud. *Psychological Review*, **108**, 204-256.
Coltheart, M., Tree, J. J., & Saunders, S. J.（2010）. Computational modeling of reading in semantic dementia : Comment on Woollams, Lambon Ralph, Plaut, and Patterson（2007）. *Psychological Review*, **117**, 256-272.
Daugherty, K. G, & Seidenberg, M. S.（1994）. Beyond rules and exceptions : A connectionist modeling approach to inflectional morphology. In S. D. Lima, R. L. Corrigan, & G. K. Iverson（Eds.）, *The reality of linguistic rules*（Vol.26, pp.353-388）. Amsterdam : John Benjamins.

Dell, G. S., Schwartz, M. F., Martin, N., Saffran, E. M., & Gagnon, D. A. (1997). Lexical access in aphasic and nonaphasic speakers. *Psychological Review*, **104**, 801-838.

Dilkina, K., McClelland, J. L., & Plaut, D. C. (2008). A single-system account of semantic and lexical deficits in five semantic dementia patients. *Cognitive Neuropsychology*, **25**, 136-164.

Elman, J. L., Bates, E., Johnson, M. H., Karmiloff-Smith, A., Parisi, D., & Plunkett, K. (1996). *Rethinking innateness: A connectionist perspective on development*. Cambridge, MA: MIT Press.
（エルマン, J. L.・ベイツ, E. A.・ジョンソン, M. H.・カーミロフ=スミス, A.・パーリッシ, D.・プランケット, K. 乾 敏郎・今井むつみ・山下博志（訳）(1998). 認知発達と生得性――心はどこから来るのか―― 共立出版）

Graham, K. S., Hodges, J. R., & Patterson, K. (1994). The relationship between comprehension and oral reading in progressive fluent aphasia. *Neuropsychologia*, **32**, 299-316.

Harm, M. W., & Seidenberg, M. S. (1999). Phonology, reading acquisition, and dyslexia: Insights from connectionist models. *Psychological Review*, **106**, 491-528.

Hebb, D. O. (1949). *The organization of behavior: A neuropsychological theory*. New York: Wiley.
（ヘッブ, D. O. 鹿取廣人・金城辰夫・鈴木光太郎・鳥居修晃・渡邊正孝（訳）(2011). 行動の機構（上・下）――脳メカニズムから心理学へ―― 岩波書店）

Hinton, G. E., & Salakhutdinov, R. R. (2006). Reducing the dimensionality of data with neural networks. *Science*, **313**, 504-507.

Hodges, J. R., Patterson, K., Oxbury, S., & Funnell, E. (1992). Semantic dementia: Progressive fluent aphasia with temporal lobe atrophy. *Brain*, **115**, 1783-1806.

伊集院睦雄（2005）. 単語の読み書き障害への認知神経心理学的アプローチ 笹沼澄子（編）辰巳 格（編集協力）言語コミュニケーション障害の新しい視点と介入理論（pp.131-156） 医学書院

Ijuin, M., Fushimi, T., Patterson, K., Sakuma, N., Tanaka, M., Tatsumi, I., Kondo, T., & Amano, S. (2000). A connectionist approach to naming disorders of Japanese in dyslexic patients. Proceedings of the 6 th. *International Conference on Spoken Language Processing*, Vol. II, 32-37.

Lambon Ralph, M. A. (2014). Neurocognitive insights on conceptual knowledge and its breakdown. *Philosophical Transactions of the Royal Society B: Biological Sciences*, **369** (1634), 20120392.

Manis, F. R., Seidenberg, M. S., Doi, L. M., McBride-Chang, C., & Petersen, A. (1996). On the bases of two subtypes of developmental dyslexia. *Cognition*, **58**, 157-195.

Marcus, G. F., Brinkmann, U., Clahsen, H., Wiese, R., & Pinker, S. (1995). German inflection: The exception that proves the rule. *Cognitive Psychology*, **29**, 189-256.

McClelland, J. L. (1985). Putting knowledge in its place: A scheme for programming parallel processing structures on the fly. *Cognitive Science*, **9**, 113-146.

McClelland, J. L., & Rumelhart, D. E. (1981). An interactive activation model of context effects in letter perception: Part 1: An account of basic findings. *Psychological Review*, **88**, 375-407.

McClelland, J. L., Rumelhart, D. E., & The PDP Research Group (1986). *Parallel distributed processing: Explorations in the microstructure of cognition*. Vol.2. *Psychological and biological models*. Cambridge, MA: MIT press.

(マクレランド, J. L.・ラメルハート, D. E.・PDP リサーチグループ 甘利俊一(監訳)(1989). PDP モデル──認知科学とニューロン回路網の探索── 産業図書)
McCulloch, W. S., & Pitts, W. (1943). A logical calculus of the ideas immanent in nervous activity. *Bulletin of Mathematical Biophysics*, **5**, 115-133.
Minsky, M., & Papert, S. (1969). *Perceptrons*. Cambridge, MA: MIT Press.
(ミンスキー, M.・パパート, S. 中野 馨・阪口 豊(訳)(1993). パーセプトロン パーソナルメディア)
Patterson, K., & Hodges, J. R. (1992). Deterioration of word meaning: Implications for reading. *Neuropsychologia*, **30**, 1025-1040.
Patterson, K., Lambon Ralph, M. A., Jefferies, E., Woollams, A., Jones, R., Hodges, J. R., & Rogers, T. T. (2006). "Presemantic" cognition in semantic dementia: Six deficits in search of an explanation. *Journal of Cognitive Neuroscience*, **18**, 169-183.
Patterson, K., & Marcel, A. J. (1992). Phonological ALEXIA of PHONOLOGICAL alexia? In J. Alegria, D. Holender, J. J. de Morais, & M. Radeau (Eds.), *Analytic approaches to human cognition* (pp.259-274). New York: Elsevier.
Patterson, K., Nestor, P. J., & Rogers, T. T. (2007). Where do you know what you know? The representation of semantic knowledge in the human brain. *Nature Reviews Neuroscience*, **8**, 976-987.
Pinker, S., & Prince, A. (1994). Regular and irregular morphology and the psychological status of rules of grammar. In S. D. Lima, R. Corrigan, & G. K. Iverson (Eds.), *The reality of linguistic rules* (Vol. 26, pp.321-351). Amsterdam: Jon Benjamin.
Plaut, D. C. (2002). Graded modality-specific specialisation in semantics: A computational account of optic aphasia. *Cognitive Neuropsychology*, **19**, 603-639.
Plaut, D. C., & Behrmann, M. (2011). Complementary neural representations for faces and words: A computational exploration. *Cognitive Neuropsychology*, **28**, 251-275.
Plaut, D. C., McClelland, J. L., & Seidenberg, M. S. (1995). Reading exception words and pseudowords: Are two routes really necessary? In J. P. Levy, D. Bairaktaris, J. Bullinaria, & P. Cairns (Eds.), *Connectionist models of memory and language* (pp.145-159). London: UCL Press.
Plaut, D. C., McClelland, J. L., Seidenberg, M. S., & Patterson, K. (1996). Understanding normal and impaired word reading: Computational principles in quasi-regular domains. *Psychological Review*, **103**, 56-115.
Plaut, D. C., & Shallice, T. (1993). Deep dyslexia: A case study of connectionist neuropsychology. *Cognitive Neuropsychology*, **10**, 377-500.
Quillian, M. R. (1968). Semantic memory. In M. Minsky (Ed.), *Semantic information processing* (pp.227-270). Cambridge, MA: MIT Press.
Rogers, T. T., Lambon Ralph, M. A., Garrard, P., Bozeat, S., McClelland, J. L., Hodges, J. R., & Patterson, K. (2004). Structure and deterioration of semantic memory: A neuropsychological and computational investigation. *Psychological Review*, **111**, 205-235.
Rogers, T. T., & McClelland, J. L. (2004). *Semantic cognition: A parallel distributed processing approach*. Cambridge, MA: MIT Press.
Rosenblatt, F. (1958). The perceptron: A probabilistic model for information storage and organization in the brain. *Psychological Review*, **65**, 386-408.
Rumelhart, D. E. (1989). The architecture of mind: A connectionist approach. In M. I. Posner (Ed.), *Foundations of cognitive science* (pp.133-159). Cambridge, MA: MIT

Press.
(ラメルハート, D. E. 麻生英樹（訳）(1991). 心のアーキテクチャ——コネクショニスト・アプローチ—— ポズナー, M. I.（編）佐伯 胖・土屋 俊（監訳）認知科学の基礎1 概念と方法（pp.173-206） 産業図書）

Rumelhart, D. E. (1990). Brain style computation: Learning and generalization. In S. F. Zornetzer, J. L. Davis, & C. Lau (Eds.), *An introduction to neural and electronic networks* (pp.405-420). San Diego, CA: Academic Press Professional.

Rumelhart, D. E., & McClelland, J. L. (1982). An interactive activation model of context effects in letter perception: Part 2: The contextual enhancement effect and some tests and extensions of the model. *Psychological Review*, **89**, 60-94.

Rumelhart, D. E., McClelland, J. L., & The PDP Research Group (1986). *Parallel distributed processing: Explorations in the microstructure of cognition.* Vol.1. *Foundations.* Cambridge, MA: MIT Press.
(ラメルハート, D. E.・マクレランド, J. L.・PDP リサーチグループ 甘利俊一（監訳）(1989). PDP モデル——認知科学とニューロン回路網の探索—— 産業図書）

Rumelhart, D. E, & Todd, P. M. (1993). Learning and connectionist representations. In D. E. Meyer, & S. Kornblum (Eds.), *Attention and performance XIV: Synergies in experimental psychology, artificial intelligence, and cognitive neuroscience* (pp.3-30). Cambridge, MA: MIT Press/Bradford Books.

Seidenberg, M. S., & McClelland, J. L. (1989). A distributed, developmental model of word recognition and naming. *Psychological Review*, **96**, 523-568.

Seidenberg, M. S., Petersen, A. S., MacDonald, M. C., & Plaut, D. C. (1996). Pseudohomophone effects and models of word recognition. *Journal of Experimental Psychology: Learning, Memory, and Cognition*, **22**, 48-62.

Seidenberg, M. S, & Plaut, D. C. (2006). Progress in understanding word reading: Data fitting versus theory building. In S. Andrews (Ed.), *From inkmarks to ideas: Current issues in lexical processing* (pp.25-49). Hove, UK: Psychology Press.

Seidenberg, M. S., Plaut, D. C., Petersen, A. S., McClelland, J. L., & McRae, K. (1994). Nonword pronunciation and models of word recognition. *Journal of Experimental Psychology: Human Perception and Performance*, **20**, 1177-1196.

Snowden, J. S., Goulding, P. J., & Neary, D. (1989). Semantic dementia: A form of circumscribed cerebral atrophy. *Behavioural Neurology*, **2**, 167-182.

Ueno, T., Saito, S., Rogers, T. T., & Lambon Ralph, M. A. (2011). Lichtheim 2: Synthesizing aphasia and the neural basis of language in a neurocomputational model of the dual dorsal-ventral language pathways. *Neuron*, **72**, 385-396.

Warrington, E. K. (1975). The selective impairment of semantic memory. *Quarterly Journal of Experimental Psychology*, **27**, 635-657.

Welbourne, S. R., & Lambon Ralph, M. A. (2007). Using parallel distributed processing models to simulate phonological dyslexia: The key role of plasticity-related recovery. *Journal of Cognitive Neuroscience*, **19**, 1125-1139.

Welbourne, S. R., Woollams, A. M., Crisp, J., & Lambon Ralph, M. A. (2011). The role of plasticity-related functional reorganization in the explanation of central dyslexias. *Cognitive Neuropsychology*, **28**, 65-108.

Woollams, A. M., Lambon Ralph, M. A., Plaut, D. C., & Patterson, K. (2007). SD-squared: On the association between semantic dementia and surface dyslexia. *Psychological Review*, **114**, 316-339.

Woollams, A. M., Lambon Ralph, M. A., Plaut, D. C., & Patterson, K. (2010). SD-squared revisited: Reply to Coltheart, Tree, and Saunders (2010). *Psychological Review*, **117**, 273-281.

終 章

Baars, B. J. (1988). *A cognitive theory of consciousness*. New York: Cambridge University Press.

Baddeley, A. D. (1997). *Human memory: Theory and practice*. Revised ed. Psychology Press.

Bermúdez, J. L. (2014). *Cognitive science: An introduction to the science of the mind*. 2nd ed. New York: Cambridge University Press.

Dehaene, S. (2014). *Consciousness and the brain: Deciphering how the brain codes our thoughts*. New York: Brockman.
　　（ドゥアンヌ，S. 高橋　洋（訳）(2015). 意識と脳——思考はいかにコード化されるか——　紀伊國屋書店）

Dehaene, S., & Naccache, L. (2001). Towards a cognitive neuroscience of consciousness: Basic evidence and a workspace framework. *Cognition*, **79** (1), 1-37.

Eysenck, M. W. (Ed.) (1990). *Cognitive psychology: An international review*. John Wiley & Sons.

御領　謙 (1984). 認知過程と意識　心理学評論, **27** (1), 37-63.

Johnson-Laird, P. N. (1988). *The computer and the mind: An introduction to cognitive science*. William Collins Sons.
　　（ジョンソン=レアード，P. N. 海保博之・中溝幸夫・横山詔一・守　一雄（訳）(1989). 心のシミュレーション——ジョンソン=レアードの認知科学入門——　新曜社）

川口　潤 (1993). スリップと意識　箱田裕司（編）認知科学のフロンティアⅢ (pp.9-37) サイエンス社

Klatzky, R. L. (1975). *Human memory: Structures and processes*. W. H. Freeman.
　　（クラツキー，R. L. 箱田裕司・中溝幸夫（訳）(1982). 記憶のしくみ（Ⅰ・Ⅱ）［第2版］——認知心理学的アプローチ——　サイエンス社）

Koch, C. (2004). *The quest for consciousness: A neurobiological approach*. Roberts & Company Publishers.
　　（コッホ，C. 土谷尚嗣・金井良太（訳）(2006). 意識の探求（上・下）——神経科学からのアプローチ——　岩波書店）

Kurzweil, R. (2005). *The singularity is near: When humans transcend biology*. Penguin Group.
　　（カーツワイル，R. 井上　健（監訳）小野木明恵・野中香方子・福田　実（共訳）(2012). シンギュラリテイは近い——人類が生命を超越するとき——　NHK出版（電子書籍版））

Mandler, G. (1985). *Cognitive psychology: An essay in cognitive science*. Lawrence Erlbaum Associates.
　　（マンドラー，G. 大村彰道・馬場久志・秋田喜代美（訳）(1991). 認知心理学の展望　紀伊國屋書店）

Norman, D. A. (1988). *The psychology of everyday things*. Basic Books.
　　（ノーマン，D. A. 野島久雄（訳）(1990). 誰のためのデザイン？——認知科学者のデザイン原論——　新曜社）

Ogawa, S., Lee, T. M., Kay, A. R., & Tank, D. W. (1990). Brain magnetic resonance

imaging with contrast dependent on blood oxygenation. *Proceedings of the National Academy of Sciences*, **87**（24），9868-9872.
Posner, M. I.（Ed.）（1989）. *Foundations of cognitive science*. MIT Press.
（ポズナー，M. I.（編）佐伯　胖・土屋　俊（監訳）（1991）. 認知科学の基礎（全4巻）産業図書）
Rumelhart, D. E., McClelland, J. L., & The PDP Research Group（1986）. *Parallel distributed processing : Explorations in the microstructure of cognition*. Vol.1. *Foundations*. MIT Press.
Shih, S. I.（2008）. The attention cascade model and attentional blink. *Cognitive Psychology*, **56**（3），210-236.
Shih, S. I.（2009）. Using the attention cascade model to probe cognitive aging. *Psychology and Aging*, **24**（3），550-562.
鈴木孝治（編）（2016）. 高次脳機能障害作業療法学［改訂第2版］　メジカルビュー社
Wilson, B. A., Gracey, F., Evans, J. J., & Bateman, A.（2009）. *Neuropsychological rehabilitation : Theory, models, therapy and outcome*. Cambridge University Press.

【参考図書】

スーザン，N-H・フレデリックソン，B. L.・ロフタス，G. R.・ルッツ，C.　内田一成（監訳）（2015）. ヒルガードの心理学［第16版］　金剛出版
高野陽太郎・岡　隆（編）（2004）. 心理学研究法──心を見つめる科学のまなざし──　有斐閣アルマ　有斐閣
大山　正（2010）. 心理学史──現代心理学の生い立ち──　サイエンス社

アンダーソン，J. R.　富田達彦・増井　透・川﨑惠里子・岸　学（訳）（1982）. 認知心理学概論　誠信書房
箱田裕司（編著）（2012）. 心理学研究法2　認知　誠信書房
箱田裕司・都築誉史・川畑秀明・萩原　滋（2010）. 認知心理学　有斐閣
服部雅史・小島治幸・北神慎司（2015）. 基礎から学ぶ認知心理学──人間の認識の不思議──　有斐閣
ジョンソン=レアード，P. N.　海保博之・中溝幸夫・横山詔一・守　一雄（訳）（1989）. 心のシミュレーション──ジョンソン=レアードの認知科学入門──　新曜社
クラッキー，R. L.　箱田裕司・中溝幸夫（訳）（1982）. 記憶のしくみ（Ⅰ・Ⅱ）［第2版］──認知心理学的アプローチ──　サイエンス社
ラックマン，R.・ラックマン，J. L.・バターフィールド，E. C.　箱田裕司・鈴木光太郎（監訳）（1988）. 認知心理学と人間の情報処理（Ⅰ～Ⅲ）　サイエンス社
リンゼイ，P. H.・ノーマン，D. A.　中溝幸夫・箱田裕司・近藤倫明（訳）（1983-1985）. 情報処理心理学入門（Ⅰ～Ⅲ）　サイエンス社
　ロフタス，G. R.・ロフタス，E. F.　大村彰道（訳）（1980）. 人間の記憶──認知心理学入門──　東京大学出版会
道又　爾・北崎充晃・大久保街亜・今井久登・山川恵子・黒沢　学（2011）. 認知心理学［新版］──知のアーキテクチャを探る──　有斐閣
村上郁也（編）（2010）. イラストレクチャー認知神経科学──心理学と脳科学が解くこころの仕組み──　オーム社
ナイサー，U.　大羽　蓁（訳）（1981）. 認知心理学　誠信書房
太田信夫・邑本俊亮・永井淳一（2011）. 認知心理学──知性のメカニズムの探求──　培

風館
ポズナー，M. I.（編）　佐伯　胖・土屋　俊（監訳）（1991）．認知科学の基礎（全4巻）　産業図書
理化学研究所脳科学総合研究センター（編）（2007）．脳研究の最前線（上）――脳の認知と進化――　講談社
理化学研究所脳科学総合研究センター（編）（2007）．脳研究の最前線（下）――脳の疾患と数理――　講談社
ルーメルハート，D. E.　御領　謙（訳）（1979）．人間の情報処理――新しい認知心理学へのいざない――　サイエンス社

綾部早穂・熊田孝恒（編）（2014）．スタンダード感覚知覚心理学　サイエンス社
菊地　正（編）（2008）．感覚知覚心理学　朝倉書店
北岡明佳（編著）（2011）．知覚心理学――心の入り口を科学する――　ミネルヴァ書房
松田隆夫（2000）．知覚心理学の基礎　培風館

河原純一郎・横澤一彦（2015）．注意――選択と統合――　勁草書房

バッドリー，A.　川幡政道（訳）（1988）．カラー図説　記憶力――そのしくみとはたらき――　誠信書房
バドリー，A.　井関龍太・齊藤　智・川﨑惠里子（訳）（2012）．ワーキングメモリ――思考と行為の心理学的基盤――　誠信書房
タルヴィング，E.　太田信夫（訳）（1985）．タルヴィングの記憶理論――エピソード記憶の要素――　教育出版

カーネマン，D.　村井章子（訳）（2011）．ファスト ＆ スロー（上・下）――あなたの意思はどのように決まるか？――　早川書房
マンクテロウ，K.　服部雅史・山　祐嗣（監訳）（2015）．思考と推論――理性・判断・意思決定の心理学――　北大路書房
奥田秀宇（2008）．意思決定心理学への招待　サイエンス社

エルマン，J. L.・ベイツ，E. A.・ジョンソン，M. H.・カーミロフ゠スミス，A.・パーリッシ，D.・プランケット，K.　乾　敏郎・今井むつみ・山下博志（訳）（1998）．認知発達と生得性――心はどこから来るのか――　共立出版
石合純夫（2012）．高次脳機能障害学［第2版］　医歯薬出版株式会社
カンデル，E. R.・スクワイア，L. R.　小西史朗・桐野　豊（監修）（2013）．記憶のしくみ（上）――脳の認知と記憶システム――　講談社
カンデル，E. R.・スクワイア，L. R.　小西史朗・桐野　豊（監修）（2013）．記憶のしくみ（下）――脳の記憶貯蔵のメカニズム――　講談社
マッカーシー，R. A.・ウォーリントン，E. K.　相馬芳明・本田仁視（監訳）（1996）．認知神経心理学　医学書院
ラメルハート，D. E.・マクレランド，J. L.・PDPリサーチグループ　甘利俊一（監訳）（1989）．PDPモデル――認知科学とニューロン回路網の探索――　産業図書
笹沼澄子（編）　辰巳　格（編集協力）（2005）．言語コミュニケーション障害の新しい視点と介入理論　医学書院

● **講座，シリーズなど**
「岩波講座　認知科学」　岩波書店
　　第1巻　橋田浩一ほか（1995）．認知科学の基礎
　　第2巻　橋田浩一ほか（1994）．脳と心のモデル
　　第3巻　川人光男ほか（1994）．視覚と聴覚
　　第4巻　川人光男ほか（1994）．運動
　　第5巻　市川伸一ほか（1994）．記憶と学習
　　第6巻　伊藤正男ほか（1994）．情動
　　第7巻　橋田浩一ほか（1995）．言語
　　第8巻　中島秀之ほか（1994）．思考
　　第9巻　安西祐一郎ほか（1994）．注意と意識

「認知心理学」　東京大学出版会
　　第1巻　乾　敏郎（編）（1995）．知覚と運動
　　第2巻　高野陽太郎（編）（1995）．記憶
　　第3巻　大津由紀雄（編）（1995）．言語
　　第4巻　市川伸一（編）（1996）．思考
　　第5巻　波多野誼余夫（編）（1996）．学習と発達

「現代の認知心理学」　北大路書房
　　第1巻　三浦佳世（編）（2010）．知覚と感性
　　第2巻　太田信夫・厳島行雄（編）（2011）．記憶と日常
　　第3巻　楠見　孝（編）（2010）．思考と言語
　　第4巻　原田悦子・篠原一光（編）（2011）．注意と安全
　　第5巻　市川伸一（編）（2010）．発達と学習
　　第6巻　村田光二（編）（2010）．社会と感情
　　第7巻　箱田裕司（編）（2011）．認知の個人差

人名索引

ア 行

アイエンガー（Iyengar, S. S.） 251
アトキンソン（Atkinson, R. C.） 100, 125, 128, 137
アリエリー（Ariely, D.） 249
アンダーソン（Anderson, R. C.） 106

ウィーバー（Weaver, C. A., Ⅲ） 173
ウィケンズ（Wickens, D. D.） 135
ウィニングハム（Winningham, R. G.） 172
ウーラムズ（Woollams, A. M.） 273
ウェイソン（Wason, P. C.） 231, 238
ウォーフ（Whorf, B. L.） 215
ヴント（Wundt, W.） 8, 292

エイバーバック（Averbach, E.） 46, 59
エヴァンズ（Evans, J. St. B. T.） 236
エビングハウス（Ebbinghaus, H.） 123, 161
エリクソン（Ericsson, K. A.） 22
エルマン（Elman, J. L.） 285
エルンスト（Ernst, M. O.） 64
エンゲル（Engel, F. L.） 79

オールポート（Allport, D. A.） 86
苧阪満里子 159
オルシーニ（Orsini, A.） 147

カ 行

カーツワイル（Kurzweil, R.） 296
ガーディナー（Gardiner, J. M.） 119, 135
カーネマン（Kahneman, D.） 16, 95, 241, 245, 246, 296

ガイセルマン（Geiselman, R. E.） 178
カウアン（Cowan, N.） 154
粕川正光 57
川口 潤 295

菊地 正 57, 60, 93
北川智利 43
キリアン（Quillian, M. R.） 183, 185, 277
ギロヴィッチ（Gilovich, T.） 239
キンチ（Kintsch, W.） 206

熊田孝恒 49
クラウア（Klauer, K. C.） 150
クラウスコフ（Krauskopf, J.） 41
クラツキー（Klatzky, R. L.） 295
グランザー（Glanzer, M.） 130
クレイク（Craik, F. I. M.） 101, 102
グロスバーグ（Grossberg, S.） 40

ケーラー（Köhler, W.） 223
ケーンケン（Köhnken, G.） 179
ケッペル（Keppel, G.） 133

コールグローヴ（Colegrove, F. W.） 172
コスミディズ（Cosmides, L.） 237
ゴッデン（Godden, D.） 107
コッホ（Koch, C.） 295
コリンズ（Collins, A. M.） 183, 185, 188
コルトハート（Coltheart, M.） 264, 288

サ 行

サイデンバーグ（Seidenberg, M. S.）264
齊藤 智　159
サイモン（Simon, H. A.）　13, 22, 25, 219, 289

シー（Shih, S.）　288
シーウヴズ（Theeuwes, J.）　92
シーガル（Segal, S. J.）　146
ジェイコブス（Jacobs, J.）　123
ジェームズ（James, W.）　100, 122, 292
シェパード（Shepard, R. N.）　16, 143, 144, 161
シェリー（Sherry, D. F.）　109
ジック（Gick, M. L.）　226
シフリン（Shiffrin, R. M.）　90, 91, 100, 125, 128, 137
シャーブ（Schab, F. R.）　108
ジャコビー（Jacoby, L. L.）　117
シャムズ（Shams, L.）　62
シュナイダー（Schneider, W.）　90, 91
シュワイカート（Schweickert, R.）　141
シュワルツ（Schwartz, B.）　251
ジョンソン゠レアード（Johnson-Laird, P. N.）　231, 295

杉浦志保　57
スキナー（Skinner, B. F.）　11
スクワイヤ（Squire, L. R.）　110
スコヴィル（Scoville, W. B.）　112
スタンディング（Standing, L.）　162
スタンバーグ（Sternberg, S.）　124, 126
スパーリング（Sperling, G.）　16, 44
スミス（Smith, E. E.）　186
ズワーン（Zwaan, R. A.）　210, 212

セクラー（Sekuler, R.）　43

ソーンダイク（Thorndike, E. L.）　222
ソーンダイク（Thorndyke, P. W.）　202

タ 行

ダーウィン（Darwin, C. J.）　47
ターナー（Turner, M. L.）　159
タルヴィング（Tulving, E.）　15, 104, 109, 115, 119
ダンカン（Duncan, J.）　94
ダンバー（Dunbar, K.）　225

チェリー（Cherry, E. C.）　8, 82
チェン（Cheng, P. W.）　234
チャン（Zhang, J.）　220
チョムスキー（Chomsky, N.）　13

デーンマン（Daneman, M.）　156
デラ・サラ（Della Sala, S.）　150

ドアティー（Daugherty, K. G.）　271
トヴァスキー（Tversky, A.）　16, 241, 245, 246
ドゥアンヌ（Dehaene, S.）　16, 295
ドゥンカー（Duncker, K.）　226
トールマン（Tolman, E. C.）　9
トムソン（Thomson, D.）　177
トラバッソ（Trabasso, T.）　204
トリーズマン（Treisman, A.）　16, 31, 51, 86, 95

ナ 行

ナイサー（Neisser, U.）　15, 16, 44, 72, 161, 173

ニース（Neath, I.）　114
ニッカーソン（Nickerson, R. S.）　162
ニューウェル（Newell, A.）　13, 25, 289

ノーマン（Norman, D. A.）　95, 97,

197, 198, 296

ハ 行
バアーズ（Barrs, B. J.）　295
バートレット（Bartlett, F. C.）　198
ハーム（Harm, M. W.）　274
バーリック（Bahrick, H. P.）　168
ハイド（Hyde, T. S.）　101
バウアー（Bower, G. H.）　193
パヴロフ（Pavlov, I. P.）　11, 113
箱田裕司　297
パターソン（Patterson, K.）　273, 281
ハチソン（Hutchison, K. A.）　190
バドリー（Baddeley, A. D.）　15, 29, 106, 122, 137, 153, 288, 296

ピーターソン（Peterson, L. R.）　123, 133
ビーダーマン（Biederman, I.）　50, 69
ビョーク（Bjork, R. A.）　131

フィヴュッシュ（Fivush, R.）　166
フィリップス（Phillips, W. A.）　142
フォーダー（Fodor, J. A.）　26
プラウト（Plaut, D. C.）　266, 273
ブラウン（Brown, E.）　177
ブラウン（Brown, J.）　123, 134
ブラウン（Brown, R.）　171
ブリューアー（Bruyer, R.）　147
ブルーナー（Bruner, J. S.）　13
ブルックス（Brooks, L. R.）　145
ブルワー（Brewer, W. F.）　164
ブロードベント（Broadbent, D. E.）　8, 13, 81, 95, 123

ペズデック（Pezdek, K.）　164
ヘッブ（Hebb, D. O.）　254
ヘリング（Hering, E.）　34
ベルミュデス（Bermúdez, J. L.）　292

ポズナー（Posner, M. I.）　82, 84, 85, 142, 292

マ 行
マー（Marr, D.）　19, 20, 49, 69, 296
マーセル（Marcel, A. J.）　59
マクレランド（McClelland, J. L.）　16, 254, 260, 264, 277
マッカロック（McCulloch, W. S.）　254
マッギオーク（McGeoch, J. A.）　132
マニス（Manis, F. R.）　276
マンドラー（Mandler, G.）　295

三浦利章　80, 82
三宅　晶　159
ミラー（Miller, G. A.）　13, 122, 123, 287
ミンスキー（Minsky, M.）　254

ムーア（Moore, C. M.）　88

メッツラー（Metzler, J.）　16, 143, 144

モリス（Morris, C. D.）　103
モレー（Moray, N.）　82

ヤ 行
横澤一彦　49

ラ 行
ライル（Ryle, G.）　3
ラック（Luck, S. J.）　143
ラメルハート（Rumelhart, D. E.）　16, 254, 260, 277, 291
ランダス（Rundus, D.）　130
ランボン＝ラルフ（Lambon Ralph, M. A.）　214

リーズン（Reason, J. T.）　196
リード（Reed, S. K.）　69

リントン（Linton, M.）　168

ルーカス（Lucas, M.）　190

レイチャー（Reicher, G. M.）　74
レイモンド（Raymond, J. E.）　92
レーダーマン（Lederman, S. J.）　62

ローゼンブラット（Rosenblatt, F.）
　254
ロギー（Logie, R. H.）　138, 147
ロジャース（Rogers, T. T.）　277, 280

ロック（Locke, J.）　106
ロック（Rock, I.）　87
ロビー=コリアー（Rovee-Collier, C.）
　166
ロビンス（Robbins, T. W.）　147
ロフタス（Loftus, E. F.）　175, 188

ワ　行

ワーゲナー（Wagenaar, W. A.）　168
ワトキンス（Watkins, M. J.）　130
ワトソン（Watson, J. B.）　9, 113
ワリントン（Warrington, E. K.）　113

事項索引

ア 行

アイコニックメモリ　44
アイコン　44
アクション・スリップ　196
アルゴリズム　24, 221

鋳型照合　66
意識　6, 294
意識的過程　6
維持リハーサル　101, 102, 128
1次記憶　100, 122
一貫性効果　269
意図的学習　102
意味記憶　109, 111
意味性認知症　213, 273
意味的プライミング効果　189
意味認知　277
意味ネットワークモデル　183, 277
色の対比　34
因果的ネットワークモデル　204
インナースクライブ　139
インパス　223

ウェイソン選択課題　231
ウェーバーの法則　35
ウェーバー比　35
ウォーフ主義仮説　215
埋め込み処理モデル　154
裏切り者　237

エコイックメモリ　47
エコー　47
エピソード記憶　109, 111
エピソードバッファー　139, 153
演繹　228

大きさ―重さ錯覚　42
奥行き手がかり　55
オブジェクトベースの注意　93
オペラント条件づけ　11
オペレーションスパン　158
オペレータ　221
重み　257
音韻失読　272
音韻ストア　139
音韻的類似性効果　139
音韻ループ　139

カ 行

外側膝状体　34
外的表象　220
概念駆動型過程　70
カウンティングスパン　158
確証バイアス　238
カクテルパーティ現象　80
隠れユニット　256
形の恒常性　54
活性化　184
活性化拡散理論　188
活性化された記憶　154
過程分離手続き　31, 117
仮現運動　58
感覚間相互作用　42
感覚間統合　60
感覚記憶　44
感覚様相　42
眼球運動　57
完結化　40
干渉説　132
間接プライミング　111

事項索引

記憶痕跡　99
記憶範囲2分法　86
記号処理モデル　289
基準率無視　245
規則性効果　268
機能　4
帰納　228
技能　111
機能的固着　223
逆向マスキング　59
逆向抑制　133
ギャンブラーの錯誤　240
共感覚　42
凝視　57
許可スキーマ　235
局所表現　256

空間的文脈　73
偶発学習　101
クレイク–オブライエン効果　41

系列位置曲線　129
ゲシュタルト心理学　38
結合　255
結合強度　259
結合錯誤　52
結合探索　51
限界効用逓減　246
限界処理容量　137
言語相対性仮説　215
顕在記憶　114
検索　99
減衰説　132

行為スキーマ　197
構音抑制　140
構音リハーサル　139
高速逐次視覚提示　93
構築—統合モデル　209
肯定式　232

行動主義　9
効用　245
コード　99
コード化　99
コード化特定性原理　105
コーンスイート錯視　41
語義　273
互恵的利他行動　237
心の構造　27
誤差逆伝搬法　16, 257
固視微動　39
誤情報効果　176
語長効果　140
古典的条件づけ　11, 113
コネクショニスト・アプローチ　254
コネクショニスト・モデル　71, 254
語の優位性効果　263
コルシブロックタッピング課題　148

サ　行

作業記憶　15, 29, 122, 154
サッカード　57
サッカード抑制　57
3項強化随伴性　11
参照点　247
3色説　34
残像　34

ジオン　50
視覚キャッシュ　138
視覚探索　31, 48
視覚的情報貯蔵　46
視覚的短期記憶　142
視覚パターン課題　148
視覚マスキング　46
視覚優位　60
時間的文脈　76
色覚　34
色聴　42
視空間スケッチパッド　142

事項索引

刺激　29, 33
刺激閾　35
刺激強化随伴性　11
刺激頂　35
資源依存型　97
自己受容感覚　62
視細胞　40
示差性　136
悉皆型走査　126
実験参加者　29
実験者　29
失読症　264
実用的推論スキーマ　234
自伝的記憶　165
自動打切型走査　126
自動的処理　91
シミュレーション　254
社会契約理論　237
社会的視点効果　237
視野闘争　56
視野変換　60
習慣　111, 222
自由再生課題　129
収束操作法　30
集中的注意　51
充填　40
主観的輪郭　42
受動的注意　91
受容野　40
順向マスキング　59
順向抑制　133
順向抑制の解除　135
状況モデル　208
条件文　231
少数の法則　240
状態依存効果　108
状態空間　219
情報処理論的アプローチ　7, 25, 287
触運動感覚　43
初頭効果　129

処理資源　97
処理水準説　101
処理ユニット　255
新近性　167
新近性効果　129
神経細胞　39
神経節細胞　39
信号検出理論　37
人工知能　2
人工的神経回路網　71
深層学習　286
心像性効果　269
身体化認知　213
心的回転　144
心的辞書　264
心的シミュレーション　210
信念更新　242
信念バイアス　238

図　38
推論　208, 228
数字記憶範囲課題　147
スキーマ　164, 198
スクリプト　192
図と地の分化　38
ストループ効果　88

制御的処理　91
静止網膜像　39
生態学的妥当性　161
精緻化リハーサル　101, 128
絶対閾　35
線運動錯視　83
宣言的記憶　111
選好　249
潜在学習　115
潜在記憶　114
全体野　38
全体報告法　44
選択的干渉　145

選択的注意　77
選択的聴取　80
前注意過程　51

総合による分析　70
相互活性化モデル　260
創発　281
ソース・モニタリング　177
側頭葉前方部　281
損失回避　247
損失―利得法　82
損傷実験　272

タ　行

代表性ヒューリスティック　241
段階説　34
短期記憶の検索実験　124, 126

地　38
知覚学習　113
知覚の恒常性　55
知覚の範囲　77
チャンキング　153
チャンク　13, 123
注意　77
注意の焦点　154
注意の範囲　77
注意の捕捉　91
注意の瞬き　92
中央実行系　138, 153
聴覚的情報貯蔵　48
長期記憶　154
長期作業記憶　155
長期新近性効果　130
直後記憶範囲課題　123
直接プライミング　111
直列処理　71
貯蔵　99

追唱　81

対連合学習課題　133

ディー・プライム（d'）　37
定言三段論法　228
データ依存型　97
データ駆動型過程　70
適刺激　33
テキストベース　206
手続き記憶　111
デフォルト値　195
転移　225
転移適切性処理　103
典型性効果　185
典型的景観　66

同型問題　219
洞察問題　222
等色　34
特徴比較モデル　186
特徴分析　66
トップダウン　70
トライアングル・モデル　264

ナ　行

内的表象　220
内部表現　260
内容効果　236

2-4-6 課題　238
2 次記憶　100, 122
二重乖離　276
二重課題　137
二重経路モデル　264, 265
二重貯蔵モデル　101, 125
二重フラッシュ錯視　62
2 色型色覚者　34
乳頭　40
認知科学　1
認知革命　15
認知過程　6

認知神経科学　　1
認知心理学　　1
認知面接法　　178

ネオン色拡散効果　　42

能動的注意　　91
ノード　　183

ハ　行

パーセプトロン　　254
パターン認識　　65
ハノイの塔　　218
ハブとスポーク理論　　281
反対色説　　34
パンデモニアム　　69
反転図形　　38
反応　　29
反復プライミング　　113

非意識的過程　　6
非宣言的記憶　　111
非注意による見落とし　　87
ヒット　　36
否定式　　232
比の法則　　131
ヒューリスティック　　221, 240
表象　　99
表層形式　　206
表層失読　　272, 273
非連合学習　　113

フォールス・アラーム　　36
符号化　　99
不思議な数7±2　　123
復帰の抑制　　85
物理的記号システム　　289
不適刺激　　33
負のプライミング効果　　96
部分報告法　　45

プライミング　　111
プライミング効果　　76
ブラウン−ピーターソン・パラダイム
　　123, 124
フラッシュバルブ記憶　　172
不良定義問題　　221
フレーミング効果　　248
プロスペクト理論　　16, 247
プロダクション・システム　　199
プロトコル分析　　22
雰囲気理論　　229
分化　　279
分散表現　　258, 291
文脈　　72
文脈依存効果　　107
文脈効果　　72, 263
文脈手がかり効果　　113

ベイズの定理　　242
並列処理　　71
並列分散処理モデル　　254, 291
ベクション　　62
変化の見落とし　　87
変数　　195
弁別閾　　35

妨害手続き　　123
方向づけ課題　　101
放射線問題　　226
ホットハンド　　239
ポップアウト　　49
ボトムアップ　　70
保有効果　　247

マ　行

マガーク効果　　60

魅力効果　　250

ムード依存効果　　108

無関連言語音効果　140

メタコントラスト　59
メンタルモデル理論　229

盲点　40
網膜　38
網膜像　40
目撃証言　174
物語文法　201
問題解決　217
問題空間　219
問題箱　222

ヤ　行
誘引効果　250
有効視野　78

幼児期健忘　165
予期後悔　252
4枚カード問題　231

ラ　行
ライフスパン検索分布　165
ラバーハンド錯覚　62

リーディングスパンテスト　156

リスク回避　246
リスク追求　246
利用可能性ヒューリスティック　241
両眼網膜像差　55
両眼立体視　56
両耳分離聴　81
良定義問題　221
リンク　183
隣接語　270

類似性　259
類推　225

レミニッセンスバンプ　167
連言錯誤　241
連続妨害法　130

ワ　行
ワーキングメモリ　15, 29, 122

英　字
AI　2
d'（ディー・プライム）　37
DRCモデル　265
H. M.　111, 112, 137
Remember/Know手続き　31, 119
ROC曲線　37

著者略歴 (括弧内は執筆担当章)

御領　謙 (ごりょう　けん) (本書の構成と特徴, 序章, 第1章, 終章)

1964 年　大阪市立大学文学部卒業
1966 年　大阪市立大学大学院文学研究科博士課程中退
　　　　千葉大学教授, 京都女子大学教授を経て
現　在　千葉大学名誉教授　文学博士

主要著書
『読むということ (認知科学選書 5)』(東京大学出版会, 1987)

菊地　正 (きくち　ただし) (第 4, 5, 6 章)

1969 年　千葉大学文理学部卒業
1974 年　東京教育大学大学院教育学研究科博士課程修了
　　　　学術博士
　　　　筑波大学教授を経て, 筑波大学名誉教授
2015 年　逝去

主要編著書・訳書
『認知心理学と人間の情報処理Ⅰ～Ⅲ (Cognitive Science & Information Processing)』(共訳) (サイエンス社, 1988)
『感覚知覚心理学 (朝倉心理学講座 6)』(編) (朝倉書店, 2008)
『スタンダード感覚知覚心理学 (ライブラリ スタンダード心理学 2)』(分担執筆) (サイエンス社, 2014)

江草　浩幸 (えぐさ　ひろゆき) (第 2, 3 章, BOX 5.3)

1977 年　大阪市立大学文学部人間関係学科卒業
1984 年　大阪市立大学大学院文学研究科後期博士課程単位取得満期退学
　　　　千葉大学文学部助手, 国際医療福祉大学総合教育センター助教授を経て
現　在　相愛大学共通教育センター教授　博士 (学術)

主要著書
『知覚の可塑性と行動適応』(分担執筆) (ブレーン出版, 1998)
『心理学辞典』(分担執筆) (有斐閣, 1999)
『脳の高次機能』(分担執筆) (朝倉書店, 2001)

伊集院　睦雄（いじゅういん　むつお）(第9章)
1985年　千葉大学文学部行動科学科卒業
1989年　千葉大学大学院文学研究科修士課程修了
　　　　（株）東芝システム・ソフトウェア技術研究所研究員，
　　　　東京都老人総合研究所（東京都健康長寿医療センター研究所）研究員を経て
現　在　県立広島大学保健福祉学部教授　博士（学術）

主要編著書
『失語症（アドバンスシリーズ　コミュニケーション障害の臨床5）』（分担執筆）（協同医書出版社，2001）
『単語心像性（NTTデータベースシリーズ　日本語の語彙特性　第3期　第8巻）』（共編著）（三省堂，2005）
『言語コミュニケーション障害の新しい視点と介入理論』（分担執筆）（医学書院，2005）
『標準言語性対連合学習検査 S-PA』（分担執筆）（新興医学出版社，2014）

服部　雅史（はっとり　まさし）(第8章)
1990年　北海道大学文学部行動科学科卒業
1996年　北海道大学大学院文学研究科行動科学専攻博士後期課程単位取得退学
現　在　立命館大学総合心理学部教授　博士（文学）

主要著書・訳書
『思考と言語（現代の認知心理学3）』（分担執筆）（北大路書房，2010）
『認知（心理学研究法2）』（分担執筆）（誠信書房，2012）
『思考と推論――理性・判断・意思決定の心理学――』（共監訳）（北大路書房，2015）
『基礎から学ぶ認知心理学――人間の認識の不思議――』（共著）（有斐閣，2015）

井関　龍太（いせき　りゅうた）(第7章，第4，5，6章補訂)
2000年　筑波大学第二学群人間学類卒業
2005年　筑波大学大学院博士課程心理学研究科修了
現　在　大正大学任期制専任講師　博士（心理学）

主要著書・訳書
『スタンダード認知心理学（ライブラリ スタンダード心理学5）』（分担執筆）（サイエンス社，2015）
『Rによる心理学研究法入門』（分担執筆）（北大路書房，2015）
『ワーキングメモリ――思考と行為の心理学的基盤――』（共訳）（誠信書房，2012）

新心理学ライブラリ＝7
最新　認知心理学への招待 ［改訂版］
───心の働きとしくみを探る───

| 1993 年 7 月 25 日 | Ⓒ | 初　版　発　行 |
| 2016 年 10 月 25 日 | Ⓒ | 改訂版第 1 刷発行 |

著　者	御　領　　　謙	発行者	森　平　敏　孝
	菊　地　　　正	印刷者	加　藤　純　男
	江　草　浩　幸	製本者	小　高　祥　弘
	伊集院　睦　雄		
	服　部　雅　史		
	井　関　龍　太		

発行所　　株式会社　サイエンス社
〒151-0051　東京都渋谷区千駄ヶ谷 1 丁目 3 番 25 号
営業　☎(03)5474-8500(代)　　振替 00170-7-2387
編集　☎(03)5474-8700(代)
FAX　☎(03)5474-8900

印刷　加藤文明社　　製本　小高製本工業㈱

《検印省略》

本書の内容を無断で複写複製することは，著作者および出版者の権利を侵害することがありますので，その場合にはあらかじめ小社あて許諾をお求め下さい。

ISBN978-4-7819-1383-4

PRINTED IN JAPAN

サイエンス社のホームページのご案内
http://www.saiensu.co.jp
ご意見・ご要望は
jinbun@saiensu.co.jp　まで．

新心理学ライブラリ

1. **心理学への招待［改訂版］**——こころの科学を知る
   梅本堯夫・大山 正共編著　A5判・336頁・本体2500円
2. **幼児心理学への招待［改訂版］**——子どもの世界づくり
   内田伸子著　A5判・360頁・本体2850円
3. **児童心理学への招待［改訂版］**——学童期の発達と生活
   小嶋秀夫・森下正康共著　A5判・296頁・本体2300円
5. **発達心理学への招待**——人間発達の全体像をさぐる
   矢野喜夫・落合正行共著　A5判・328頁・本体2900円
6. **学習心理学への招待［改訂版］**——学習・記憶のしくみを探る
   篠原彰一著　A5判・256頁・本体2400円
7. **最新 認知心理学への招待［改訂版］**——心の働きとしくみを探る
   御領・菊地・江草・伊集院・服部・井関共著
   A5判・352頁・本体2950円
8. **実験心理学への招待［改訂版］**——実験によりこころを科学する
   大山 正・中島義明共編　A5判・272頁・本体2500円
9. **性格心理学への招待［改訂版］**——自分を知り他者を理解するために
   詫摩・瀧本・鈴木・松井共著　A5判・280頁・本体2100円
11. **教育心理学への招待**——児童・生徒への理解を深めるために
    岩脇三良著　A5判・264頁・本体2300円
13. **心理測定法への招待**——測定からみた心理学入門
    市川伸一編著　A5判・328頁・本体2700円
14. **心理統計法への招待**——統計をやさしく学び身近にするために
    中村知靖・松井 仁・前田忠彦共著　A5判・272頁・本体2300円
15. **心理学史への招待**——現代心理学の背景
    梅本堯夫・大山 正共編著　A5判・352頁・本体2800円
17. **感情心理学への招待**——感情・情緒へのアプローチ
    濱 治世・鈴木直人・濱 保久共著　A5判・296頁・本体2200円
18. **視覚心理学への招待**——見えの世界へのアプローチ
    大山 正著　A5判・264頁・本体2200円
20. **犯罪心理学への招待**——犯罪・非行を通して人間を考える
    安香 宏著　A5判・264頁・本体2300円
21. **障がい児心理学への招待**——発達障がいとコミュニケーションを中心に
    鹿取廣人編著　A5判・152頁・本体1800円
別巻. **意思決定心理学への招待**
    奥田秀宇著　A5判・232頁・本体2200円

＊表示価格はすべて税抜きです．

サイエンス社